Tarotmeditationen

Die Reise in das Innere des Kosmos Mensch

Copyright 2009 Oliver Freitag
Erschienen im Eigenverlag
Illustrationen von Petra Becker
Satz von Frank Kröner

Gedruckt bei

Lulu Enterprises Inc.
860 Aviation Parkway
Suite 300
Morrisville, NC 27560
United States of America

ISBN-Nummer
978-3-00-027563-0

Weitere Informationen:
www.tarotmeditation.de

Inhaltsangabe

Wünsche	5
Der Blick in die See-le	15
Die Bildsprache der Seele nutzen	16
Arkana 0 Der Narr	25
0 Der Narr	28
Arkana I Der Magus	33
I Der Magus	37
I Der Magus (Teil II)	42
Arkana II Die Hohepriesterin	47
II Die Hohepriesterin	51
Arkana III Die Herrscherin	57
III Die Herrscherin	59
Arkana IV Der Herrscher	65
IV Der Herrscher	68
Arkana V Der Hohepriester	73
V Der Hohepriester	78
Arkana VI Die Liebenden	83
VI Die Liebenden	87
Arkana VII Der Wagenlenker	93
VII Der Wagenlenker	97
Arkana VIII Die Ausgleichung	103
VIII Die Ausgleichung	107
Arkana IX Der Eremit	111
IX Der Eremit	114
Arkana X Das Rad des Schicksals	119
X Das Rad des Schicksals	123
Arkana XI Die Lust	129
XI Die Lust	133
Arkana XII Der Hängende Mann	139
XII Der Hängende Mann	143
Arkana XIII Der Tod	149
XIII Der Tod	154
Arkana XIV Die Kunst	159
XIV Die Kunst	165
Arkana XV Der Teufel	171
XV Der Teufel	177
Arkana XVI Der Turm	183
XVI Der Turm	188
Arkana XVII Der Stern	191
XVII Der Stern	195
Arkana XVIII Der Mond	201
XVIII Der Mond	204
Arkana XIX Die Sonne	211
XIX Die Sonne	214

Arkana XX Das Aeon	219
XX Das Aeon	225
Arkana XXI Das Universum	229
XXI Das Universum	234
Tarot und Kabbala	240
Kundalini	248
Chakra-Meditation	251
Literaturhinweise	256

Wünsche

Ein bekannter indischer Lehrmeister, Ramana Maharishi, hat zur Zukunft gesagt:

> „ Lass deine Wünsche nach innen sinken und warte.
> Erlaube der Erfüllung zu dir zu kommen.
> Bleibe natürlich, freundlich und sei immer ausgeruht.
> Achte auf deine innere Gesundheit.
> Erschöpfe dich nicht für deinen Lebensunterhalt,
> es reicht völlig aus, ruhig und hellwach zu sein
> und deine Bedürfnisse still im Bewusstsein zu haben.
> So verläuft das Leben natürlicher und ohne Mühe.
> Das Leben ist da, um sich zu erfreuen."

Persönliche Wünsche sind formulierte Sätze, die zum Ausdruck bringen, dass man etwas haben möchte, was bislang im eigenen Leben noch nicht integriert ist. Ohne einem Wunschbild fehlt uns ein Ziel. Orientieren wir uns nicht an diesem, können wir nicht produktiv handeln. Alles was wir denken, fühlen etc. erzeugt Wirkungen. Ein Gedanke ist nicht „Nichts". Wäre es „Nichts", gäbe es keinen Gedanken. Der Vorteil am Denken ist, dass man einem Fehlgedanken nachgehen kann, ohne gleich Konsequenzen davon tragen zu müssen. Voraussetzung dazu ist es wiederum, dass man den Fehler erkennt und diesen denn auch beiseite legt, ihn sozusagen vergisst.

Ziel des gerichteten Gedankens ist es, etwas zu erzeugen um konstruktiv und effektiv handeln zu können. D.h. mit der bestmöglichen Chance auf Erfolg in die Tat zu schreiten.

Welche Rolle besitzen Wünsche in unserem Leben?

Wir sollten uns zuallererst einmal darüber bewusst werden, dass wir ständig denken und fühlen. Das bedeutet, dass wir auch ständig etwas erzeugen, bewusst oder unbewusst. Das eigentliche Ziel sollte es demnach sein, sich so zu verhalten, dass es der eigenen gewollten Vorstellung entspricht. Die Tatsache, dass wir ständig denken, sollte uns nicht zu der Haltung verführen, wir seien dem ausgeliefert, was uns als Gedanke zukommt. Wir haben die Wahl, was wir denken. Wir sind selbst Herr unserer eigenen Gedanken. Wir können jederzeit selbst entscheiden worüber wir nachdenken.

Die Gedanken und damit verbundenen Bilder bestimmen, wie wir uns im Alltag fühlen. Positive Gedanken führen zu positiven Gefühlen, negative Gedanken zu negativen Gefühlen. Es ist wichtig zu verstehen, dass wir mehr sind als nur Gedanken oder Gefühle oder auch beides zusammen genommen. Wir entscheiden über beide. Doch wie und wann setzt sich dieses um? Wie lässt es sich bewerkstelligen, dass Gedanken, Gefühle etc. dem eigenen Willen folgen?

Um nachhaltig und effektiv in der Wirkung sein zu können, eignet sich z.B. die Meditation. In meinen Tarotmeditationen erhalten sie die Fähigkeit sich zu entspannen und gleichzeitig die Vorstellung darüber zu erlangen, wie es ist sich selbstbewusst und frei für Dinge zu entscheiden, die unter „normalen" Bedingungen nicht möglich gewesen wären.

Der Entspannungszustand dient nicht nur der reinen Erholung, sondern auf diesem Wege können Sie aktiv Lösungen, Ideen und Ziele finden. In diesem Zustand können Sie sich mit Ihrem Unterbewusstsein verbinden und Kontakt zu den unerschöpflichen Reserven, die in Ihnen schlummern, aufnehmen. Sie können diese effektiv einsetzen, um Ihre Potentiale besser zu nutzen. Es ist vergleichbar mit dem Entspannungszustand kurz nach dem Wachwerden oder kurz vor dem Einschlafen. Leider lassen wir diesen inneren Schatz oftmals ungenutzt. In gezielten Entspannungsübungen lassen sich derartige Wirkungen erreichen. Meine Tarotmeditationen helfen Ihnen dabei mühelos in diese tiefe Entspannungsphase hinein zu gelangen.

Nebenbei bemerkt tritt zu der täglichen Entspannung der gesundheitliche Aspekt hinzu. Durch tägliches Üben lassen sich bis zu 50% der Krankheiten verhindern. Im Vergleich hierzu würde ein Pharmaunternehmen ein Medikament gleicher Wirkung als Wundermittel vermarkten. Leider lässt sich mit Entspannung/Meditation für ein Unternehmen kein Profit erzielen und so wird dieser Aspekt „totgeschwiegen".

Wir sollten uns darüber im klaren sein, dass jede Einstellung, jedes Gefühl und jeder Gedanke sich realisiert. Selbst wenn wir es nicht beabsichtigen. Wie viel besser wäre es, wenn wir unsere Gedanken gezielt einsetzen. Sie wirken nun mal, so oder so.
Wenn sie denn wirken, so müssen wir wissen, wie sie arbeiten.

Auffällig hierzu sind 3 Komponenten:

1. Die Wort-Bildung:

Zu einem formulierten Satz erzeugen wir ein für uns geeignetes Bild. Die Kombination zwischen Wort und Bild vereinigt die linke mit der rechten Gehirnhälfte. Die linke Gehirnhälfte ist für die logischen Verknüpfungen zuständig. Dieses Denken ist rein linear (Eins nach dem anderen). Während uns die rechte Hälfte ein reichhaltiges Bilderlebnis liefert. Diese Art von Denken richtet sich mehr nach dem Gesamtbild aus. Es betrachtet die Dinge nicht differenziert, sondern als Ganzes. Für das Umsetzen einer Idee ist es unerlässlich, dass wir beide Komponenten gleichwertig berücksichtigen und entsprechend nutzen. Beide Gehirnhälften in Verbindung gebracht ist die optimale Voraussetzung dafür. Wir haben uns ein intensives Bild gefüllt mit Inhalt geschaffen, also mit einem dazu passenden Glaubenssatz, von deren Richtigkeit wir überzeugt sind. Diese Kombination werden wir nicht mehr so leicht vergessen. Es wird sich immer wieder in den Vordergrund drängen.

2. Vermeiden Sie Verbote:

Formulieren Sie einen Satz, dass über ein reines Verbot hinausgeht. Sagen Sie sich nicht, dass Sie dies oder jenes nicht mehr tun wollen. Der Drang etwas erreichen zu wollen, wird dadurch gestört. Wir setzen jedes Mal auf's Neue an den Anfang der Vorstellung an und spulen den Vorgang wiederholt durch. Es entsteht eine Warteschleife, die sich durch ständigen Wiederholungszwang äußert. Wenn Sie sich z.B. sagen, dass Sie ab sofort keine Zigaretten mehr rauchen, wird Sie dieses Verbot ständig an genau die Zigaretten erinnern, von denen Sie loskommen möchten. Schaffen Sie sich ein Bild, dass Ihnen echte Alternativen bietet. Sie brauchen eine Zukunft, eine Vision, etwas dass Sie von diesem Gedanken dauerhaft ablenkt. Sagen Sie sich z.B. dass Sie ab sofort in einem gesunden Körper leben möchten. Setzen Sie sich dieses Ziel!

3. Erfolg ist vorprogrammiert:

Stellen Sie sich Ihr Ziel vor und auch den Weg zum Erfolg dahin. Diese bestärken das vordem Gelernte. Es bewirkt, dass es ins Unterbewusste einfließen kann. Dort geht es ungefiltert ein und kann anschließend als Glaubenssatz wieder ins Bewusstsein aufsteigen. Je nachdem wie wir uns programmieren wollen, müssen wie auch unsere Einstellung dahingehend entwickeln. In Sätzen die beispielsweise „Das kann ich nicht" beinhalten, ist der Misserfolg bereits vorprogrammiert. Dagegen setzt man sich mit Sätzen die „Das kann ich" ausdrücken, ein „Erfolgsprogramm"!

Perfekte Leistungen lassen sich in die Gehirnzellen einprogrammieren. Die Vorstellungen sind fehlerfrei. Daraus erzielen wir entsprechende Resultate. Ziel sollte es sein, jede Handlung die sich uns als Aufgabe stellt, sei es ein Auto zu fahren, eine Sprache zu erlernen, oder andere Fähigkeiten zu erlangen, sie sich erst einmal perfekt durchgeführt vorzustellen. Motivieren Sie sich! Wie gut wir also Informationen abrufen können, hängt immer davon ab, wie gut wir uns unser Weltbild vorstellen. Ein gutes Vorstellungsvermögen ist demnach der Schlüssel zu unserem Leben. Es verhilft uns beim Lösen von Problemen. Hier beweisen wir uns als Erschaffer von Welten, müssen wir mit unserer Vorstellungskraft Bilder erzeugen.

D.h. wenn wir die Fähigkeit besitzen einen klaren Gedanken mit einem ebenso klar umrissenen Bild zu verbinden, können wir auch unsere Energien in die richtigen Bahnen lenken, um so unsere Ziele sicher zu erreichen und Herausforderungen mit Lust anzunehmen.

Die Bildsprache wirkt sich neben dem wohltuend auf Körper, Geist und Seele aus. Wir können uns z.B. in dem Moment, indem wir uns das Meer mitsamt seinem Rauschen vorstellen, auf Wunsch entspannen. Um dies zu ermöglichen, brauchen wir ein gutes und entwickeltes Vorstellungsvermögen. Die meisten Künstler haben ihre Potentiale dann entwickeln können, wenn sie in den Zustand der Entspannung gelangen konnten. Ersichtlich wird dies, wenn wir uns abends hinlegen und dort ein Problem vor dem Einschlafen durchwälzen wollen. Am nächsten Morgen ergeben sich oft schon Antworten auf Fragen, die am Vortag unlösbar schienen. Ziel ist es, Erfolg zu haben. Voraussetzung hierfür ist die innere Ruhe. Die Fähigkeit zur Entspannung und Visualisation ist also auf alle Bereiche hin anwendbar.

Doch zuerst einmal müssen wir uns vergegenwärtigen, wie sich die Leistung mittels der Vorstellungskraft verbessert. Wenn wir zu sehr an Vergangenem festhalten, können zukünftige Bilder nicht in dem Maße wirken, wie wir sie uns vielleicht wünschen. Es sollte uns allen bewusst sein, dass die Energie an die wir am stärksten glauben und an die wir am intensivsten denken, sich auch verwirklicht. Ist unser Denken an Bilder aus der Vergangenheit gebunden, so wiederholen wir deren Fehler und stärken so diesen Kreislauf. An bestehenden Kreisläufen etwas ändern zu wollen, davon sollten wir uns verabschieden, wenn es darum geht Neues und Innovatives zu erzeugen. Wir können nur neue und eigene Kreisläufe erschaffen, aber alte bestehende nicht verändern.

Doch sollte dies jetzt nicht das Hauptaugenmerk dieser Betrachtung sein. Wir sollten uns verstärkt auf die Zielvorstellung konzentrieren. Ein Ziel bezieht sich immer auf die Zukunft. Sei es ein kurzfristiges oder ein langfristiges Vorhaben. Gleichgültig um was es sich handelt, es bezieht sich auf die Zukunft! Daher müssen wir auch die Blickrichtung darauf verwenden. Was ich damit sagen möchte ist, dass wenn wir kein Bild von einer Zukunft haben, wir auch dahingehend keinen Einfluss darauf ausüben.
Mit einer klar ausgerichteten und formulierten Ziel-Vor-Stellung entwickeln wir die Möglichkeit einen Weg zu beschreiten (siehe Arkana VI/VII). (Hier gewinnt die Redewendung „Der Weg ist das Ziel" eine neue Bedeutung.)

Unser Augenmerk ist immer darauf gerichtet, woran wir gerade denken. Wenn wir viele Gedanken pflegen, verlieren wir entsprechend den Blick für den vorhergehenden Gedanken und werden so immer wieder auf´s Neue abgelenkt. Andererseits können uns Missgeschicke dadurch passieren, dass wir ständig und überall Gefahr wittern und sie auf diese Weise anziehen. Unser Blick war ständig auf unsere Angst gerichtet und hatte keinerlei Möglichkeit uns eine positive Sicht zu schenken. Wir können davon ausgehen, dass uns das Leben das gibt, wovon wir überzeugt sind. Es wird uns das zuteil werden lassen, was wir von ihm erwarten. Wenn wir behaupten, dass das Leben schlecht sei, dann wird unser Leben schlecht verlaufen. Wir sind davon überzeugt, sehen und glauben es.

Dies ist die eine Seite der Medaille. Wenn wir erkennen, dass sich unser Leben nach eben diesen Mustern und Prinzipien entwickelt und sich sehr viel aus Ursache und Wirkung ergibt, können wir durchaus davon ausgehen, dass es sich anders herum ebenso verhält. Wir können unser Denken und unsere Vorstellung produktiv nutzen. Nur machen müssen wir es. Es wird uns keiner von dieser Verantwortung befreien können, und die Tatsache, dass man weiß wie es geht, ist noch lange kein Garant dafür, dass es funktioniert. Denn über eines sollten wir uns im Besonderen bewusst sein. Solange wir uns nur mit Vorsätzen begnügen, ohne deren ernsthafte Umsetzung, wird sich das Leben eben dementsprechend verhalten. Es erkennt den mangelnden Ernst und empfindet die Botschaft als sekundär. Das Leben wird uns das geben, was es als wichtig erkennt. Wir müssen dementsprechend dem Leben auch durch Wort und Tat beweisen, dass es uns ernst damit gemeint ist.

Wenn ich zum Ausdruck bringen will, dass das Leben uns das gibt, was wir von ihm erwarten, so ist damit gemeint, dass unser Fundament für unsere Geisteshaltung immer und zu jeder Zeit die Gegenwart ist. Sie ist das Fundament, unser Standpunkt, den wir gegenwärtig vertreten. In dieser kann sich die Vergangenheit, die Gegenwart und/oder die Zukunft äußern. Je nach unserer Geisteshaltung.

Dabei ist davon auszugehen, dass die Vergangenheit ein Element ist, dass unverrückbar existiert. Wenn wir tatsächlich etwas verändern, bzw. bewirken wollen, so geschieht dies nur in der Gegenwart und/oder in der Zukunft. Die Gegenwart ist der Boden auf dem alles ausgetragen wird. Es ist der einzig wirklich existente Ort. Das Hier und Jetzt. Vergegenwärtigen Sie sich einmal wo Sie sich gerade befinden. An welchem Ort. Hier. Nun vergegenwärtigen Sie sich, wann Sie sich gerade an diesem Ort aufhalten. Im Jetzt. Genau Jetzt. Jetzt und Hier.

Wie viele Gedanken gehen Ihnen gerade hier und jetzt durch den Kopf, die unmittelbar nichts mit der Gegenwart zu tun haben? Machen Sie sich dies einmal ganz bewusst, und spüren Sie, wie viel dadurch von der Kraftquelle des Hier und Jetzt ungenutzt verstreicht.
(Dabei ist diese immer gegenwärtig. ;-))

Die Vergangenheit ist unser Erfahrungsschatz, den wir nutzen können. In ihr sind positive wie negative Informationen enthalten. An ihr können wir nichts mehr ändern. Man kann in Erinnerung schwelgen (positive Betrachtung), aber auch von negativen Erfahrungen ein düsteres Zukunftsspektakel inszenieren (negative Betrachtung). Es liegt einzig und allein an der Person und seiner persönlichen Betrachtungsweise, wie sie/er mit ihr umgeht.

Wie oft haben Sie sich schon schönen Träumen einer besseren Zukunft hingegeben? Damit allen Sorgen und Probleme die auf Sie einwirkten, enthalten und Zuflucht genommen. Ohne ein Zukunftsbild, ohne eine Vision oder ein Ziel können wir nicht produktiv und zielorientiert handeln. Orientieren wir uns nicht an einem Ziel (ziel-orientiert), geben wir uns damit nur einen Moment schwelgerischen Träumens hin und die Vision verkümmert und verblasst zu einer Illusion. Die Idee zerplatzt zu einer Seifenblase, noch bevor die Zukunft begann. Der Unterschied zwischen einer Illusion und einer Vision besteht darin, dass an der Vision gearbeitet wird. Beide besitzen sie den gleichen Ursprung. Sie sind als Bild aufgetaucht. Die Zukunft ist die beweglichste aller Zeitformen. Sie unterliegt einer ständigen Veränderung. In ihr ist alles möglich. Sie zeigt ein Ziel auf.

Die Gegenwart ist die Zeitform, die alle drei Zeitebenen in sich integrieren kann. Je nachdem welchen Schwerpunkt wir legen, ist die Gegenwart ein Ausdruck für Vergangenes, welches wir eh´ nicht mehr ändern können, oder für Zukünftiges, welches genau gefasst und umrahmt gehört, damit die Zukunft in der Form, in der wir sie uns vorstellen, auch greifbar und realisierbar wird.

Der tatsächlich wirklich existente Bereich ist die Gegenwart. Sie ist das Fundament auf dem z.B. das Projekt „Zukunft" gelegt werden kann. Tue ich bereits hier und jetzt etwas für meine Zukunft, die ich bereits hier und jetzt klar formuliert und umrissen habe, so geschieht etwas, dass mein Augenmerk bereits auf Dinge richtet, die für meine Zielsetzung wichtig sind.
Erwarte ich etwas aus vergangenen Mustern heraus und rufe ich die Erfahrung -„das hat noch nie funktioniert und wird folgerichtig daraus auch nie funktionieren" - herbei, so habe ich bereits für die Zukunft eine Energierichtung gezogen, die genauso wirkt. Mein Ziel ist es gewesen, dass es nicht funktioniert.

Mein Programm war erfolgreich!!

Es war vor-programmiert!!

Wir haben hier einen typischen Fall von verkehrter Herangehensweise. Der Gedanke oder Impuls liegt ursprünglich in der Vergangenheit mit der dazugehörigen negativen Besetzung. Diese zieht sich nun bis in die Zukunft durch. Von der Vergangenheit hat sich der Betrachter ein klares Bild verschafft. Hinzu kommt, dass das Zukunftsbild dem der Vergangenheit ähnelt. Selbst wenn er sich ein besseres Bild von der Zukunft gewünscht hätte, so ist dieses Feld nicht so stark und klar erzeugt worden, wie es bei der Vergangenheit der Fall gewesen ist. Die Zukunft <u>musste</u> der Vergangenheit zwangsläufig unterliegen. Der richtige Ansatz wäre gewesen, sich zuerst mit einer Zukunftsidee, einer Vision zu beschäftigen und sich so zu überlegen: „Wo will ich hin !"Ist dieses Bild klar und kräftig genug, dass das Gefühl entstanden ist, es auch tatsächlich umsetzen zu wollen, so kann in der Gegenwart geschaut werden, was von dieser Idee bereits verwirklicht werden kann.

Die noch fehlenden Punkte können von dort aus Step by Step gelöst werden.

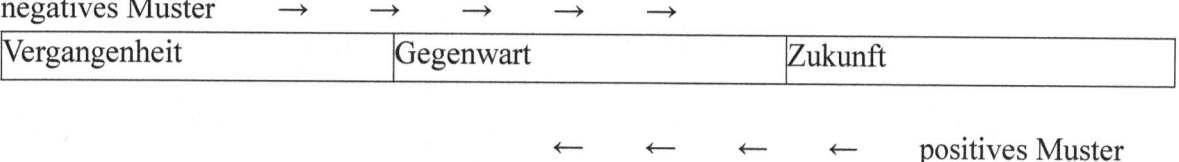

Die Vergangenheit ist der Bereich, der uns hilfreich zur Seite steht. Er ist unser Erfahrungsschatz, der wie eine Schatztruhe je nach Belieben geöffnet oder geschlossen werden kann.

Die Zukunft ist der Bereich, der uns Ziele und Lösungsansätze bieten kann. Die Gegenwart ist der Ort, an dem sich die Vorstellungen umsetzen lassen.

Die Blickrichtung entscheidet!

Wenn wir beispielsweise von hier aus auf den Mond zielen wollen, so brauchen wir ein exaktes millimetergenaues Visier. Sogar ein Zehntel Abweichung davon bewirkt, dass wir Kilometer an diesem Ziel vorbeischießen werden. Entsprechend verhält es sich mit unserer Blick-Richtung. Sehen wir unser zukünftiges Bild unklar und undeutlich vor Augen, so schießen wir aller Wahrscheinlichkeit nach kilometerweit an diesem vorbei.

Wenn wir eine Ziel-Vorstellung haben, die sich weit in der Ferne der Zukunft als sich- erfüllte Aufgabe präsentiert, so sehen wir den Unterschied zu unserem jetzigen (Gegenwart) gegenwärtigen Standpunkt und beziehen eine direkte Linie zu diesem Zukunftsbild. Zwei Punkte miteinander verbunden ergeben eine Linie. Egal was Sie in Zukunft machen werden.

Ich möchte Sie noch einmal darauf hinweisen, dass Erfolg vorprogrammiert ist. Unser Denken, Handeln und Fühlen bestimmen unser Welt-Bild. Seien Sie sicher, dass Wirken kein Zufall ist! Alles was wir denken, fühlen etc. erzeugt Wirkungen. Auch hier wiederhole ich mich gerne wenn ich sage, dass ein Gedanke nicht „<u>Nichts</u>" ist. Wenn er „Nichts" wäre, gäbe es ihn überhaupt nicht. Ziel eines gerichteten Gedankens ist es, etwas zu erzeugen, um konstruktiv und effektiv handeln zu können.

Ohne Ziele kann der Mensch nichts erreichen, lassen sich keine Vorhaben verwirklichen. Formulieren Sie lieber ein Ziel, bei dem Sie sich nicht sicher sind, dass es erfolgreich ist, als gar keines. Der Fehler den Sie dabei machen, bringt Ihnen wenigstens die Erfahrung ein, dass es ein solcher gewesen ist. Es wäre immer schwanger im Raum und in Ihrem Kopf geblieben, bereit (schwanger) zum Ausdruck (Geburt) gebracht zu werden, verursacht es u.U. Kopfschmerzen. Sie wissen damit genau, was Sie nicht wollen und können sich fortan um Dinge kümmern, die Sie sich wirklich wünschen und bei denen Sie der Meinung sind, dass es Sie glücklich macht. So gehen wir einen Schritt weiter in Richtung Erfolg. Wenn Sie keine Vorstellung von einem Ziel haben, so kann das Schicksal Ihnen nicht hilfreich zur Seite stehen. Formulieren Sie aus diesem Grunde genau, was Sie sich wünschen. Nur wer tatsächlich auch zu seinen Fehlern steht, kann auch wirklich erfolgreich sein. Wer nun erfolgreich sein will, der muss sich selbst bewusst machen, dass die Fehler der eigentliche Antriebsmotor sind. In dem Moment, indem Erfolg reibungslos funktioniert, würde man sich auf die faule Haut legen und nichts mehr lernen wollen.

Die Bewegung „Vorwärts" wäre unterbrochen!

Wichtig an dem Umgang mit den Fehlern ist die positive Beurteilung dieser. Sehe ich einen Fehler als Chance etwas verbessern zu können an, so nehme ich sie nicht persönlich, sondern als Aufgabenstellung, die es zu lösen gilt. Wenn einem die Tasse aus den Händen geglitten ist und nun als Scherbenhaufen auf dem Boden liegt, so kann der Kommentar seines Partners – „Na du Tolpatsch!" – in zweierlei Hinsicht verstanden werden, je nachdem wie man es interpretiert. Lacht man über sein eigenes Fehlverhalten oder nimmt man die Äußerung seines Partners persönlich? In beiden Fällen hat man das Geschick und den weiteren Verlauf selbst in der Hand. Wenn nun Erfahrungswerte in die Interpretationsschiene eingreifen, so kann es leicht passieren, dass aus dem vormals ungewollten und unbedeutenden Äußerungen Muster zum Vorschein kommen, die sich jetzt abspulen. Ebenso können diese aber auch, durch z.B. ein Lächeln, Augenzwinkern o.ä. Körpersignale vermieden werden. Das Zugehen auf den Partner signalisiert, welche der vorher mehrmals angesprochenen Bewegung nach vorne „Vorwärts" entspricht. Ohne diese Körpersignale könnten u.U. sich leicht Barrieren zwischen beiden aufbauen.

Eine formulierte Entscheidung bedeutet immer die Aufgabe der nicht-gewählten Seite, bzw. der nicht-formulierten. Auf ihre Vorzüge muss im Sinne der Entscheidung verzichtet werden. Hier befindet man sich an einem Scheide-Weg. Die Ziel-Richtung ist formuliert. Der gedankliche Ablauf festgelegt und die neue Richtungs-Vorgabe anvisiert. Der nächste Schritt ist es, diesen Weg auch einzuschlagen (Arkana VI-VII).

Da die Orientierung und Ausrichtung bereits stattgefunden hatte (siehe Bsp. Erde-Mond), muss jetzt darauf geachtet werden, dass dieser Weg durch sich ständig neu auftretende Probleme immer wieder selbst hinterfragt. Die Störungen, die auftreten, bewirken oftmals eine Kurskorrektur und eine damit verbundene Neu-Ausrichtung. Das Anvisieren des Zieles geschieht deswegen u.U. aus sich immer wieder verändernden Blick-Winkeln. Man kann demnach davon ausgehen, dass wenn sich das Ziel unter den ständig auftretenden Hindernissen immer wieder anvisieren lässt und man auch tatsächlich Willens dazu ist, dieses zu erreichen, es gute Chancen hat, sein Vorhaben umzusetzen.

Darin liegt das besondere Geheimnis der Wunscherfüllung. Probleme sollten uns nicht aus der Ruhe bringen, sondern eher noch Motivation dafür sein. Ohne seine eigenen Potentiale ausschöpfen zu können, leiden wir schnell unter mangelndem Selbstbewusstsein. Wenn wir selbst uns die Lösung von Problemen nicht zutrauen, dann stellt sich uns die Frage, wer dann? Wenn wir uns selbst nicht motivieren können, wird es uns auch schwer fallen, andere für unsere Vorhaben zu animieren. Die Erfolge, die sich bei uns dadurch einstellen, entwickeln nach und nach die Fähigkeit an unsere Wunschkraft zu glauben. Es lässt das Vertrauen in unsere eigenen Fähigkeiten wachsen.

Die Bewegungsrichtung „Vorwärts" ist keine Flucht **vor etwas weg**, sondern eine Bewegung **zu etwas hin**. Menschen, die nicht von ihren Erfolgen überzeugt sind, sind bemüht dass sie Misserfolge vermeiden. Sie entwickeln kein kreatives Potential, sondern setzen nur den Riegel vor etwas.

Kinder, um ein weiteres Beispiel zu nennen, werden oft gemaßregelt mit den Worten: „Tu dies nicht, tu das nicht, lass das sein..." Gerade bei ihnen gilt insbesondere, sie nicht mit Verboten zu konfrontieren, sondern immer wieder Lösungen mit an die Hand zu geben. Für die Kinder bedeutet das, dass ihr Augenmerk immer wieder darauf gerichtet wird, was sie selbst zuvor gesehen hatten, -Verbote- .

Es fehlt ihnen an **echten Alternativen**. Anstatt ihnen zu sagen: „Spiel nicht mit dem Messer rum", oder „lass das Feuerzeug in Ruhe", könnte man ihnen vorschlagen. „hier nimm den Löffel, damit kann man besser spielen", oder „Spiel lieber mit deinen Spielsachen".

Mit Verboten gehen die negativen Muster einher. Wenn wir nur das sehen, was unerwünscht ist, ziehen wir diese auch an. D.h. unser Vorwärts-Schreiten wird behindert und bewirkt einen direkten Zugang zu dem, wovor wir uns eigentlich schützen wollten. Dabei bedeutet dies nichts anderes, als dass das Gehirn vom vorherrschenden Gedanken magnetisiert wird. Diese Gedanken ziehen uns zu Menschen, Lebensumständen und Kräfte, die mit unseren vorherrschenden Gedanken harmonieren. Ängstliche Gedanken ziehen in demselben Grad Schwierigkeiten an, wie positive Gedanken positive Ergebnisse schaffen. Lernen wir stattdessen Alternativen zu finden, so gehen wir positiv mit Problemen um und gewinnen Stück für Stück an Lebensfreude und Optimismus. Über Probleme werden konstruktive Lösungsansätze gefunden, die unser Selbstwertgefühl, da sie individuell gemeistert worden sind, aufbaut.

Sie selbst haben es in der Hand die Welt als Hölle oder Paradies auf Erden zu betrachten. Wenn Sie verstanden haben, dass vieles von dem was Sie tun, hausgemacht ist, können Sie auch ebenso viele Muster beiseite legen und sich ernsthaft um Ihre eigenen Zielvorstellungen Gedanken machen. Die wahre Tiefe dessen zu verstehen setzt in jedem Fall die eigene innere Bereitschaft voraus, sich selbst darin erfahren zu wollen. Jeder ist für seine eigenen Handlungen selbst verantwortlich. Das Prinzip Karma gilt für alle Bereiche, einfacher ausgedrückt ist es das Prinzip von Ursache-Wirkung. Wenn nun jemand sein Leben beispielsweise rein auf Durchsetzung seiner Interessen lebt und ausrichtet, so wird ihm wohl dieses Ziel erreichbar werden. Doch ist dies im gesamten Verlauf auf das Karma bezogen, ein kurzfristiges Denken. Sein rücksichtsloses Verhalten wird sich nach dem Gesetz von Ursache und Wirkung auch wieder als Lohn gegen ihn richten. Ihre eigenen Entscheidungen sind es, die dann unausweichlich werden, weil Sie sich selbst in Zugzwang versetzen. Durch einen solchen Vorgang gewinnen Sie in den Augen Ihrer Mitmenschen Ansehen und Zuverlässigkeit. Wie weit Sie sich auch Liebe und Vertrauen verschaffen, hängt jedoch nicht nur vom Denken und Handeln ab, sondern auch vom Verständnis und Mitgefühl für Ihre Mitmenschen. Weisheit schließlich erwächst aus der Einsicht, nicht aus der Fähigkeit zur Selbstbehauptung. Um die eigenen echten Vorhaben zu erkennen, ist es wichtig sein Denken weitläufiger zu gestalten. Kosmisches Denken löst kosmische Kreisläufe aus und damit auch den Kontakt zum Kosmos, der auch häufig als Kontakt zu seinem eigenen Schutzengel bezeichnet wird. Seine Aufgabe ist es mäßigend einzuwirken. Er gibt Antworten auf Fragen, die nur in Momenten der Stille in uns aufsteigen können. Die Inhalte, die sich darin präsentieren sind oftmals ideale Mischungsverhältnisse, deren geheime Rezeptur uns vom reinen Intellekt her nicht nachvollziehbar ist.

Um an dessen Inhalte zu gelangen, setzt es einen wachen Bewusstseinszustand voraus. In der Stille tritt man in eine Gesprächsebene, die uns das Fundament unserer eigenen Überzeugung schafft. Unser inneres Selbst möchte von uns in den seltensten Fällen eine Abkehr des Weges. Es möchte, wenn überhaupt, dass wir mit uns im Reinen sind. Prüfen Sie sich. Können Sie mit Ihren Entscheidungen, die Sie fällen leben?

In der Astrologie wird unter der Karma-Analyse der Mondknoten im Besonderen berücksichtigt. Er gibt Aufschluss über vergangene Aspekte des vorhergehenden Lebens und zeigt damit auf, wie die zukünftige Ausrichtung sinnvoll gestaltet werden kann. Der absteigende Mondknoten gibt Hinweise auf die Vergangenheit. Er ist wie eine Bilanz der durchlebten Existenzen, die wir in vergangenen Inkarnationen gut oder schlecht verwirklichen konnten. Über ihn erkennen wir, woher wir kommen und was wir mitgebracht haben. Der aufsteigende Mondknoten weist in die Zukunft. Das Zeichen und das Haus, in dem er sich befindet, geben die Marschrichtung für unser Leben an. Dem Mondknoten kommt neben der Beurteilung der Vergangenheit und Zukunft auch die Gegenwart zu. In diesem Fall wird damit der Umgang zu den Mitmenschen beurteilt. D.h. dass unser Guthaben und auch unsere Schulden sich über den Verlauf des Lebens stets wandelt. Wir schreiben unser Leben immer wieder neu und verändern so unsere eigenen Voraussetzungen. Um unser Leben erfolgreich gestalten zu können, ist es wichtig zu wissen, was unser Ziel ist. Entwickeln wir unseren großen Faden für´s Leben, so erkennen wir viel leichter, dass es weniger darauf ankommt, wie wir dem Alltag begegnen, als eben darum unsere eigene persönliche Entwicklung voran zu bringen. Natürlich sind Themen, die im Alltag auftreten auch Bereiche, die es ernst zu nehmen gilt, doch können sie, wenn sie den Blick für das große Ganze verhindern, ebenso schädlich sein und uns davon ablenken.

Sie haben jederzeit die Möglichkeit Ihr Leben neu zu gestalten. Der Hinweis zum Karma gibt lediglich an, worin Ihre Stärken und Schwächen liegen. Mit Ihren Talenten und Anlagen haben Sie die Voraussetzungen für eine gute Ernte. Nutzen Sie sie!

Wie ein Gedanke sinnvoll, zukunftsorientiert und zweckmäßig erstellt werden kann. Dies sollte uns daran erinnern, wie wichtig es ist, einen speziellen Gedanken zu entwickeln und ihn entsprechend zu formulieren. Es hört sich auf den ersten Blick leichter an, als es den Anschein hat. Der Mensch ist seinem Wesen nach nicht nur verstandesorientiert, sondern besitzt ebenfalls Inhalte, die emotionaler Natur sind. Einem reinen Gedanken fehlt die Kraft und Motivation, um diesen real werden zu lassen. Das Unterbewusste funktioniert wie ein Becken, in dass die bewussten Inhalte einfließen. Wenn wir uns keine Zeit geben, Inhalte gehen zu lassen, so dass sie gänzlich in uns verschwunden sind, können diese auch nicht auf Herz und Nieren geprüft werden. Ideen lassen sich durchaus durchsetzen, keine Frage. Mit der entschlossenen Haltung und dem unabdingbaren Willen zur Verwirklichung ist dies möglich. Doch wenn wir uns dieser Energie hingeben, bleibt uns der tiefe Sinn der Überzeugung verborgen.

Wir verlieren uns mehr und mehr in Handlungen und Aktivität. Dieses Prinzip wird uns zum Lebens-Inhalt. Erst viel später erkennen wir vielleicht, wie wenig wir selbst hierbei zur Ruhe gekommen sind. Wir waren nicht mehr die Antreiber von Inhalten, sondern wurden selbst zu deren Getriebenen. Die Punkte, die ich zum zielorientierten Verhalten angegeben habe, können nur von wahrem Wert sein, wenn ich auch die Geduld besitze, Dinge reifen zu lassen. Im Grunde ist Passivität sogar ein sehr aktiver Vorgang, denn in ihm ist man gezwungen zur Be-Sinn-ung zu kommen. (Versuchen Sie einmal bewusst nichts zu tun. ;-)) Der tiefe Sinn wird darin offenbar. Die Zeit der Reflexion, die in diesem Augenblick einhergeht, verhilft uns zur klaren Anschauung der eigenen Impulse, ist man mit sich im Reinen.

Der Blick in die See-le

Ist die See aufgewühlt, muss sie sich erst einmal beruhigen, so dass sich körperliche Verspannungen lösen können. Die Atmung wird tiefer, ruhiger und gleichmäßiger. Deren Folgen sind u. a. ein besser funktionierendes Herz - Kreislauf - System, welche bestehende Blockaden viel leichter und schneller beseitigen lassen. Beruhigung ist eine all-umfassende Sache. Sie wirkt sich geistig, körperlich und seelisch aus. Ist dieser Zustand erreicht, so kann sich der Wunsch-Gedanke im Körper wohl fühlen. Dieser Gedanke manifestiert sich durch das Loslassen. Es geschieht genau das Gegenteil. Der Gedanke dringt ein in den Kosmos Körper, obwohl man ihn entlassen hat. Je tiefgreifender ein Impuls ist, umso länger braucht er, bis er an die Stelle angelangt ist, die gewandelt gehört. Es ist vergleichbar mit einer Welle, die an eine Mauer stößt. Je später diese Welle dort ankommt, umso länger braucht sie, um wieder zurück zu kehren. Dafür ist jene wiederkehrende Welle größer und umfassender, als eine, die an eine näherliegende Grenze gestoßen ist. Dies ist einer der Momente, in der die Meditation und damit verbunden die mystische Innen-Schau beginnt.

Die Bildsprache der Seele nutzen!

Bereits im 18. Jahrhundert gab es berühmte Esoteriker, die darauf hingewiesen hatten, dass die Tarotkarten, damit waren die Großen Arkana gemeint, neben der divinatorischen (wahrsagerischen) Bedeutung eine meditative besitzt. Viele Mystiker und Okkultisten hatten auf die besondere Bedeutung der Meditation der Großen Arkana hingewiesen, stellen sie doch eine Reise in das Innere dar und bilden den Zugang zum unbewussten bildorientierten Teil der menschlichen Seele. Selbst C.G. Jung nahm sich der Tarotkarten an und schuf seinen eigenen Kartensatz. Er bezeichnete die Großen Arkana als Archetypen, die der Allgemein- oder Kollektivseele entsprechen. Sie bilden einen Pool, aus dem wir alle schöpfen.

Der Schamane im Dorf nimmt Kontakt zu seinen Schutzgeistern auf und verbindet sich auf diese Weise mit der Kollektivseele, den Ahnenkräften, auf der der Segen des gesamten Dorfes beruht. Die Meditation über die Tarotkarten verschafft den Zugang zu unseren unbewussten und unterbewussten Quellen und lässt uns erkennen, wie negative Mechanismen arbeiten. Wir halten inne – reflektieren –, können so alles aufarbeiten, Nützliches von Unnützem trennen und damit zu produktiven Lösungen gelangen. Wir schöpfen Kraft, erkennen den Sinn erlebter Situationen und schaffen so durch die Konzentration auf uns selbst, den Zugang zu unseren Gefühlen.

Es ist gar nicht so schwer den täglichen Stress in neue Energie und kleine Ängste in Entscheidungshilfen umzuwandeln. Genauso wichtig ist es auch Körper und Geist ausreichend Ruhepausen und Entspannungshilfen zu gönnen. Ständig auf Hochtouren zu arbeiten, macht auf Dauer krank. Wer aber seine Energiequellen richtig einschätzt, kann sie auch in die richtigen Bahnen lenken, seine Ziele sicher erreichen und Herausforderungen mit Lust annehmen. Wie viel Energie wir haben, ist das Ergebnis unseres Denkens, Handelns und Fühlens. Nicht der Partner, die Vergangenheit oder die Ungerechtigkeit der Welt sind für unsere Kräfte verantwortlich. Wer das weiß, kann seine Kräfte gezielt einsetzen. Tarotmeditation unterstützt Sie genau hierin.

Selbst das bloße Lesen der Texte bewirkt Entspannung. Egal wie gut oder schlecht Sie Ihre Meditation machen - sie wirkt!

Ich möchte Ihnen die Möglichkeit bieten, sich selbst mit Ihren eigenen spirituellen Kräften Selbst-Bewusst auseinander zu setzen. Sie sollen Ihre eigene Fähigkeit dahin entwickeln. Sie können anhand der Tarotkarten, wovon jede einzelne eine nur ihr entsprechende Qualität besitzt, auf ihr Unterbewusstsein eingehen und so gleichzeitig unbewusste Prozesse auslösen, die Sie mit Ihrem Bewusstsein erkennen und gestalten können. Im Unterbewussten speichern sich, auch jetzt und hier zum gegenwärtigen Zeitpunkt, alle Erfahrungen des Lebens, die wir machen. Wir koppeln sie automatisch mit gefühlsmäßigen Erinnerungen und können sie so auf diese Weise wieder nach oben ins Bewusstsein transportieren, wenn wir es wünschen. Oft geschehen diese Einfälle aber auch ungewollt und spontan. Es scheint, als ob wir keinen Einfluss darauf hätten.

Wir alle kennen den Eifelturm und können ihn problemlos mit Paris verbinden. Die Verknüpfung dieser Information mit Paris und persönlichen Erlebnissen machen die Erfahrungen einzigartig. Stellen Sie sich vor, Ihre große Liebe befindet sich in Paris. Sie selbst sind aber an einem völlig anderen Ort, so weit entfernt, dass es Ihnen unmöglich ist, sich auch nur am Wochenende zu treffen. Ihre Sehnsucht zu Ihr/ Ihm versuchen Sie dadurch zu stillen, indem Sie neben den Telefonaten, die Sie führen, unentwegt an Sie oder Ihn denken. Sie haben Ihre Aufmerksamkeit vollkommen darauf gerichtet und auf diese Weise ein Ziel-Bewusstsein geschaffen. Durch Ihre Zielorientierung konzentrieren Sie sich unterbewusst auf Dinge, die Sie an Paris und Ihre Liebe erinnern. So sehen Sie z.B. während einer Nachrichtensendung den Eifelturm, was Sie wiederum dazu anregt, sich weiter um diesen Gedanken zu kümmern. Hier verstärkt sich Ihr Bedürfnis nach Nähe.

Zufall?

Ja, in dem Sinne, dass es Ihnen zufällt und Sie selbst darauf achten, alles Mögliche daran zu setzen, Ihr Bewusstsein zu verstärken und zu programmieren. Sie wollen es! Aus diesem Grund wird Ihnen gegeben, wonach Sie trachten. Sie werden nach Paris fahren, um dort Paris und Ihre Liebe zu sehen.

Woher kommt dies alles?

Die Antwort lautet: aus unserem Unterbewusstsein, dessen Zugang eine wichtige Voraussetzung zur Entwicklung unserer Spiritualität darstellt. Spiritualität setzt voraus, dass wir uns über uns und unsere Eigenschaften bewusst werden, denn sie wirkt allumfassend.

Tarotmeditation verhilft Ihnen, sich über Ihre eigenen Motive und Verhaltensweisen bewusst zu werden. Sie können sich selbst ein Bild darüber machen, was in Ihnen vorgeht.
In vielerlei Hinsicht geschehen Verhaltensmuster unterbewusst. Sie geschehen einfach, weil ihnen der Ur-Impuls des Wollens zu Grunde liegt. Haben Sie sich darauf eingelassen, sorgt das Unterbewusstsein dafür, dass Sie in Ihrer Umgebung genügend Anreize erhalten, die Sie immer wieder an diesen Punkt erinnern.

Genau dies ist mein Anliegen, Tarotmeditationen anzubieten. Durch sie erhalten Sie Anregungen und schaffen durch Ihre eigene Wunschkraft diese oder jene Richtung. Tarotmeditation verstärkt Ihren Wunsch. Das Meditieren über jede einzelne Tarotkarte entspricht dem Meditieren über sich selbst, bzw. jeder Facette der eigenen Persönlichkeit.
So macht uns z. B. „Der Narr", Arkana 0 deutlich, dass wir die Zeit der Impulse, die auf uns zukommt, nutzen sollten um die Gegenwart der potentiellen Möglichkeiten zu erkennen und zu genießen. „Der Magier", Arkana I, verleiht uns die Fähigkeit, Informationen aufmerksam zu betrachten und sie klar zu kategorisieren. Wir entwickeln damit unsere geistigen Fähigkeiten. „Die Hohepriesterin", Arkana II, verweist uns darauf, Geduld zu entwickeln und ihr zu vertrauen. Im Glauben an sie ist man geschützt. Vertrauen ist das Wort, dass ihr zugeschrieben wird. Ein Wort, dass nur sie wahrlich versteht. „Die Herrscherin", Arkana III, verhilft uns zum Reifungsprozess. Viele Dinge müssen erst wachsen, bevor man deren Ernte

einstreicht. „Der Herrscher", Arkana IV, steht für die eigene Durchsetzungsfähigkeit. Meditiert man über ihn, so fällt es leichter, initiativ zu werden und eigene Impulse zu setzen. Über den „Hohepriester", Arkana V, erkennen wir, wozu die Macht des Glaubens fähig ist, dass er wahrlich Berge versetzen kann. „Die Liebenden" zeigen uns, wofür unser Herz wirklich schlägt, wohin wir wirklich wollen. Arkana VI verhilft uns zu einer klaren Vorstellung. Sollten Sie über Arkana VII, „Der Wagenlenker", meditieren, so verschaffen Sie sich den Zugang zu ziel-orientiertem Denken. Sie erkennen anhand dieser Karte, welche Richtung Sie einschlagen müssen, um so den Erfolg herbei führen zu können. Mit Arkana VIII, „Die Ausgleichung" oder „Die Gerechtigkeit", wie sie auch genannt wird, erfahren Sie Näheres über das Prinzip von Ursache und Wirkung. Sie erkennen, dass nichts nur rein zufällig ist, denn alle Zusammenhänge unterliegen einer höheren Ordnung. „Der Eremit", Arkana IX, zeigt uns, wie wichtig es ist, allein mit sich und der Welt zufrieden leben zu können, ohne dabei die Aufgaben zu vernachlässigen, die sich einem stellen, dabei den tiefen Wert der Arbeit zu erkennen, um so zur Vollendung zu gelangen. „Im Rad des Schicksals", Arkana X, erleben Sie die wahre Bedeutung des Glücks. Wandlung ist nicht nur Neubeginn, sondern liegt in der eigenen Haltung begründet. In der „Lust", Arkana XI, können wir die zentrale Bedeutung von Energie offenbaren und verstehen, wodurch unsere Aktivität der Handlungen begründet ist. Wenn wir etwas Positives schaffen wollen, so müssen wir auch Lust dazu haben. Nach der Aktion die Reflexion. Arkana XII, „Der Hängende Mann", führt uns in die Innenschau. Diese Phase leistet den Übergang vom Ego zum Selbst.

Arkana XIII, „Der Tod", zeigt sich als Hüter der Schwelle. Er ist ein Grenzzieher, der sich in Arkana XV und XVI als weitere Konsequenz offenbart. „Der Tod" warnt uns vor dem Neubeginn. Er ist der Verweis für viele neue unbekannte Entbehrungen, aber auch Verlockungen, die mit dem Zuwachs an neuen Fähigkeiten verbunden sind. Arkana XIV, „Die Kunst", vermittelt uns den Zugang zu unserem Schutzengel. Mit ihm gelangen wir sicher auf der Reise zu unserem Selbst durch alle Schwierigkeiten und Gefahren, die uns unweigerlich begegnen werden. Er bildet somit ein wichtiges Bindeglied in unserer Entwicklung. Er zeigt uns die Möglichkeiten und Verlockungen, die sich uns über die verführerische Macht des „Teufels", Arkana XV, offenbaren. Der Zugang zu ihm schafft unweigerlich die Erkenntnis, in welch kleinem Rahmen unser Leben bislang verlaufen ist und nun sich in uns Möglichkeiten aufzeigen. „Der Teufel" will uns daran erinnern, dass wir mehr und oft für unsere eigenen Begrenzungen verantwortlich sind. Jener Druck und die daraus resultierende Sprengung des Rahmens wird durch Arkana XVI, „Der Turm", deutlich. Er verhilft uns zu jener radikalen Aufgabe unseres Egos. „Der Stern", Arkana XVII, schenkt uns die Fähigkeit zur Vision. Mit ihm gelangen wir zu völlig neuen Sichtweisen und damit auch Erkenntnissen. Die Entfernung von der Erde und die Reise zu dem Stern verhilft uns zu neuen ungetrübten Perspektiven. Wir erheben uns über diese Karte von allen Sorgen und Problemen, die auf der Erde liegen. Über den „Mond", Arkana XVIII, schaffen wir den Zugang zu unseren Ängsten. Können wir uns mit ihnen verbinden, so erreichen wir auf diesem Wege den Kanal zum Unbewussten und auch Unterbewusstsein, den verborgenen Teil des Selbst. „Die Sonne", Arkana XIX, zeigt die befreite Seele in jener strahlendsten und leuchtendsten Art, wie es einzig und allein die Sonne vermag.

Geläutert im Bewusstsein, Arkana XIX, begegnet uns die Hohepriesterin in Arkana XX wieder. In dieser Form zeigt sie ihre große Kraft der Wandlung. Wir gelangen durch Arkana

XX, „Das Aeon", nicht nur zu unserem tiefen Verständnis über den Schutzengel, sondern vermögen durch diese Karte den Ruf zu erkennen, dem wir zu folgen haben. Der Umgang mit dem Unterbewusstsein hat in Arkana XX seine endgültige Reife erreicht. Der im weiteren Schritt Arkana XXI die Verschmelzung von Bewusstsein und Unterbewusstsein darlegt. Ein Zyklus ist beendet. In Arkana XXI, „Das Universum", durchschreitet der Meditierende eine Pforte, um auf einer höheren Stufe einen neuen Prozess zu beginnen. Jede Arkana bildet eine Facette, einen Energiezugang. Der Verlauf der Tarotkarten, beginnend mit Arkana 0, „Der Narr", und endend mit Arkana XXI, „Das Universum", zeichnet sich durch die Aufspaltung der Einheit 0 in deren positiven und negativen Pole aus. Bis zu ihrer endgültigen und vollkommenen Vereinigung in Arkana XXI werden die Karten sich dahingehend stetig annähern. Es ist die Kraft der Anziehung, ohne die Vereinigung nicht stattfinden kann. Zum besseren Verständnis repräsentieren die Pole männliche und weibliche Energien. Genau diese Unterscheidung beginnt mit Arkana I, „Der Magus", gefolgt von Arkana II „Die Hohepriesterin". Während sie das weibliche repräsentiert, ist er das männliche Prinzip. Die darauffolgenden Karten Arkana III, „Die Herrscherin", und Arkana IV, „Der Herrscher", verweisen weiter darauf. Diesmal wechselt die Reihenfolge und die Energie bekommt einen irdischen Bezug. Eine Herrscherin und ein Herrscher regieren auf der Erde, wohingegen der Magier und die Hohepriesterin Kontakt zum Überirdischen aufnehmen.

Die Karten weisen somit als erstes darauf hin, dass spirituelle Bezüge auf die Erde manifestiert gehören, um dort den weiteren Vorgang der Verschmelzung voran zu bringen. Polarität ist der Antrieb, das Mittel zur Bewegung. Nur durch das Gegenüber erkennen wir das Anderssein und den Teil, der uns fehlt, den wir in uns bewusst zu integrieren haben.
So hat jede Arkana ein gewisses Energiepotential, dass ihr entspricht. Der Zugang zu dieser Kraftquelle ist nur mit der entsprechenden Meditation über die jeweilige Karte möglich.
Mit Tarotmeditationen gelangen Sie leichter an den Speicher Ihres Unterbewusstseins. Geweckt und aufgerufen kümmert es sich für Sie um alles, was Sie unterbewusst damit verbinden. Es wird Ihnen zu Ihrem eigenen Wohl unterstützend zufließen.

Neben den gängigen Informationen, dass mit ihrer Hilfe alle Gedanken hinter sich gelassen werden können und anschließend Sie sich selbst spüren, ist Meditation darüber hinaus mehr als nur ein Mittel zum Stressabbau, auch mehr als nur um körperliche Beschwerden zu lindern (es stärkt das Herz, hilft bei Schmerzen, Asthma, Schlafstörungen und anderen Problemen).
Der regelmäßige Besuch der Stille macht uns rundum Ganz. Wir richten uns geistig auf. Das Gehirn erfährt eine Geordnetheit, die sich bis in unsere Psyche und unseren Körper auswirkt. Diese Eigenschaften lassen sich durchaus für weitere Zwecke nutzen. Unser größtes Ziel sollte es sein, wachsen zu können, uns selbst zu entwickeln. Wer 2x täglich meditiert, der reinigt sich (morgens) und den Tag (abends). Er geht ein in die universellen Gesetzmäßigkeiten, erkennt diese und verhält sich entsprechend aufmerksamer und sensibler. Unter Umständen schafft er sogar eine neue Welt, ein neues Welt-Bewusstsein.

Es ist sehr wichtig sich mit unserem Unterbewusstsein vertraut zu machen. Was verbirgt sich hinter diesem Begriff? Nun, grundsätzlich kann man dazu vermerken, dass das Unterbewusstsein Reaktionen aus dem eigenen Erinnerungsspeicher hervorruft. So sind zum Beispiel Gefühle, die durch Musik wieder angeregt werden, Erinnerungen und Reaktionen darauf, was man in der Vergangenheit erlebt hatte. Vielleicht ist dies ja die Erinnerung an die ersten Tage Ihrer großen Liebe. Es kann ebenso schmerzhafte wie auch glückliche Momente durch solche Vorgänge koppeln. Dem Unterbewusstsein unterliegen all die Dinge, Erfahrungen usw., derer wir nicht mehr bewusst sind. Oft finden sich dort Automatismen wieder, die wir gelernt haben, und so ins Unterbewusstsein gelangten. Das Unterbewusstsein kann aber auch durch das Unbewusste beeinflusst werden. Ängste, die oft als Verdrängungen im Unterbewusstsein entstehen, können durch die Zuwendung zur inneren Ruhe und Einkehr in die Welt der Archetypen zu einer Lösung finden.

Dabei ist es wichtig zu verstehen, dass das Unbewusste sich niemals vom Unterbewusstsein beeinträchtigen lässt. Im Unbewussten sind alle Informationen enthalten, die wir auch als das wahre Wissen bezeichnen können. Es ist die grundlegende Energie des Lebens überhaupt, welches über das persönliche eingeschränkte Ich hinausgeht. Wir sind Heil. An diesen Zugang zu gelangen, ist die Aufgabe eines jeden Einzelnen von uns. Gelingt uns dies, so erreichen wir den Kontakt zu allem um uns herum. Wenn die Steinzeitmenschen sich mit dem Hirsch vereinigten, taten sie nichts anderes, als abzuschalten. Sie verfielen in Trance. Das Ziel wurde Mittel zum Zweck. Ob bewusst oder unbewusst, das sei dahin gestellt, wurde es als höchstes Gut erachtet. Tatsache ist, Steinzeitmenschen haben durch ihre Höhlenmalereien nichts anderes getan, als ihr Jagdglück damit zu erhöhen. Sie identifizierten sich im Ritual mit dem Gott oder Totem des Tieres. Sie waren dieses Tier. Damit schufen sie zugleich eine Versöhnung mit dem Gott des Hirsches, erreichten einen Trance-Zustand mit dem sie das Tier erfühlten und es geschah eine Fokussierung des Bewusstseins auf nichts anderes als ihren Hirsch. Dies war und ist das Erfolgsrezept. Die Versöhnung mit dem Tier hatte eine therapeutische Wirkung. Ursache für diese heilende Wirkung sind die sogenannten im Hirn auftretenden Alpha-Wellen. Diese Hirnströme sind bei Meditierenden sehr aktiv. Ein Zeichen tiefer Entspannung. Der Geist wird, durch den Trance-Zustand herbeigeführt, sehr weit. Das Bewusstsein öffnet sich. Üblicherweise geschieht während der Meditation, dass man ausschließlich sich selbst spürt. Man erlebt eine besondere „Ich"- Erfahrung. Dies ist ein Zustand, der an sich kein alltäglicher ist, denn der Alltag überlagert oftmals diese Form der Realität. Die Steinzeitmenschen, oder auch Schaman/innen gingen oder gehen in ihrer Ich-Erfahrung noch einen Schritt weiter. Sie konnten sich selbst beiseite nehmen und Raum für das andere Bewusstsein schaffen. Diese Vereinigung machte es möglich, sich selbst in dem anderen wieder zu finden. Diese Verschmelzung schuf das Bestreben zu ihm, in diesem Fall den Hirsch zu wollen. Durch die Versöhnung mit dem über den Hirschen wachenden Gott, konnte der Jäger sich nun mit aller Macht zu ihm hinbewegen.

Was hat nun alles dies mit Tarotmeditation zu tun?

Wenn Sie meditieren fokussieren Sie sich. Sie richten Ihre Aufmerksamkeit auf einen gezielten Aspekt. Lässt sich dieser Aspekt mit einem Ziel verbinden, der für Sie wichtig ist, gewinnt Ihr Vorhaben an Tiefe. Automatisch befassen Sie sich intensiver mit Ihrer Thematik und erreichen so oftmals bessere Lösungen, als wenn Sie sich keine Zeit für wenige Minuten Meditation lassen würden. Im Übrigen ist es ein Trugschluss zu behaupten, man hätte kostbare Zeit verloren. Das Gegenteil ist der Fall. Sie gewinnen Zeit. Es ist von unschätzbarem Wert, mit Geordnetheit im eigenen Bewusstsein, Gedanken und Gefühle klar und sauber zu erfassen. Sie können wichtige von unwichtigen Themen unterscheiden.

Bevor das geistige Feuer die Flamme der Überzeugung erstehen lassen kann, sind gewisse Vorkehrungen zu treffen. Der erste Schritt dahingehend bezieht sich auf den bedeutenden Vorsatz „Hier und Jetzt" zu meditieren.

Sie haben eine Frage? Sie möchten etwas wissen? Umso besser. Vielleicht hilft Ihnen genau dieses Gefühl eine Lösung zu finden, zu Ihnen selbst. Denn vielleicht fragen Sie sich bei alledem: „Ist es stimmig für mich?" Nach der Meditation sehen Sie vieles wesentlich klarer. Vielleicht gelingt es Ihnen aus der Meditation heraus einen Glaubenssatz mit einem dazugehörigen Bild zu erzeugen. Nehmen Sie es mit, nutzen Sie es! Stärken Sie damit Ihren Glauben an sich selbst, indem Sie Ihre Gedanken in Sätze einbinden, um diese zu gegebenen Anlass, je nach Wunsch, zu rezitieren.

Kaum jemand denkt über eine eigene geistige Diät nach. Erfahrungen strukturieren unser Gehirn und steuern somit unsere zukünftigen Einflüsse. Angemessene Erfahrungen sind demnach wichtig für uns. Wenn Sie auf Ihre Ernährung achten, dann vielleicht aus Gründen, die mit Ihrer körperlichen Gesundheit verbunden sind. Dabei bleibt uns der Gedanke an eine Diät des Geistes sehr fremd. Geben Sie sich die Chance sich auch vom Getriebe der Welt für kurze Zeit zu verabschieden, um so an die für Sie wesentlichen Inhalte gelangen zu können.
Wenn Sie Ihre Gedanken entsprechend schulen, bestimmen Sie was Sie ernten. Ihre Gedanken arbeiten von diesem Augenblick an für Sie. Es sind unsichtbare Wolken, die Sie aussenden, um Ihnen Ergebnisse zuzuführen. Ein Gedanke, der aus Überzeugung heraus erwachsen ist, entwickelt sich zum starken Gedanken. Er existiert in Ihrem Bewusstsein und beseelt Ihr Wesen. Der Gedanke, der als stärkster aktiv in Ihnen arbeitet, bewirkt, dass Sie sich um die Erfüllung dessen kümmern.

Die folgenden Tarotmeditationen sind als geführte Meditationen zu verstehen. Jede Karte ist ein Tor, die eigene innere Bilder und Erlebnisse hervorhebt. Sorgen Sie dafür, dass Sie während der gesamten Meditation ungestört bleiben. Der Raum, in dem Sie sich aufhalten, sollte angenehm warm sein. Legen Sie sich dazu entspannt hin und nehmen Sie eine Decke mit. Tragen Sie lockere Kleidung, das erleichtert die Atmung.

Während der Meditationen können Heilreaktionen auftreten. Verdrängte Gefühle und Empfindungen können sich als angestaute Energien lösen und in Ihr Bewusstsein aufsteigen. Egal was geschieht, akzeptieren Sie es! Vertrauen Sie dem, was Sie empfinden, ohne etwas davon zurück zu weisen. Ihre ureigensten Selbstheilungskräfte, gerade auch die spiritueller und psychischer Natur treten in Aktion und wirken sich positiv auf Ihr körperliches Wohlbefinden aus. Das Einzige, was Sie dabei zu leisten haben, ist der Meditation zu folgen. Vermeiden Sie jegliche Anstrengung während Sie den Bildern und Empfindungen nachgehen. Geben Sie sich den Inhalten einfach hin, denn sie entfalten ihre Wirkung auf einer ganz eigenen Ebene. Das Einzige, was Sie aktiv zu leisten haben ist, Gedanken, Gefühlen und auch Vorstellungen Raum zu geben. Machen Sie dies ohne irgendeine Absicht oder Erwartung. Lassen Sie sich einfach auf das Abenteuer der inneren Reise ein.

Es wird Sie an Punkte heranführen, von denen Sie bislang nicht gedacht haben, dass diese in Ihnen stecken.

Die Großen Arkana sind mächtige Bilder mit einer starken Ausstrahlung, die uns in der jeweiligen Bedeutung, die dieser Karte zugrunde liegt, hilfreich zur Seite steht. Durch das Eintreten in die Karte erfahren Sie persönlich die Welt der Archetypen. Jede Karte trägt für sich Informationen, die von tiefster Bedeutung sind. Natürlich ist das, was wir daraus machen individuell. Falls Sie unentschlossen sein sollten über die Meditation, die Sie gerade machen wollen, wählen Sie sich einfach aus einem Tarotkartensatz die Großen Arkana heraus und ziehen eine davon. Diese ist es dann.

Weiterhin kann Ihnen der vorherige Abschnitt, in dem ich in Kurzfassung die inhaltliche Bedeutung der einzelnen Tarotkarten geschildert habe, von Bedeutung sein. So kann z.B. wenn Sie den Wunsch verspüren sollten, neue Wege zu gehen, Arkana 0, „Der Narr", als Meditation verwendet werden. Darüber hinaus wissen Sie selbst genügend, um für sich bestimmen zu können, welche Karte für Sie gerade hilfreich sein könnte. Bedenken Sie allerdings auch hierbei, Ihre eigene Art der Fragestellung. Es ist ein Unterschied, ob Sie wissen wollen, wie es Ihnen gerade geht und darauf eine Karte ziehen, oder Sie sich fragen, welche Karte Ihnen zur Lösung eines speziellen Problems verhelfen könnte. Dem ersteren würde eine reine Kartenlegung mit allen 78 Karten dienen. Beim letzteren erfahren Sie mehr über Ihre eigenen unbewussten Inhalte, wenn Sie auf eine entsprechende Karte hin meditieren. Haben Sie diese anhand eigener Reflexion ausmachen können, so brauchen Sie sich nur an die Meditation heran wagen.

Durch die Meditation werden die Sinne zur Ruhe gebracht und die Aufmerksamkeit nach innen gelenkt. Auf diese Weise erhalten wir eine andere Richtung unserer Wahrnehmung, die üblicherweise im Alltag eher außen geleitet ist. Vermeiden Sie im Vorfeld, wenn möglich anregende Getränke. Nehmen Sie nur eine Kleinigkeit zu essen zu sich, wenn es denn überhaupt sein muss. Der Magen sollte weder zu voll noch zu leer sein. So gelingt es Ihnen besser sich auf die Meditation zu konzentrieren. Wenn Sie diese beginnen, empfehle ich Ihnen sich bewusst zu machen, dass Sie im Begriff sind, jetzt die Reise durchzuführen. Freuen Sie sich darauf. Während der gesamten Reise lassen Sie alle Sorgen des Alltags hinter sich. Konzentrieren Sie sich voll und ganz auf die Meditation. In den meisten Reisen, die von mir angegeben worden sind, werden Sie dazu aufgefordert, sich auf den Rücken zu legen. Lassen Sie sich Zeit, bis Sie die für Sie richtige Lage herausgefunden haben.

Sobald dies geschehen ist, entspannen Sie sich. Beginnen Sie dazu als erstes bei Ihren Muskelpartien. Lassen Sie sich am Ende jeder Übung Zeit, um Ihre Position zu lösen, v.a. vermeiden Sie ruckartige Bewegungen.

Meditation bewirkt, dass Stress abgebaut wird. Es verhilft zur Fähigkeit, loslassen zu können, eignet sich hervorragend zum Druckabbau und schafft Erkenntnis darüber, was Sie wirklich wollen. Grundsätzlich eignet sich diese Form der Meditation für jeden. Dabei ist natürlich die allgemeine körperliche und psychische Verfassung immer zu berücksichtigen. Sollten Sie sich daher, was dies betrifft, unsicher fühlen, sprechen Sie sich mit Ihrem Hausarzt ab.

Nichts geht über das persönliche Erleben. Die Informationen zu erhalten, heißt noch lange nicht, dass man sie be-herz-igt. Alles Wissen der Welt ist belanglos, sofern sie uns nicht in irgendeiner Form betreffen. Den Wert einer Information als wahr zu erachten, bedeutet auch, sie (wahrhaft) lebendig werden zu lassen. Und sei es nur in unserer Vorstellung.

Gelingt uns dies nicht, so können wir kein Bild oder Wort damit verknüpfen. Wir vergessen. Bewusstsein über etwas, bedeutet im Hier und Jetzt genau hier und jetzt wahrzu- nehmen, wo man ist, wann man ist und vor allem - darin schließt sich das Bewusstsein ein- <u>was</u> man eben hier und jetzt macht.

Eine Wahrnehmung über die eigenen Handlungen lässt sich leicht während und auch nach der Meditation erreichen. Vermeiden Sie allerdings laute und hektische Tätigkeiten. Wählen Sie sich Arbeiten aus, die Ihnen die Möglichkeit weiterhin in Kontemplation bleiben zu können, gewährleistet. Ist Ihnen dies machbar, so erreichen Sie, dass die meditative Haltung in den Alltag hinein wirkt und auf diese Weise Raum gewinnt.

Unsere Gedanken, Gefühle und Vorstellungen erschaffen unsere Welt. Unsere Welt-Sicht schafft unsere eigene Wirklichkeit. Mit anderen Worten ausgedrückt, könnte man verkürzt behaupten: „Du bist das, was Du denkst!"

Das Bewusstsein, dass gezielt mit unseren Gedanken in Kontakt steht, kann das ungeheure Potential, dass sich im Unterbewusstsein befindet, nutzen. Wünsche lassen sich programmieren, strukturieren und entstehen oft durch Träume. Ohne Träume keine Wünsche. Im Traum erholen wir uns und können uns erfrischt und neu motivieren. In der Meditation gelingt es uns eine bewusste Wahrnehmung über unterbewusste Inhalte zu gewinnen. Denn im Unterbewussten sind unsere Lebenserfahrungen gespeichert. Es verhilft uns unsere Entscheidungen auf einer Erlebnisebene zu gestalten und kann so jeden Einzelnen zu persönlichen „richtigen oder stimmigen" Ergebnissen führen. Denn, das Unterbewusste sorgt sich für uns! Wir müssen nur die dazugehörige Einstellung und das Vertrauen dazu haben. Das Unterbewusstsein arbeitet als Sammelstelle und macht sich gerne für uns auf die Suche, das Passende für uns herauszufinden, sofern wir ihm genau sagen können, worum es uns geht.
Das Unterbewusste entlastet zudem das Bewusstsein ungemein. Das Bewusstsein ist lediglich für geringe Informationen gedacht. Stellen Sie sich vor, Sie müssten über jede Ihrer Handlungen immer wieder neu entscheiden. Selbst der Griff zur Tasse ist eine Bewegung, die von Ihnen bewusst gesteuert werden müsste. Wenn Sie sich diese Situation vergegenwärtigen, so können Sie erkennen, wie komplex gewohnte Handlungsabläufe sind. Wären wir wirklich dazu gezwungen über jede Kleinigkeit nachzudenken und neu zu entscheiden, würde dies unsere gesamte Kraft rauben. Wir wären Energieverschwender!

Oftmals gibt es Affirmationen, die negative Inhalte vermitteln. Sätze wie: „Dir geht es von Tag zu Tag besser", bedeuten für den gegenwärtigen Zeitpunkt, dass es Ihnen schlecht geht. Das Bewusstsein vermag diese Informationen wohl zu entschlüsseln, doch das Unterbewusstsein, die Zukunft dahingehend nicht erkennen.

In meinen Meditationen erleben Sie z. B. bei Arkana IV, „Der Herrscher", dass Sie der Herrscher sind und nicht werden. Sie erleben die Kraft der Karte unmittelbar im Hier und Jetzt der Gegenwart. Die Meditationen erlauben es Ihnen, sich voll und ganz auf diesen Moment in der Energie der jeweiligen Karte einzulassen. So wie jede negative Ausrichtung uns negativ macht, so verhilft uns das Positive zum Produktiven. Das bedeutet, das Unterbewusste reagiert auf unser Bewusstsein wie ein Schloss zu dem passenden Schüssel. Da das Unterbewusstsein lediglich reflektiert, reagiert es auf die Einflüsse, die von außen einwirken. Es gibt genau jene Informationen preis, die aus dem Datenspeicher am ehesten dazu passen. Ersichtlich wird dies, wenn uns Gerüche an Geschehnisse aus der Vergangenheit erinnern, obwohl diese mit der gegenwärtigen Situation nichts zu tun haben. Das gleiche kann uns im übrigen bei Liedern oder ähnlichem passieren. Aus diesem Grund ist es wichtig, dass wir erkennen, aus welchen Motiven heraus, wir uns wie verhalten. Diese Wahrnehmung bezieht sich wiederum eindeutig auf unser Bewusstsein.

Es geht letztendlich um das Zusammenspiel beider Fähigkeiten. Der Zugang zum Unterbewusstsein oder Unbewusstem entspricht Arkana II, „Der Hohepriesterin". Sie ist eine der ersten Karten der Großen Arkana und wird uns im weiteren Verlauf immer wieder begegnen. Allein die Tatsache, dass dieses Werk die Meditation als zentrales Thema hat, weist auf Sie hin.

Wir dürfen nicht vergessen, dass das was wir denken, fühlen usw. seinen unmittelbaren Einfluss hat. Selbst wenn wir soweit gereift sind, dass wir den Umgang daran gewöhnt, das Umfeld insofern „verändert" haben, so dass es positiv auf uns einströmt, so dürfen wir bei alledem unsere innere Haltung nicht vergessen.

Achtsamkeit ist und bleibt der Schlüssel!

Natürlich ist es wichtig uns zu entspannen. Ebenso wichtig ist es aber auch zu erkennen, dass wir nur wahrhaft loslassen können, wenn wir uns im Großen Ganzen eingebunden fühlen. Dementsprechend sollten wir immer darauf achten, das Große Ganze durch unsere Gesinnung zu ehren. Sich integriert zu wissen bedeutet, den Kosmos auf Erden zu leben. Wer nach den Gesetzen des Kosmos lebt, lebt richtig. Man wird geführt und entwickelt so das Bewusstsein zu seinem eigenen wahren Willen.

Nur in Zeiten der Besinnung gewinnen wir langsam eine Ahnung dessen, was unsere bislang gehegten Träume gewesen sind. In der Entspannung, vor allem der Tiefen-entspannung, ist es uns möglich diesen Zustand wieder zu erlangen. Wir gewinnen an Konzentration, erinnern uns an das Wesentliche im Leben, erkennen seinen wahren Wert.

Ich wünsche Ihnen bei den nun folgenden Meditationen eine angenehme Reise! Mögen sie Ihnen als gute Begleiter in Ihr Unterbewusstsein dienen und die positiven Kräfte des Unbewussten entwickeln, auf dass Sie mehr über sich und Ihre verborgenen Energien erfahren.

Arkana 0
Der Narr

Der Aufbruch in eine neue Dimension geschieht.

Wenn Arkana XXI (das Universum) das Ende darstellt, so ist Arkana 0 deren Reinkarnation. Der Narr ist wie ein leeres Blatt Papier auf dem die Geschichte des Lebens aufgezeichnet wird. In dieser Phase besitzt man die Wahl in welches man sich hineingebiert. Es ist vergleichbar mit Seelen, die sich das irdische Leben beschauen und daraufhin in dieses einkehren.

Das Wissen darüber, ob der Weg, der gegangen wird, erfolgreich und sinnvoll ist, weiß einzig und allein die Zukunft. Mit anderen Worten, der Narr verlässt die sicheren vorgegebenen Pfade, und betritt den Weg, den vordem noch niemand gegangen ist. Dies geschieht auf eigenes Risiko, allerdings wäre der Erfolg einzigartig. Der Narr lässt sich von der jeweiligen Strömung, die ihn gerade umgibt, erfassen und folgt dieser Richtung, bis er von der nächsten erfüllt wird, um wiederum dieser nachzugehen. Er sucht die Tiefe und das Bewusstsein zum Leben, d.h. die Polarität des Daseins, die bei ihm noch ungeteilt vorhanden ist. Er weiß, dass nur ein Tor das Tor durchschreiten kann, denn es ist ein Unterschied, ob man den Weg nur kennt, oder ob man ihn erlebt.

In der Meditation dieser Karte möchte ich dem Meditierenden das Verständnis zur eigenen Göttlichkeit nahe bringen. Er soll die ungeteilte Einheit wahrnehmen. Wenn Arkana XXI den Eintritt in eine neue Welt bedeutet und Arkana 0 deren Austritt, so gibt es unweigerlich einen Bereich dazwischen.

Vielleicht existiert diese Welt auch nur in Form einer Schwelle, die sich beim Durchschreiten des Tores offenbart. Die Erfahrungen, die gesammelt worden sind, können durchaus in Erwägung gezogen werden, doch nützen diese oftmals wenig, wenn tatsächlich neue Bedingungen herrschen. Ein neuer Weg kann nie der alte in einem anderen Kleid sein. Der überwiegende Teil der Aufgabe besteht darin, offen zu sein, Dinge geschehen zu lassen, auch um ein möglichst großes Gesamtbild über das Unbekannte zu erhalten.

Dieser Weg, der daraufhin beschritten wird, führt in erster Linie zu einer Identifizierung mit einem Gedanken, der es Wert ist, sich damit auseinander zu setzen und so eine Persönlichkeit im Kontext zu einer Idee zu entwickeln. Seine Wanderschaft zeichnet sich durch ständiges Wechseln der Richtung aus. Dabei scheint es, als ob er ziellos umher irren würde. Er hat die Vergangenheit hinter sich gelassen und richtet seinen Blick enthusiastisch Richtung Zukunft.

Arkana 0 ist der Kreis, das Nichts und der Anfang zugleich. Nichts und Alles, Alles und Nichts sind in dem Kreis der Null vereinigt. Jeder Teil könnte seine Persönlichkeit ausmachen und dieser wiederum ist gleichzeitig unwichtig genug, dass er sich von diesem löst. Oft bewirken Augen-Blicke Ein-Fälle, die das komplette Leben verändern können. Jede Begebenheit, die den Narren von dem Weg abbringt und ihn zu einer Abkehr seiner vorangegangenen Position bewegt, rückt sich als zentrales Thema in sein Bewusstsein. So verliert er nie seine Identität, da er sich mit jeder Idee, die sich ihm bietet, identifizieren kann.

Auf diese Weise bewegt er sich durch die Welt und bleibt doch in sich geschlossen. Er ist zentriert.

0 ist die Zahl des Schweigens. Schweigen im Narren bedeutet unbewusstes Wissen.

Er kann nicht sagen, was er tut, Erklärungen bleiben ihm versagt. Es geschieht einfach und er lässt es zu. Sein Schweigen ist ein Ausdruck für Nicht-Wissen im Bewussten. Auf diese Weise schützt er den Zugang zur Göttlichkeit und lacht, denn in dem Augenblick in dem er seine Aktivitäten erklären könnte, würde er seinen Teil der Persönlichkeit von der Göttlichkeit lösen.
Er hat keinen Plan. Diesen überlässt er dem Magier, d.h. wäre das Handeln des Narren zielgerichtet, würde er bereits in der nächsten Karte Arkana I, der Magier, der im Bewusstsein aktiv handelt und Initiative ergreift, sein. Im weiteren Verlauf der Tarotkarten wird das Schweigen im „Rad des Schicksals (Arkana X) und „Aeon" (Arkana XX) eine weiterführende Rolle spielen. In ihnen taucht die 0 in einem erweiterten Kontext auf. Der Verstand besitzt eine natürliche Schranke, die gefahrvolle Einflüsse, die für das Ego schädlich sein könnten, abwehrt. Doch kann das Substrat, dass ein Vorwärtskommen überhaupt erst möglich macht, durch einen zu früh gesetzten Filter an seiner Entfaltung hindern.

Die große Herausforderung dieser Karte ist es, den göttlichen Ursprung, der alles andere entstehen lässt, zu erkennen und sich in ihm aufzuhalten. Der Aufbruch in eine neue Welt setzt voraus, die alte wie eine Tür hinter sich schließen zu können. Aus dieser herauszutreten und in die andere neu einzugehen, kann einem wie ein offenes freies Feld vorkommen, in der die Perspektive der Unendlichkeit und Freiheit sich offenbart.

Der Narr beginnt seinen Weg mit einer Erinnerung an die Vergangenheit. Er beginnt einen neuen Zyklus in der Spirale, bei der man sich auf einer höheren Oktave befindet.

Im Gegensatz zu Arkana XXI, der letzten Karte, fehlt hier die Qualität Zeit! Im Ei sind alle Informationen bereits vorhanden, doch muss es sich erst entwickeln, bevor ein Huhn daraus wird. Eine Vorwegnahme der Informationen ist die Vorr. für das Ei, um seiner Bestimmung folgen zu können.

Im vollkommenen Bewusstsein des Großen Geistes lässt er entscheiden. Intuitiv nimmt er wahr das Richtige zu tun. Das Wissen ist geprägt durch die All-Einheit, den direkten Kontakt zum Göttlichen.

0 Der Narr

Mache es Dir bequem und schließe Deine Augen.
Gebe Dir die Erlaubnis Dich zu entspannen.
Entlasse alle Deine Gedanken in die Freiheit.
Alle äußeren Einflüsse sind Dir von nun an vollkommen gleichgültig.
Du konzentrierst Dich nur noch auf diese Meditation.

- kleine Pause -

Stelle Dir vor, wie Du aufrecht in der Mitte Deines Raumes stehst,
und
Du Deine Hände reibst.
Mache dies ca. 2 Minuten.
Anschließend halte diese in einem Abstand von ca. 20 cm entfernt.
Deine Handflächen sind dabei einander zugewandt.
Spüre wie sich ein Energiefeld zwischen beiden Händen aufbaut.
Es mag ein Kribbeln sein. Du kannst es auch in Form von Wärme oder Kälte
wahrnehmen, oder als ein Magnetfeld.

Bewege Deine Hände ein wenig hin und her.
Verspürst Du eine Verdichtung?

Gehe nun dazu über, Deine Hände in einem Abstand von 20 cm um Deinen
Körper zu streichen.
Beginne bei Deinen Armen.

Anschließend führe Deine Hände von Deinem Gesicht über Deinen
Oberkörper,
bis zu Deinen Füßen herab.
Von dort steigst Du auf der Rückenseite wieder nach oben, bis Du zuletzt
an Deinem Scheitelpunkt, - dem Kronenchakra angekommen bist.

- Pause -

Kreuze danach Deine Arme über Deiner Brust.

Atme einige kräftige Atemzüge ein und aus.
Stelle Dir dabei vor, dass Du mit jeder Einatmung Licht aufnimmst.
Bei jeder Ausatmung entlässt Du alles Schlechte und Negative, dass in Dir ist.

- kleine Pause -

Nehme wahr wie Dein Atem sich immer mehr beruhigt.

- kleine Pause -

**Atme ein
und
Atme aus.**

- kleine Pause -

Lenke nun Deine Aufmerksamkeit auf Deinen Körper.

Dein Geist erfüllt Deinen Körper

- kleine Pause -

vollkommen -

- kleine Pause -

Mit jeder Einatmung wächst Dein Geist.

- kleine Pause -

**Stelle Dir vor, Du wärst vollkommen.
In Dir sind alle Qualitäten vereinigt.
Du lebst in der Ewigkeit und Dein Sinn ist darauf gerichtet, das zu tun,
was Du Dir vorstellst.
Was Du willst.
Einfach alles.
Alles, was um Dich herum geschieht, geschieht aus Dir heraus.
Wenn Dir ein Wunsch nicht mehr gefällt, so brauchst Du ihn nur zu ändern und sogleich geschieht ein neues Wunder.
Du bist vollkommen.**

- kleine Pause -

**Außerhalb von Dir sind alle Projektionen, die Du selbst geschaffen hast.
Du besitzt die Fähigkeit alles zurück zu nehmen und neu zu gestalten.
Du bist der Schöpfer !
Du schöpfst !**

- kleine Pause -

**Bis in alle Ewigkeit, denn die Ewigkeit bist Du.
Denn Du bist der Schöpfer.**

- kleine Pause -

**Stelle Dir diese Energie einmal ganz bewusst vor.
Sei Dir dieser Energie ganz bewusst!**

- kleine Pause -

Es ist Dir alles, einfach alles möglich.

- kleine Pause -

**Du hast Ewigkeiten Zeit Dir alle Vorstellungen, alle Facetten des Lebens
nicht nur zu vergegenwärtigen, sondern auch zu leben,
und das in Ewigkeit.**

-Pause -

**Zu irgendeinem Zeitpunkt in Deinem ewigen Dasein
nimmst Du auf einmal das Gefühl von Langeweile wahr.
Es ist ein Gefühl, dass zur Vollkommenheit mit dazu gehört.
Ohne diesem Gefühl wärst Du nicht vollkommen.**

**Du kannst für gewisse Momente Dir entsprechende Unterhaltungen bieten,
aber diesem Gefühl wirst Du dennoch immer wieder begegnen.**

**So beschließt Du eines Tages Dich auf ein Abenteuer ganz besonderen
Ausmaßes einzulassen.
Dieses Abenteuer heißt Leben.
In diesem Abenteuer gibst Du Deine Vollkommenheit auf.
Du gehst ein in ein Spiel, indem das Ende dessen das Eingehen in das
ewige Leben, das Stadium der Vollkommenheit ist.**

**Möglicherweise hast Du Dich mit anderen Schöpfern darauf geeinigt,
dieses Spiel gemeinsam zu leben.**

**Es geht auch hierbei gar nicht darum, der „Erste" zu sein, sondern die
Qualität des Erlebens ist entscheidend.**

- Pause -

**So geschieht es, dass Du von einem Strudel erfasst wirst und Durch Universen
geschleudert, zu dem Punkt angelangst, der sich Erde nennt.**

- Pause -

Du bist herausgeschleudert aus dem Kreis der Ewigkeit und Vollkommenheit, um mit nichts in der Hand als die wahre Freiheit der Begrenzungen, durch Leben und Tod neue Leben zu erfahren.

- kleine Pause -

In den verschiedensten Facetten, Leben zu genießen,
ohne dem Gefühl der Vollkommenheit.

- kleine Pause -

Jetzt stehst Du vor einem Neuanfang.
Auf dem Weg hin zur Vollkommenheit in Ewigkeit,
zu durchdringen die Begrenzungen von Raum und Zeit.

- kleine Pause -

Du hältst den Stein der Weisen in der einen Hand.
In der anderen trägst Du den Flammenstab.
Die Taube
- Symbol des Geistes -
begleitet Dich.
Das Instinktive nimmt ihre Erscheinung an.
Er ist Dein Begleiter.
Er wird auch dann noch bei Dir sein, wenn Du in den tiefsten Tiefen der Unvollkommenheit angelangt bist,
und die Stimme der ewigen Liebe kaum noch zu hören vermagst.

- kleine Pause -

So fällst Du hinab in ein Reich, in eine Welt, die Du Dir in Deinem vorhergehenden Dasein nicht erträumen konntest.

Du bist unvollkommen, hilflos und nackt und
Du weißt, über Dir schwebt ein Geist, der ein Teil von Dir ist.

Es ist das Unsichtbare, dass Dich schützt.

- kleine Pause -

**Und so gehst Du unbeschwert nach einem langen Weg der Ewigkeit,
einen Weg der Zeit!**

Freue Dich und lache aus reinem Herzen wie ein Narr nur lachen kann!

- Pause -

**Wie aus einem Jungbrunnen entsteigst Du dieser Meditation.
Du erwachst zu neuem Leben.**

**Langsam öffnest Du Deine Augen.
Ebenso langsam reckst Du Dich
und
nimmst allmählich Deine Umgebung wahr.**

Lasse Dir ein paar Minuten Zeit, bevor Du Dich erhebst.

Arkana I
Der Magus

Arkana I ist der erste Schritt des Narren, sich von der eigenen Vielzahl der Möglichkeiten und schöpferischen Potentiale zu einer zielgerichteten Sichtweise hin zu bewegen. In dem Augenblick, indem er sich für eine Sache entschieden hat, treten alle anderen Erscheinungen in den Hintergrund. Damit ist nicht gesagt, dass es unmöglich wäre, mehrere Dinge gleichzeitig zu leisten.

Ist der Gedanke präsent, so wird er nicht von einem nächsten Impuls verdrängt, sondern verwirklicht sich aufgrund der selbstbewussten Entscheidung des Magiers. Es können durchaus mehrere Vorhaben in Angriff genommen werden, vorausgesetzt er kümmert sich konzentriert um die einzelnen Punkte, damit sie zu einem Ergebnis führen. Der Magier geht mit Bewusstsein an die Energie des Impulses heran. Er ist ein Überbringer, Kanal, der aufgrund seiner Geisteskraft, diese in vernünftige Bahnen lenkt. Der Impuls kommt oftmals in Form eines Ein-Falls, oder Geistes-Blitzes, welche seine direkte Auslebung im Kopf, durch Gedanken-Tätigkeit entwickelt. Da dies auf Dauer ungesund ist, ist es not-wendig sie auf die Erde hinab zu lenken. Die schrittweise Herabführung des Lichtes von oben nach unten ist beim Magier im Vergleich zum Narren eine willentliche Handlung, bei dem der Magus selbst Kanal bzw. Überbringer ist. Um ein solcher zu sein, setzt es Offenheit für Eingebungen voraus.

Die Erde besteht aus den 4 Elementen, Feuer (der Stab), Wasser (der Kelch), Erde (die Scheibe) und Luft (der Dolch oder das Schwert). Der Magier erschafft auf der Erde eine eigene Welt. Er erstellt seinen Lebens-Plan. Im Wort „Plan" ist das Plane einer Ebene, bzw. eines Planes, dass man vor sich ausbreitet enthalten. Dieser ist flach, also zweidimensional, wie die Oberfläche des Tisches. Der Magier schafft mit seinem Bewusstsein eine Verbindung zum Göttlichen. Alle potentiellen Möglichkeiten, die sich im Narren ergeben haben, werden nun anhand der jeweiligen Elemente auf deren Verwirklichbarkeit hin überprüft. So ist der Stab symbolischer Ausdruck der Willenskraft, Aktivität, Durchsetzungsvermögen etc.. Mit ihm kann er sich fragen, ob er tatsächlich Willens ist, sein Vorhaben durchzuführen. Wird in irgendeiner Phase seine Entschlossenheit nachlassen, so kann es passieren, dass er nicht mehr konzentriert genug ist und der Plan scheitert. Steht grundsätzlich die Bereitschaft zu diesem Vorhaben fest, so kann er sich mit Hilfe des Dolches, der für die Verstandeskraft, Kommunikation, Verhandlungsgeschick etc. steht, Gedanken um die Umsetzung seiner Idee machen. Mit dem Kelch den Bezug zu den Emotionen, der Seele, Passivität, Hingabe etc., kann er die Wesenstiefe ausloten.

Die Scheibe weist auf die praktische Umsetzung hin. In ihr beweist es sich, ob die Gedanken auch tatsächlich verwirklicht werden können. Oftmals zeigt sich gerade in der Praxis die eine oder andere aufkommende Schwierigkeit, wenn es sich um deren Realisierung handelt.
Die Scheibe prüft nach strengen Maßstäben. Sie zeigt Schwächen auf und bereitet so die Voraussetzung zur endgültigen Verwirklichung, die ihren Ursprung im Willensimpuls besessen hatte. Dies ist der Werdegang eines Impulses, der über und durch den Magier auf die Erde herabgezogen worden ist.

Er erschafft Welten. Aus diesem Grund ist es nicht verwunderlich, wenn er sich an dem höchsten Gut, der Genesis orientiert.

In der Meditation aus Teil 1 erzeugt der Magier eine Welt aus seinem Herzen. Das Herz entspricht dem Sonnen-Bewusstsein und der Lebenskraft. Die Finger, die sich wie ein Dach über der Brust wölben, halten das ausstrahlende Fluidum.

So wie der Körper des Magiers das Haus Gottes darstellt, welches das Licht in sich einfließen lässt, wirken die Finger, wie ein weiterer Unterbereich. Das Licht wird mit Selbst-Bewusstsein in eine niedere Ebene hinabgelenkt. Dieses Selbst-Bewusstsein ist verbunden mit dem Über-Bewußten. Sie führt unweigerlich zu einer Reaktion innerhalb des Wesens des Magiers. Die Licht-Energie verwandelt ihn. Seine inneren Muster werden in den unbewussten Ebenen transformiert. Wasser bedeutet Liebe, die der Seele die Fähigkeit gibt diese Kraft zu empfangen.

Feuer steht für das Aktive, während Wasser passiv und empfangend ist. Beide Elemente gleichberechtigt eingesetzt bewirken Transformation. Die Hitze des Geist-Feuers, die Ekstase erzeugt, belebt die Wasser im Körper. Da sich diese Energie nicht alleine im Körper aufhalten darf, - sie würde auf Dauer zerstörerisch wirken - ,muss sie auf die Erde herabgelenkt werden. Die Luft ist der Mittler zwischen Feuer (der Impuls) und Wasser (das Empfangende) . Sie macht es möglich, die Sinnhaftigkeit des Planes zu erkennen und zu entscheiden, ob er es Wert ist, weitergeführt zu werden.

Die 4 Elemente werden im 1.Teil der Meditation auf den grundsätzlichen Gebrauch seines eigenen Willens angepasst. Alle Elemente zusammen sind auf der Erde miteinander verwoben. Sie bilden ein funktionierendes Geflecht. In Teil II der Meditation befindet sich der Magier direkt innerhalb seines geschaffenen Werkes. Der Drache symbolisiert das ungeheure (das Ungeheuer)Energiepotential, dass in jedem Menschen schlummert. Der Magier hebt ihn hervor um das bislang verschüttete Reservoir zu nutzen. Ziel ist es, auf dem Drachen zu sitzen und mit ihm zu fliegen. Er kann als das Sammelbecken für alle Verdrängungen und Ängste verstanden werden, die in unserem UnterBewusstsein ein Schattendasein fristen. Um nun Licht in das vermeintlich Dunkle zu werfen, ist es wichtig den Drachen gezügelt hervorzuholen, so dass das Bewusstsein des Magiers nicht davon überwältigt wird.
Dank der Trägheit der Erde, werden Veränderungen langsam und geordnet das Gefüge transformieren. Mit dem Bewusstsein des Magiers wird in die Erde und deren Elemente eingewirkt und zwar mit und durch das höhere Selbst.

Es wird dem Unterbewusstsein ein neuer Plan mitgeteilt. Der Magier ist der Gärtner, der das Samenkorn einer Idee, eines Plans oder eines Zwecks im Geiste einpflanzt. Idee, Plan und Zweck werden durch Wiederholung des Gedankens fester Bestandteil unseres Gedächtnisses. Wenn Sie diese Tag für Tag laut wiederholen, wird die Schwingung Ihrer Stimme auf das Unterbewusstsein einwirken. Um an Tiefe zu gewinnen, also eine Dreidimensionalität zu erreichen, muss eine Verbindung zum Unterbewusstsein geschaffen werden. Idee, Plan und Zweck sind die drei Eckpunkte, die jene Dreidimensionalität erschafft Die Idee ist der Impuls, der allgemeine Auslöser, der uns erst überhaupt motivieren lässt. Der Plan macht es uns möglich auf relativ einfache Weise einen ersten Überblick zu verschaffen. Die Endgültigkeit erlangt das Vorhaben, wenn es nach dem Zweck hinterfragt werden kann. Steht dieser im Kontext zum Über-Bewusstsein, dient er demnach einer Sache, so gewinnt dieser Plan an

Tiefe und Bedeutung. Er schafft so die Legitimation in das Unterbewusstsein eintreten zu dürfen.

Ich verweise auf das Selbst-Bewusstsein, welches sich entwickelt, wenn man die geschaffene Kugel in seiner Hand hält. Es drückt zum einen aus, dass das Leben selbst in die Hand genommen werden soll, will man etwas erreichen. Zum anderen verweist es auf den Respekt den man dem Leben gegenüber zu zollen hat.

I Der Magus

Lege Dich auf den Rücken und
mache es Dir bequem.
Gebe Dir die Erlaubnis Dich zu entspannen.
Entlasse alle Deine Gedanken in die Freiheit.
Alle äußeren Einflüsse sind Dir von nun an vollkommen gleichgültig.
Du konzentrierst Dich nur noch auf diese Meditation.
Atme entspannt ein und aus.

Achte nur noch auf Deine Atmung.
Spüre Deinen Herzschlag und achte dabei auf Deinen Brustkorb, wie er sich mit jeder
Einatmung hebt und mit jeder Ausatmung senkt.
Nehme wahr wie Dein Herzschlag mehr und mehr Deinem Atemrhythmus entspricht.

- Pause -

Bilde mit den Fingerspitzen Deiner Hände ein Dach über Deiner Brust.
Deine Ellenbogen stützen sich dabei rechts und links von Dir ab.

- kl. Pause -

Fühle wie sich mit jedem Pulsschlag der Raum zwischen Deinen Händen und
Deiner Brust verdichtet mehr und mehr mit Liebe füllt.
Du bist geborgen.
Mit jedem Pulsschlag strömt Licht und Liebe aus Deinem Herzen.
Deine Hände sorgen dafür, dass die Energie im Brustbereich gehalten wird.

- Pause -

Stelle Dir nun vor, wie Deinem Herzen ein durchsichtiges und klares Fluid entströmt.
Zwischen Deinen Händen und Deiner Brust konzentriert sich diese Energie.
Sie ist pulsierend und klar.

Allmählich verdichtet sich dieses pulsierende Fluid zu einer kristallenen Kugel.

- kl. Pause -

Du liegst auf dem Rücken,
und hältst Deine Kugel in Deinen Händen.

Beschaue sie Dir.

**Siehe das Licht, dass inmitten Deiner Kugel leuchtet und pulsiert.
In diesem Rhythmus geht ein Strahlen von ihm aus, welches über Deine Hände hinausgeht.
Es ist ein sanftes, dennoch helles klares Leuchten.**

- Pause -

Beginne nun in Deiner Vorstellung mit Deiner Kugel Deinen Körper zu umhüllen, so dass Du einen Auraschutz erhältst.

**Über Deinem Scheitel lasse Deine leuchtende Kugel pulsieren und strahlen.
Von dort gehe mit Deiner Kugel in Deinen Händen bis zu Deinen Füßen herab.**

- Pause -

Und den umgekehrten Weg hinter Deinem Rücken aufwärts, bis dass Du wieder an Deinem Scheitelpunkt angekommen bist.

Nun beginne von oben an rechts von Dir herab und steige an Deiner linken Seite wieder auf, so dass Du dort auch wieder an Deinen Scheitelpunkt angelangt bist.

- kl. Pause -

**Gehe nun mit Deinem pulsierenden Licht in Händen zurück in Brustkorbhöhe.
Fülle von dort aus den gesamten Raum, den Du gezogen hast, mit Licht und Liebe aus.**

- kl. Pause -

**Jetzt hast Du ein Ei um Dich herum gezogen.
In diesem bist Du geborgen und geschützt.**

- Pause -

**Spüre die Kraft, die von Deinem Herzen ausgehend, Deinen gesamten Körper erfüllt.
Sende von die Strahlen des Lichtes in Deine Aura hinein.**

- kl. Pause -

Beschaue nun Deine Kugel.

- kl. Pause -

Gleite in einem Abstand von ca. 20 cm mit einer Hand über diese.

- kl. Pause -

Hiermit baust Du eine Atmosphäre auf, in der das ausstrahlende Licht nicht mehr entweichen kann.
Innerhalb dieser Atmosphäre verwandelt sich die äußere Substanz Deiner Kugel in Wasser.

Das Wasser des Lebens.

- kl. Pause -

Tief im Inneren dessen befindet sich das Leuchten und Pulsieren Deines Lichtes.

- Pause -

Durch das innere Feuer steigt das Wasser erwärmt auf und verwandelt sich in Wolken.
Stelle Dir vor, wie kleine Nebelschwaden aufsteigen, um letztendlich als Regen wieder herab zu fallen.
Im Inneren dessen pulsiert Dein Licht.
Du hast alles in Deiner Hand.
Du hast Leben in Deiner Hand.

- Pause -

Halte nun Deine Kugel vor Deinem Mund und beatme sie.
Hauche Deinen Atem über sie.

- kl. Pause -

Es sind die Winde, die über die Erde wehen.
Wolken werden durch sie bewegt.
Stelle es Dir vor.

- kl. Pause -

Stelle Dir auch vor, wie Du gleichzeitig selbst Wind über die Wasser der Urflut bist.
Dabei hauchst Du Leben in die Atmosphäre.
Du wehst über den Wassern.

- kl. Pause -

Im Inneren der Kugel lodert Dein Feuer.
Es wird durch Deinen Atem verstärkt.
Die Wasser beginnen sich zu erhitzen.
In Verbindung mit der Luft kocht das Wasser.
Es entstehen vulkanische Kräfte, die Schlacke auf die Wasseroberfläche werfen.

Dort erstarren sie zu Erde.

Ganze Plattformen reihen sich aneinander und bilden Krusten, die auf den Wassern schwimmen.
Langsam treibt die Erdscholle auf der Oberfläche.

- Pause -

Nimm Deine Hand und sende kleine Funken herab. Sie sollen die Samen sein, durch die die Vegetation ersteht.

Die braune Erde erhält ihr grünes Kleid.
Bäume, Sträucher, Pflanzen und Blumen erwachsen und sprießen aus ihr hervor.
Alles ist grün!

- Pause -

Stelle Dir vor, wie Du als Wind durch die Zweige und Sträucher wehst und überall dort, wo Du vorbeigeflogen bist, erweckst Du Leben darinnen.
Überall dort sitzen jetzt Vögel in den Ästen.
Sie fliegen als Schweif hinter dem Wind.

- Pause -

Belebe mit Deiner Hand die Meere, Seen, Flüsse und Bachläufe.

- Pause -

Klopfe auf die Erde.
Auf ihr sollen die Tiere des Landes wandeln.

- Pause -

Wenn Du möchtest lasse mit Deiner Kugel allen möglichen magischen Zauber geschehen.
Auf ihr können Geschichten erstehen, die Du geschaffen hast, denn
Du bist der Magier.
Du kannst tun und lassen was Du willst.
Stelle es Dir vor.
Es geschieht.

- lange Pause -

Wann immer Du das Gefühl haben solltest, dass es genug ist, schicke alle Deine geschaffenen Wesen und Elemente zurück in ihre Ursprungsform.

Mache dies mit einer Handbewegung, oder klatsche einfach in Deine Hände, so dass sich alles in Rauch auflöse.
Bedanke Dich dabei, da Du am Leben mit ihnen Teil haben durftest.

- Pause -

Wie aus einem Jungbrunnen entsteigst Du dieser Meditation.
Du erwachst zu neuem Leben.

Langsam öffnest Du Deine Augen..
Ebenso langsam reckst Du Dich
und
nimmst allmählich Deine Umgebung wahr.

Lasse Dir ein paar Minuten Zeit, bevor Du Dich erhebst.

I Der Magus (Teil II)

Mache es Dir bequem und schließe Deine Augen.
Gebe Dir die Erlaubnis Dich zu entspannen.
Entlasse alle Deine Gedanken in die Freiheit.
Alle äußeren Einflüsse sind Dir von nun an vollkommen gleichgültig.
Du konzentrierst Dich nur noch auf diese Meditation.

- kleine Pause -

Du bist auf dem Weg zu Deinem Turm.
Er befindet sich auf dem höchsten Punkt eines Berges.
Es ist <u>Dein</u> Turm und in diesem ist <u>Deine</u> Kristallkugel.
Mit ihr möchtest Du arbeiten.

- Pause -

Du betrittst Deinen Turm und
öffnest die Tür.
Es ist die Tür zu Deinem Raum.
Dieser Raum ist voller Schweigen.
Inmitten dessen befinden sich ein Tisch und ein Stuhl.
Auf diesem Tisch siehst Du eine Kerze, ein Weihrauchgefäß und eine Kristallkugel stehen.
Deine Kristallkugel.
Schließe Deine Tür hinter Dir und begebe Dich an Deinen Platz.

- kl. Pause -

Deine Kugel befindet sich auf der Mitte des Tisches.
Du entzündest die Kerze.
Der Raum erhellt sich.

Jetzt verbrennst Du den Weihrauch und
die Luft wird von ihm erfüllt.

- kl. Pause -

Bleibe in Deiner Vorstellung einen Moment sitzen und gehe den Weg, den Du bis hierhin gegangen bist, noch einmal zurück.
Vergegenwärtige Dir alles noch einmal ganz genau.

- Pause -

Du bist jetzt an Deinem Turmzimmer angekommen,
sitzt vor Deinem Tisch und hast Deine Kugel, mitsamt Deiner Kerze und Deinem entzündeten Weihrauch vor Dir.
Dein Raum ist dunkel.
Nur der Schein Deiner Kerze erleuchtet ihn.
Du siehst dieses Leuchten wie es in Deiner Kristallkugel glitzert.
Es spiegelt sich wieder und beleuchtet das klare Licht des Glases.
Es ist die Perle, der Schatz, der in der Verborgenheit vergraben ist.
Die Flamme des Kerzenlichtes erscheint im Zentrum Deiner Kugel.
Dein Raum ist der Nachthimmel.

- kl. Pause -

Dein Fenster im Zimmer Deines Turmes ist geöffnet.

- kl. Pause -

Schaue in Dein Glas und
erblicke die Erde darin.

Auf dieser befindet sich Dein Turm.
Du schaust auf die Erde herab und siehst Deinen Turm darauf.

Du schaust direkt auf ihn herab.
Tiefer und tiefer senkt sich Dein Blick.
Immer tiefer, bis Du auf der Erde gelandet bist.

- Pause -

Du siehst nun Deinen Turm direkt vor Dir stehen.
Dort erblickst Du Dein geöffnetes Fenster.

- kl. Pause -

Begebe Dich dorthin und erlange so die Position des Betrachters, der sich selbst beobachten kann.

Du siehst das Kerzenlicht darinnen flammen.
Und so bist Du wieder mit dem Licht verbunden, welches in der Erde schlummert.

- kl. Pause -

Unter der Erde ist die vulkanische Glut, deren Zentrum die alles zu Flüssigem verarbeitende Lava ist.

Dies ist die Kraft des Drachens.
Das vulkanische Ungetüm, dass jederzeit als Lava an die Oberfläche dringen kann und alles verschlingt, was sich in seiner Nähe befindet.

- kl. Pause -

Diese Glut befindet sich im Inneren des Berges auf dem Dein Turm steht.
Du siehst den Berg in Deiner Kugel.
Im Inneren dessen befindet sich der Drache.
Er ist die vulkanische Kraft der Erde, die sich durch nichts beugen lässt.
Sein Atem ist der Atem des Feuers.
Nur eine Sonne kann dieser Feuerkraft widerstehen.

- kl. Pause -

Halte Deine Hände in einem Abstand von 20 cm um Deine Kristallkugel.
Gebe ihr durch das Kerzenlicht der Sonne Deine Energie hinein.

Konzentriere Dich.

Spüre, dass jetzt in aller Zeit und in allen Dimensionen diese Handlung ausgeführt wird.

- kl. Pause -

Konzentriere Dich auf Deine Hände.

Diese sollen Energie in die Kristallkugel senden.
In dieser begegnest Du Deinem Drachen.

- Pause -

Du hältst die Kristallkugel in der Hand und trittst Deinen Weg zur Höhle, in der der Drache wohnt, an.
Stelle ihn Dir vor,
Deinen Weg zur Drachenhöhle.

- kl. Pause -

Du bist auf dem Weg und wirst Deinem Drachen begegnen.

Deine Kristallkugel ist die Erde und Energie, die sendet und empfängt.
Sie strahlt genau diese Energie aus, die Du ihr geben möchtest.

Gib ihr diese Energie mit Deinen beiden Händen.

- Pause -

Sie reicht aus, um Deinen Drachen in Deinem Inneren zu bezwingen.

- kl. Pause -

Mit Deiner Kristallkugel richtest Du einen Gedanken auf ihn.
Dieser Gedanke erreicht Deinen Drachen und er weiß, dass er diesem zu folgen hat.

- kl. Pause -

Setze Dich auf ihn.
Es geschieht Dir nichts. Setze Dich auf seinen Hals.
Vor Dir siehst Du das riesige Haupt dessen.
Hinter Dir spürst Du den riesigen Rücken des Drachens beben und schlängeln.
Du sitzt zwischen Panzerplatten des Urwesens des Feuers, die Dir einen angenehmen Sitz verleihen.

- Pause -

Deine Kristallkugel ist in Deiner Hand.
Du weißt, über Dir ist eine Person, die Dir ihre Energie in genau diese Kugel sendet.
So sende nun Du einen Gedanken in diese Kugel und sage Deinem Drachen:

    „ <u>Flieg !</u> "

Dein Arm streckt nach vorne und Dein Befehl ist <u>donnernd!</u>

- kl. Pause -

Seine Flügel spannen sich auseinander.
Der Atem des Drachens ist feurig.
Sein Brüllen setzt sein Signal.
Spüre, wie Du auf ihm sitzt.
Spüre, wie Stärke Deine Schenkel umgibt.
Du brauchst keine Muskelkraft dafür.
Dein Geist zwingt ihn.
Deine Schenkel spüren den Leib dennoch.
Gib Dich dieser Feuerkraft hin.
Halte Deine Richtung gepaart mit Kraft, Eleganz und Gleichmut.

- kl. Pause -

Er setzt sich in Bewegung.

Schritte bewegen sich aus der Höhle hinaus.
Langsam.

Donnernd.
Erscheint ihr zwei aus der Höhle und erblickt das Firmament.
Es umgibt euch.
Dein Stab weist ihm den Weg.
Ihr habt die Möglichkeit in ferne Länder zu reisen.
Auch alle Räume und Welten, die Du Dir vorzustellen vermagst.

- Pause -

Fliege mit ihm und siehe alles im Neuen Licht.

Wann immer Du die Meditation beendest, stelle Dir vor, wie Du mit Deinem Drachen zu Deiner Höhle zurück kehrst.
Von dort aus machst Du Dich wieder auf den Weg zu Deinem Turmzimmer.

- kl. Pause -

Nach und nach nimmst Du wieder den eigentlichen Raum, in dem Du Dich befindest, wahr.

- Pause -

Wie aus einem Jungbrunnen entsteigst Du dieser Meditation.
Du erwachst zu neuem Leben.

Langsam öffnest Du Deine Augen..
Ebenso langsam reckst Du Dich
und
nimmst allmählich Deine Umgebung wahr.

Lasse Dir ein paar Minuten Zeit, bevor Du Dich erhebst.

Arkana II
Die Hohepriesterin

Die Hohepriesterin wird dem Mond zugeordnet. Dieser ist u.a. für die Gezeiten der Meere, Ebbe und Flut verantwortlich. Er entspricht der Welt der Gefühle, die launisch sind und wie der Mond mal zu mal abnehmen.

Die Hohepriesterin ist eine Jungfrau. Sie ist Isis und hat ihre Heimat in den spirituellen Gefilden. Durch sie erhalten wir jene Gnade, die wir für unsere Seelen ersehnen. Das Meer verweist auf das Element Wasser, deren lateinische Übersetzung Mar lautet. Hierin zeigt sich eine direkte Verbindung zu Maria, welche ebenfalls als die Jungfrau reinen Herzens bezeichnet wird. So reinigt uns die Hohepriesterin in ihrer Gnade. Aus ihr treten wir erfrischt wieder hervor.

Die Hohepriesterin regiert die Welt des Unbewussten oder Unterbewussten. Sie will uns damit sagen, dass die Macht des Unterbewussten, bzw. Unbewussten ebenso kräftig und wirkungsvoll ist, wie die des Magiers, der über das Bewusstsein und seiner rationalen Aktivität Dinge und Wesen beeinflussen und verändern will.

Positive und negative Einstellungen bringen das Unterbewusstsein in Bewegung. Sie bewirken etwas. Dabei ist das Unterbewusste an sich passiv, d. h. es agiert nicht, es nimmt auf. Es empfängt Informationen, reagiert auf diese und reflektiert sie. So ist es ein Sammelbecken für unsere Umwelteinflüsse. Das Unterbewusste befindet sich von seiner Struktur in einem ständigen Wiederholungszwang. Es erlebt Gelebtes neu. So suggeriert es Informationen zurück ins Bewusstsein, die womöglich nicht konstruktiv auseinander gesetzt, sondern verzerrt und plakativ waren.

Der Trank des Wassers reinigt uns innerlich von jenen negativen Wirk-Mechanismen. Die Jungfräulichkeit der Hohepriesterin zeigt ihre Vollkommenheit in der Unschuld. Sie ist ohne Schuld. Ihre erhobenen Arme, die empfangend gen Himmel gerichtet sind, so als wäre ihr Körper eine Schale, zeigt ihre tiefe Ein-Sicht, Dinge geschehen zu lassen und nicht in deren Verlauf einzugreifen. Sie weiß, dass alles seine Zeit hat und einem Zyklus unterworfen ist. Erst wenn der eine beendet ist, kann daraufhin ein neuer entstehen. Zusammen bilden sie einen ununterbrochenen Kreislauf.

Der Schleier, den sie trägt, ist der Schleier der Jungfräulichkeit. Es verbirgt das Ur-Anfängliche, dass sich hinter der Polarität befindet. Polarität erzeugt Leben. Inmitten dieser Kräfte thront sie. Und doch befindet sie sich dahinter.

Zwei ist die Zahl dieser Arkana. Zwei grundsätzliche Zyklen finden wir wieder. Ebenso die zwei Arten der Dämmerung.

Eine Vereinigung des Prinzips der polaren Kräfte ist eine Vereinigung des Lichtes mit der Dunkelheit, welches dem Nebelgrauen Schleier der Morgen- und Abend-Dämmerung entspricht. Das Licht des Mondes vermag Einblicke in die Nacht, in das Dunkle zu schaffen. Der Sonne gelingt dies nicht. Ihr bleibt es verborgen. Der Mond ist darüber hinaus auch am Tag zu sehen.

Im Zustand des Mondes, welches auf Traum und Traum-Welten verweist, verliert sich Bewusstheit und Eindeutigkeit.

In der Meditation lasse ich den „Reisenden" erst einmal an dem Strand ankommen. Dort sitzend mit Blick zum Meer, nimmt er den Zyklus, dem das Meer ausgesetzt ist, wahr. Dieses Bild lässt sich mühelos in unsere Vorstellung projizieren. Entsprechend leicht gelingt es dem Meditierenden sich mit dem Element anzufreunden.
Der Körper wird gereinigt und ist auf eine sehr angenehme Weise entspannt. Der Ruf, der aus der Ferne ertönt, ist der Beginn dafür sich in die Traum-Welt hinein zu begeben. Die Insel ist das geheime Reich jedes Einzelnen, der persönliche Zufluchtsort, und gleichzeitige Hauptsitz der Hohepriesterin, die die Verbindung zwischen Oben und Unten, zwischen Einheit und Polarität im Unbewussten bildet.

Der Tempel ist das innerste Heiligtum eines jeden Menschen. Nur dort findet man sie, und gelingt es dem Meditierenden zu ihr zu kommen. Die Säulen am Eingang entsprechen den polaren Prinzipien, die man bei deren Durchschreiten verlässt. Auf diese Weise drückt der „Reisende" aus, dass er sich auf den Weg gemacht hat. Er beweist damit, sich über die Grenze der Polarität hinweg setzen zu wollen, um bei ihr anzukommen. Ihr Wesen ist das des Empfangenden und Passiven. So erblickt der Meditierende sie thronend in der empfangenden Geste. Ihre Arme sind erhoben. Ihr Gesicht ist verschleiert. Es ist das letzte Geheimnis, dass doch noch verborgen bleibt.

Die Art der Unklarheit, wie sich die Hohepriesterin äußert, zeigt die Mondkraft in ihrer Unbewusstheit und Uneindeutigkeit Dinge, Wesen und deren Zusammenhänge zu erfassen.
Damit will sie in uns Bilder erwecken. Die Schale gefüllt mit Wasser ist der Spiegel, der unsere innere Seele reflektiert. Die Qualität des Wassers ist die der Empfänglichkeit und Passivität. Das Wasser nimmt alle inneren Bilder auf und reflektiert sie entsprechend. Was immer du auch in der Meditation siehst, nehme es auf in dein Bewusstsein und setze dich dort damit auseinander. Auf diese Weise vereinigt sich das Unbewusste mit dem Bewussten, die Hohepriesterin mit dem Magier. Bewusstsein im Unbewussten zu erlangen ist das Ziel. Ihre Gnade zu erhalten setzt voraus, sich ihr in Hingabe zu ergeben. Sie entscheidet darüber, ob der Zugang zum Verborgenen (der Schleier) gelüftet wird oder nicht.

Sie ist ebenso Isis die Mutter, welche Horus den Sohn auf den Thron setzt.

Hinter das Geheimnis treten zu dürfen schafft das Verständnis für den Zyklus des Lebens. Handeln und Nicht-Handeln. Nach jeder Aktion ist eine Ruhepause nötig. Um den Tag über erfolgreich und kräftig sein zu können, benötigt man einen erholsamen Schlaf. Dort entstehen Bilder die aus der Seele aufsteigen. Obwohl sie für das Bewusstsein nicht greifbar sind, entscheiden sie umgekehrt über das Bewusstsein selbst. Wissen ist die Grundlage des Magiers. Vertrauen, Glaube und Hingabe, die der Hohepriesterin. Sie ist das Pendant zum Magier, der handelt. Der Impuls, der über ihn ausgesendet worden ist, kann umso tiefer in das Unterbewusste eindringen, je offener man ist. Das Geheimnis ist die Hingabe, dass zum Quell allen Lebens führt. Ist die Idee, bzw. der Plan eindeutig und klar vor Augen, so kann er ungehindert in das Unterbewusstsein eintauchen. Das Bild wird über das Unterbewusste präsent gemacht und bewirkt so eine <u>innere</u> Überzeugungskraft. Es gewinnt an Tiefe.

Die Seele muss ruhig sein, so dass der Wunsch sich darin ungeteilt wieder spiegelt. Er muss sich klar und eindeutig reflektieren können, damit die Kraft des Unbewussten unterstützend wirkt.

Umso ruhiger die See(le), umso klarer ist der Spiegel.

Ein Gedanke (Impuls) sollte im Idealfall ohne Erschütterung eintauchen können, von dort heraus als Bild wieder aufsteigen, so dass dieser als Reaktion wieder zu erkennen ist.

Reine Energie ohne Emotion löst etwas aus, welches ebenso emotionslos wieder antwortet. Dieses zu erreichen kann nur mit Duldung von Ihr geschehen. Die Energie, die in diesen Bereich eindringt löst Muster aus. Oft geschieht dies bruchstückhaft, d. h. Reste von Erinnerungen kommen als Fragmente ins Bewusstsein. Erst wenn alle Stücke aus dem Unbewussten aufsteigen konnten, zeigt sich die Seele in ihrer reinen Form. Der Plan des Magiers wird fortgesetzt.

Die Linie verläuft von oben herab und erreicht das Unter- Bewusstsein, dass mit dem Unbewussten zusammen von Arkana II der Hohepriesterin beherrscht wird. Der Narr und der Magier werden beide dem Luft-Element zugeordnet, welches wie bereits in der vorherigen Einleitung von Arkana I erwähnt, für Gedankengänge verantwortlich ist. Alle Informationen können in Arkana II gesammelt werden, Bilder, die daraus hervorgehen, sind in irgendeiner Form im Vorfeld bereits vorhanden gewesen.

Im Wasser des Unbewussten sind Archetypen enthalten, die zu gegebenen Anlässen ins Bewusstsein auftauchen, um uns etwas mitzuteilen. Die Wahrheit bzw. Tiefe des Informationsgehaltes herauszufinden liegt in der Beurteilung darüber, inwieweit die jeweils aufsteigenden Bilder tatsächlich rein und unverfärbt von Alltagserinnerungen sind.

Die Tiefe der Seele zu erfahren unterscheidet sich direkt von der Reinigung und Befreiung der Erlebnisse des Tages-Bewusstseins.

Erst wenn dieser Schritt getätigt worden ist, kann das Bild der Seele in seiner wahrhaft jungfräulichen, sprich unbefleckten Form in unser Bewusstsein aufsteigen.

II Die Hohepriesterin

Begebe Dich zuerst in Dein Bad, um Dich dort einer Reinigung zu unterziehen.
Blicke nicht zurück, sondern lasse alles Vergangene und Schlechte durch den Abfluss verschwinden.
Komme gereinigt daraus hervor.

Stelle Dir dabei vor, wie Du dem Meere oder dem Wasserfall entsteigst.
Nehme eine Schale gefüllt mit Wasser und trage sie in den Raum, indem Du mit Deiner Meditation beginnen möchtest.
In diesem Raum wirst Du an ein neues Meer gelangen.

Meditation:

Mache es Dir bequem und schließe Deine Augen.
Gebe Dir die Erlaubnis Dich zu entspannen.
Entlasse alle Deine Gedanken in die Freiheit.
Alle äußeren Einflüsse sind Dir von nun an vollkommen gleichgültig.
Du konzentrierst Dich nur noch auf diese Meditation.

- kleine Pause -

Stelle Dir vor, wie Du am Strand sitzt und das Meer beschaust.
Der Wind streicht durch Dein Haar und berührt Dein Gesicht.
Du schaust die Bewegung der Wellen, wie sie mal auf Dich zukommen und sich wieder zurückziehen.

Mit jeder Einatmung lasse die Welle auf Dich zukommen,
mit jeder Ausatmung bewegen sie sich wieder von Dir weg in die
Weite des Meeres.

- kleine Pause -

Du siehst das Meer und hörst deren Rauschen.

Jedes mal wenn die Flut auf Dich zuströmt kannst Du in Dir selbst
diesen Anstieg wahrnehmen.

- kleine Pause -

Wenn dieses Bild in Dir zu verblassen scheint, vergegenwärtige Dir,
wie das Meer sich zurückzieht und die Ebbe beginnt.

- Pause -

Langsam neigt sich der Tag dem Ende zu.
Das Meer liegt ruhig und sanft vor Dir.
Ein grauer Schleier bildet den Übergang vom Tag zur Nacht.

- kleine Pause –

Nehme den Wandel wahr, der um Dich herum geschieht.

Der Mond geht auf.

Es ist Vollmond.

- kleine Pause -

Weit draußen vom Meere kommend, vernimmst Du einen Ruf.
Du hörst ihn mit Deinem Herzen.
Du weißt, dass Du diesem Ruf zu folgen hast.

Schreite deshalb in das Wasser hinein und spüre, wie Du dabei mit jedem Schritt gereinigt wirst.

- kleine Pause -

Das Meer umspült Deine Füße.
Mit jedem Schritt verschwindet Deine Müdigkeit.
Dein Herz wird mit jedem Schritt leichter.

Du wirst so leicht, dass Du in Deiner Vorstellung über das Wasser zu gehen vermagst.

- kleine Pause -

Du gehst über Wasser.

- kleine Pause -

Deine Bewegung ist leicht und schwebend.
Von nun an ist es ein Leichtes für Dich voran zu kommen.

- kleine Pause -

In der Ferne erblickst Du eine Insel.
Bewege Dich auf sie zu.

Es ist Deine Insel.
Deine Zuflucht.

Du kommst an auf ihr.

In der Mitte dieser siehst Du einen Tempel.
Ein Weg führt Dich zur Mitte der Insel.
Gehe zu ihm hin und spüre den festen Grund, den Du jetzt unter Deinen Füßen hast.
Zu Deinem Tempel.

- lange Pause -

Jungfrauen schreiten die Stufen des Tempels herab.
Sie bewegen sich auf Dich zu und nehmen Dich in ihre Mitte.
Sie geleiten Dich auf den Weg in den Tempel.
Langsam gehst Du inmitten der Jungfrauen die Stufen empor.

- kleine Pause -

Nun stehst Du vor dem Eingang, der mit zwei Säulen gesäumt ist.

Nehme diese Situation bewusst wahr.

Du stehst vor dem Tor und an beiden Seiten befinden sich die Säulen.
Mit einem weiteren Schritt lüftest Du das Geheimnis.
Stelle Dir ganz genau vor, dass Du Dich jetzt entscheidest einzutreten.

Du trittst ein.

Es ist alles in einem dunklen und funkelnden Blau gehüllt.
Am anderen Ende siehst Du die Hohepriesterin thronen.
Hinter ihr leuchtet silbern der Mond.

Eine Sehnsucht ergreift Dich und Du schreitest auf sie zu.
Ihr Gewand ist glitzernd, wie das Meer beschienen vom Mond.
Auf ihrem Haupt siehst Du eine Krone, die die Zyklen des Mondes wiederspiegeln.
Ihr Gesicht ist mit einem Schleier verhüllt.
Sie hebt ihre Arme bis auf Höhe des Kopfes, so als wolle sie etwas empfangen.

- kleine Pause -

Du bist an sie herangetreten und machst nun das gleiche.

Hebe Deine Arme.

- kleine Pause -

**Nach einer Weile senkt sie diese wieder ab.
Sie schaut Dich an und beginnt zu reden:**

„ **Die Insel ist der Leib der Mutter, der nie vergeht.
Die Wasser umher sind die Wasser des Lebens.
Sie sind das Urmeer.
Jeder der zu mir kommt, ist ein Teil des Organismus, dessen Seele ich bin.
Nur wer sehen kann, dass das Leben zu mir kommt und von mir kommt, kennt das Geheimnis. Ich bin der Schleier.
Mich zu durchdringen ist Sterblichen nicht gestattet.
Nur wer unsterblich ist, geht ein in mir und unbeschadet wieder aus.
Denn ich bin das Selbst des Lebens."**

**Die Hohepriesterin erhebt sich.
Zwei der Jungfrauen gehen an einen Brunnen.
An diesem befindet sich eine silberne Karaffe und eine silberne Schale.
Eine dieser Jungfrauen nimmt die Karaffe in ihre Hand und taucht damit in das Becken ein.**

**Die andere nimmt die silberne Schale in ihre Hände.
In diese wird das Wasser aus der Karaffe eingefüllt.
Anschließend begeben sich beide zur Hohepriesterin.
Als sie bei Ihr angekommen sind, hebt Sie Ihren Schleier, beugt sich über die Schale und haucht darüber.
Danach senkt Sie wieder Ihren Schleier.
Nun wendet sich die Jungfrau mit der Schale in den Händen Dir zu und
reicht sie Dir.
Empfange sie mit beiden Händen.**

Halte die Schale in Deinen Händen.

**Die Hohepriesterin richtet sich auf und spricht, die beiden Jungfrauen Ihr zur Seite:
„ Dies ist mein Spiegel.
Ich habe Dich hierher gebracht, damit Du hineinschauen kannst.
 - wenn Du willst. -
Dieser Spiegel zeigt Dinge die waren, Dinge die sind und Dinge die kommen werden.
Siehe hinein.**

**Dinge die Du siehst, mögen geschehen sein, ebenso könnten sie aber noch werden.
Es könnten Dinge sein, die beides untrennbar verbinden, ohne dass man sie zu unterscheiden vermag.**

Schaue nun hinein.

Lasse Bilder in Dir aufsteigen,
tauche ein
und
lasse los.
Sei losgelöst."

- Pause -

Wann immer Du bereit bist, verneige Dich vor Deiner Hohepriesterin.
Drehe Dich um und verlasse Deinen Tempel.
Verlasse ihn auf demselben Weg, den Du gekommen bist.
Du trittst aus dem Tempel aus, ohne Dich umzudrehen.
Du steigst die Stufen hinab.
Du gehst den Weg entlang, bis Du am Meer angekommen bist und schwebend gelangst Du zurück.
Die letzten Schritte zum Strand spürst Du wieder das Meer, wie es Deine Füße umspült.
Du setzt Dich wieder an Deine Stelle am Strand und schaust und hörst das Rauschen des Meeres.

- Pause -

Wie aus einem Jungbrunnen entsteigst Du dieser Meditation.
Du erwachst zu neuem Leben.

Langsam öffnest Du Deine Augen.
Ebenso langsam reckst Du Dich
und
nimmst allmählich Deine Umgebung wahr.

Lasse Dir ein paar Minuten Zeit, bevor Du Dich erhebst.

Arkana III
Die Herrscherin

Es gibt nichts, was außer der Liebe Bestand hat. Sie ist die Grundlage allen Lebens. Liebe selbst ist Magie, denn aus ihr entwickelt sich Leben.

Der Geistesblitz (Arkana 0), der vom Magier (Arkana I) kanalisiert auf die Erde herabgeleitet worden ist, dringt in die Tiefen des Unbewussten der Hohepriesterin (Arkana II). (Der Magier zieht die Energie herab, die Hohepriesterin empfängt diese.) Von dort aus beginnt die Energie zu reifen. Eine Begegnung beider Kräfte erzeugt Energien, die kraftvoll und fruchtbar zu Tage treten. Arkana I und II sind die Pole in ihrer Urform, die vordem im Narren ungeteilt vorhanden gewesen ist. Der Magier und die Hohepriesterin sind grundlegende Schritte, welche die Herrscherin Arkana III formgebend vereinigt (I + II = III).

Sie ist Lebensspenderin und Vernichterin in einem, die Kraftquelle, die das Leben hervorzubringen vermag. Gleich einer schwangeren Frau und Mutter, die ihr Kind durch ihren Bauch schützt, bewahrt sie uns vor allen Gefahren. Wenn wir bei der Hohepriesterin gelernt haben zu vertrauen, lernen wir bei ihr Vertrauen lebendig werden zu lassen. Sie verhilft Leben zu Wachstum. Der Herrscherin werden die Göttinnen der Liebe (Venus, Aphrodite, Freya u.a.) zugeordnet. Mit ihr assoziieren wir Attribute wie Harmonie, Schönheit, Kunstsinn, Ästhetik, Geburt etc.. Ihre Himmelsrichtung ist der Osten, welches dem Frühlingsanfang und Sonnenaufgang entspricht. Natur zu erleben ist ein Komplex, d.h. sie zu verstehen bedeutet bei ihr alles einem Gesamtwerk, einem schönen Bild gleich zu betrachten. (Grüne Wiesen, hügelige Landschaften ..., verweisen auf ihre Fruchtbarkeit und Schönheit.)

In der Meditation gelangt man mit einem Bachlauf an einen See, an dessen Ende sich ein Wasserfall befindet, dem Ursprung allen Bewusstseins. Der Bachlauf ist der Fluss des Lebens, der sich immer mehr von seinem Ursprung entfernt. Der Wasserfall ist auf der einen Seite der Schleier der Hohepriesterin, auf der anderen entspricht er dem fruchtbaren Ausfluss der Herrscherin, der ihrem Unterleib entströmt. Wenn polare Kräfte sich zu einem sichtbaren Ergebnis zusammensetzen, so bleibt die eigentliche Ursache dieses Wirkens dennoch verborgen. Der Bauch ist der Ort an dem Leben entstehen kann. Er repräsentiert den Bereich, der sich schützend zur Außenwelt wie ein Zaun um Haus und Garten legt. Dort vereinigen sich Same und Ei (Zwei Pole die neues Leben erzeugen). In der Vereinigung zeigt sich, dass egal welches Geschlecht geboren wird, immer beide vorhanden sein müssen. Der Bauch ist der Thron der Kraft, in dem die Herrscherin ruht. Ihr Lebenselixier ist das Wasser (ein Verweis auf die Hohepriesterin). Nachdem der Geist ins Unterbewusste eintauchte, tritt er wieder in die Welt der Formen aus. Das Entscheidende an Arkana III ist es, den Impuls in sich ruhen zu lassen, damit er im Unterbewussten reifen und wachsen kann. Allerdings kann dies nur geschehen, wenn das Ur-Vertrauen, welches in der Hohepriesterin sichtbar ist, auch tatsächlich gelebt wird. In Arkana III erkennen wir unseren aktiven Beitrag darin, Dinge die ausgelöst worden sind, für sich beruhen zu lassen und auf diese Weise eine günstige Entwicklung herbeizuführen. Wachstum ist eine langsame natürliche Angelegenheit, die wie eine Geburt nach einer Zeit der Reifung zum Durchbruch kommt. Um an die Rose zu gelangen, muss man Geduld aufbringen, Dinge auf natürliche Art und Weise geschehen zu lassen, damit sich die Knospe zur Blüte entwickeln kann. Der Impuls gewinnt Stück für Stück an Kraft, wird gewässert und erblüht zu neuem Leben.

III Die Herrscherin

Einen sehr guten Einstieg zu dieser Meditation bietet die Rose selbst.
Ich empfehle Dir daher sich eine solche zu zu legen.

Dazu beginne die Reise in einem Raum, indem sich mindestens eine grüne Pflanze befindet. Es soll Deine Aufmerksamkeit auf die Natur richten.
Ideal wäre natürlich die Natur an sich, oder ein Wintergarten, indem eine tropische Atmosphäre mit Grünpflanzen spürbar ist.
Gehe mit einer genussfreudigen und sinnlichen Einstellung heran.
Zuerst beschaue Dir noch einmal Deinen Raum.
Genieße, bevor Du beginnst und erlebe die Sinnlichkeit, Liebe, Harmonie und Schönheit, die sich um Dich legt.

<u>Meditation:</u>

Mache es Dir bequem und schließe Deine Augen.
Gebe Dir die Erlaubnis Dich zu entspannen.
Entlasse alle Deine Gedanken in die Freiheit.
Alle äußeren Einflüsse sind Dir von nun an vollkommen gleichgültig.
Du konzentrierst Dich nur noch auf diese Meditation.

- kleine Pause -

Stelle Dir vor, wie Du eine rote Rose in Deiner Hand hältst.
Es ist Deine ganz besondere eigene Rose.

- kleine Pause –

Atme ihren Duft tief ein.
Tauche ein in die Blütenblätter und lasse Dich sanft von ihnen streicheln, während Du ihren Atem aufnimmst.
Genieße das wohlige Gefühl, dass in Deinen Körper einströmt.
Dabei entspannst Du Dich mit jedem Atemzug tiefer und tiefer.

Tiefer

und

Tiefer

- Pause -

Tauche nun ein in das Innerste der Rose
und
Stelle Dir vor, wie Du auf einer Blumenwiese landest.

Wilde Blumen wachsen auf ihr.

- kleine Pause -

Alles um Dich herum duftet herrlich und befindet sich in ihrer größten Blütenpracht.
Du liegst in einem Meer aus Blumen und es ist ein schöner warmer Frühlingstag.
Die Mittagssonne hat ihren Höchststand erreicht.
Bienen fliegen von Blüte zu Blüte.
Du vernimmst das Zirpen der Grillen und neben Dir hörst Du das Rauschen eines Baches,
welcher sich hinab schlängelt.
Hinab in den weiten Horizont, an dem Du Kornfelder und saftige Wiesen, auf denen Kühe grasen, sehen kannst.
Um Dich herum ist nur Natur in ihrer schönsten Pracht.

- Pause -

Spüre, wie Du jetzt den Zustand vollkommener Entspannung erreicht hast.

- Pause -

Erhebe Dich in Deiner Vorstellung und folge nun dem Lauf des Baches.

- kleine Pause -

Du siehst Vögel, die an Dir vorüberziehen.
Du hörst ihren Gesang.

Und andere wunderschöne Dinge, die sich Dir in der Natur offenbaren.

- Pause -

Schließlich erreichst Du den Rand eines Waldes.

Betrete ihn und nehme die Veränderung der Farben wahr.

- Pause -

Farne wachsen auf der Erde.
Der Ruf der Vögel, die in den Bäumen nisten hat sich verändert.

**Er dringt dichter an Dich heran.
Die Kronen der Bäume, die voll und grün den Himmel ergreifen,
umschirmen auch das Wort, so dass es an Kraft gewinnt.**

- kleine Pause -

Der Pfad, der Dich in den Wald führte bringt Dich weiter zu einer Lichtung.

- kleine Pause -

Es wird heller.

**Ein Rauschen dringt an dein Ohr.
Ein paradiesischer See liegt vor Dir.
Dort siehst Du Schwäne.
Bunt schillernde Vögel in ihrer Farbenpracht
konkurrieren mit den Blüten,
die einen betörenden Duft aussenden.**

- kleine Pause -

**Am Ende des Sees befindet sich ein Wasserfall, der sich tosend in diesen ergießt.
Er ist umgeben von einem riesigen Regenbogen.
Dieser leuchtet in seinen kräftigen Farben, die nur in der Nähe eines Wasserfalls zu sehen sind.**

- kleine Pause -

Gehe auf ihn zu und verharre dort einen Augenblick.

- kleine Pause -

Du befindest Dich unmittelbar vor dem Regenbogen.

- kleine Pause -

Mit einem weiteren Schritt betrittst Du seine Rückseite.

- kleine Pause -

**Nun stehst Du hinter diesem.
Nehme es wahr.**

**Eine Höhle verbirgt sich dahinter.
Gereinigt betrittst Du diese.
Es ist ein großer Raum in seinen glitzerndsten Farben.**

Rosen umranken diesen Ort und verströmen ihren betörenden Duft.

Vor Dir erscheint eine schöne Frau in hellem grünen Gewand.
In ihrer Hand hält sie einen Kelch.
Auf ihrem Kopf trägt sie eine Krone, die mit sieben Sternen geschmückt, in den Farben des Regenbogens leuchten.

Sie spricht:
„Ich bin die Herrin von dem alles Leben ausgeht. Man nennt mich die Schaumgeborene.
Ich bin entstiegen aus dem Meere. Und mit mir folgten die Erynnien.
Nimm diesen Trunk und leere ihn aus in einem Zuge.
Es ist der Trank des Lebens.
Leere ihn in einem Zug, auf dass Du wieder lebendig wirst."

- Pause -

Und so nimmst Du den Kelch und leerst ihn bis zum letzten Tropfen, auf dass nichts mehr übrig bleibt von dem, was gewesen ist.

- kleine Pause -

Spüre die Kraft des neuen Lebens, das jetzt erwachend in Dir aufsteigt.
Nehme wahr, wie Dein Herz sich wie die Blüte jener Rose, die Du in Deiner Hand hältst, öffnet.

- Pause -

Ganz allmählich entschwindet Sie vor Deinen Augen.

- kleine Pause -

Genieße noch für einen Moment die neu einströmende und belebende Kraft, bevor Du Dich umwendest und dem Wasserfall entgegentrittst.

- kleine Pause -

Wenn Du dort angekommen bist, springe hinein in den See.

- kleine Pause –

Wenn Du aufgetaucht bist, siehe die Schwäne auf Dich zuschwimmen.
Setze Dich auf sie und lasse Dich von ihnen tragen.

- kleine Pause -

Sie fliegen höher und höher.

- kleine Pause -

Unter Dir erkennst Du noch einmal den Wasserfall, der aus den Beinen der Berge geschaffen ist.
Du fliegst über den Wald, durch den Du gekommen bist.
Siehst das Tal mit dem Bach und erreichst schließlich Deine Blumenwiese, an der alles begann.

In Deiner Hand hältst Du die Rose.

Liebevoll empfängt sie Dich und durch sie kommst Du zurück in diese Gegenwart.

- kleine Pause -

Verharre noch einen Augenblick.
Lasse die Kraft der Rose in Deinem Herzen weiterblühen.

- Pause -

Wie aus einem Jungbrunnen entsteigst Du dieser Meditation.
Du erwachst zu neuem Leben.

Langsam öffnest Du Deine Augen.
Ebenso langsam reckst Du Dich
und
nimmst allmählich Deine Umgebung wahr.

Lasse Dir ein paar Minuten Zeit, bevor Du Dich erhebst.

Arkana IV
Der Herrscher

„Bedenke Mensch, dass du nur sterblich bist! Die Macht auf Erden ist dir gegeben von Ihm , dem Großen Einen, den du nicht zu bezwingen vermagst."

Die Linie von oben herab ist durch die Geburt für's Erste abgeschlossen.Ideen entspringen dem Schoß, die vordem im Bauch des Unterbewussten gelagert waren. Der Herrscher hebt sie hervor, prüft sie an der Wirklichkeit und entscheidet selbst welche ihm nützlich und sinnvoll erscheinen. Seine Worte könnten heißen: "Ich will, dass etwas geschieht."

Mit seinem Verstand überlegt er, inwieweit Ideen funktionell und praktikabel sind. Seine willensstarke kämpferische Natur trennt die Spreu vom Weizen, lenkt Dinge in konstruktive Bahnen und vermeidet sinnlose Energieverschwendung. In seiner positiven Auslegung repräsentiert er die väterliche Autorität, welche Verantwortung übernimmt. Um dieser gerecht werden zu können, verlässt er sich nicht auf spontane Entscheidungen, sondern ordnet alles zu einem funktionierenden Geflecht. Für den Herrscher ist es unerlässlich dieses System immer wieder zu überprüfen.

Er fordert uns demgemäss auf das wahre Prinzip der Ordnung und Strukturen zu finden und aufzubauen, um sich in deren Grenzen ungehindert entfalten zu können. Der Vater setzt Grenzen für das Kind, so dass es seine Spielräume hat, in denen es sich ungehindert aufhalten kann. Gleichzeitig benötigt das Kind auch die Grenzen um zu wissen, wie weit es gehen darf. Wird das Kind allerdings durch zu enge Grenzen an seiner Entwicklung gehindert, so sind die Eltern wiederum aufgerufen diese neu zu definieren, auf dass kreative Entfaltungsmöglichkeiten des Kindes gelebt werden können. Es nützt auf der interpersonellen Ebene wenig, wenn eigenes Machtpotential für sich zurückbehalten und damit seiner eigenen Entwicklung im Wege gestanden wird. Genauso wenig wie es förderlich ist seinen Herrschaftsanspruch auf alles und jeden auferlegen zu wollen.

All diese Prinzipien vereinigt der Herrscher in seiner väterlichen Autorität. Arkana IV ist eine Weiterführung des Magiers, dessen Anspruch es ist sich in der Welt durchzusetzen. Wie bei Arkana I die Ordnungsprinzipien des Großen Einen über die 4 Elemente auf die Erde herabgelenkt werden, so regiert der Herrscher auf dieser.

Die Herrscherin verkörpert das naturhafte Prinzip welches ihren Ursprung in der Hohepriesterin besitzt. Die Vereinigung der polaren Gegensätze durch die Herrscherin wird nun im Herrscher wiederum eingegrenzt. Er beschränkt den fruchtbaren immerwährenden Ausfluss durch die Kontrolle und das Hinterfragen nach deren Zweckmäßigkeit.

Dem Herrscher, Arkana IV, wird astrologisch das Tierkreiszeichen Widder zugeordnet, welches den Frühlingsanfang signalisiert. Die Winterzeit ist beendet. Wie Frühlingsblumen, deren Blätter Pfeil- oder Speerspitzen gleichen, setzt er sich gegen die noch kalte Wintererde durch und läutet dadurch den Frühling ein. Er ist direkter Ausdruck für die Herrscherin und den Boden, auf dem das Volk leben und arbeiten kann. Die Natur erhält und ernährt den Menschen. Doch diese ist an sich angreifbar und muss durch das Zepter geschützt werden.

Damit erschafft er nicht nur Grenzen, er verteidigt diese auch mit der Kraft der Flammen. Im Magier Arkana I hatte ich bereits erwähnt, dass der Stab dem Feuer-Element zugeordnet wird. Das Zepter bildet eine Weiterführung des Stabes der Macht. Es spiegelt den Phallus der Männlichkeit wieder, dass seine Stärke und nachdrückliche Bestehen auf Herrschaft symbolisiert. Es zeigt das Selbstverständnis, die Feuerenergie mit Willenskraft in die Tat umzusetzen. Die Krone ist ein sichtbares Zeichen für die Entwicklung der Kundalini.

Das untere Prinzip verbindet sich mit dem oberen. Es bewirkt die Kontrolle des Geistes über instinkthafte Reaktionen.
Sie ist demnach der sichtbare Ausdruck der eigenen Macht über die polaren Gesetze und Prinzipien. Der Herrscher beherrscht und regiert die instinktiven Kräfte. Er entscheidet über Leben und Tod und ist Richter seiner Ordnung.

Bei der Herrscherin geschieht der Einstieg durch die Rose. Jede Ausatmung ist dabei ein Ausströmen von Stress. Man entspannt sich zusehendst. Zuletzt ist die Entspannung soweit fortgeschritten, dass man sich fallen lassen kann.

Beim Herrscher verhält sich der Einstieg anders. Die Meditation beginnt mit der Vorstellung der Farbe Rot. Mit ihr soll die Qualität der Hitze, Durchsetzung, Vitalität und Lebenskraft vermittelt werden. Das Feuer verbrennt alle negativen Energien, mehr noch, es macht sich diese zu Nutze. Die Verinnerlichung dessen macht es dem Meditierenden bewusst, Aktivität als ein ebenso unverzichtbares Mittel zum Leben zu betrachten wie Passivität.

In der Gesellschaft werden Gesetze geschaffen und benötigt, um diese lebensfähig zu halten. Sie sind dazu da, Ordnung zu vermitteln. Der Herrscher ist für das Wohl seines Volkes verantwortlich. In diesem Sinne geht es um den Erhalt seines Körpers.

Als Grenzzieher schützt er die Aura und dessen Innenleben. Eine egobewusste Person ist die gesunde Voraussetzung zum Selbst-Bewusstsein im eigentlichen Sinne. Die Herrscherin ist die Quelle der Inspiration, der sich der Herrscher bedienen kann, wenn er die Liebe zu ihr zu pflegen versteht.

IV Der Herrscher

Mache es Dir bequem und schließe Deine Augen.
Gebe Dir die Erlaubnis Dich zu entspannen.
Entlasse alle Deine Gedanken in die Freiheit.
Alle äußeren Einflüsse sind Dir von nun an vollkommen gleichgültig.
Du konzentrierst Dich nur noch auf diese Meditation.

- kleine Pause -

Stelle Dir vor, wie Du eine rote Kerze entzündest
und
Stelle Dir weiterhin vor, wie Du auf einem Thron sitzt.
Einen mit Armlehnen.
Lasse Deine Ellenbogen darauf ruhen.
Deine Hände ruhen in Höhe des Solar-Plexus.
Konzentriere Dich darauf.
Halte mit den Fingern Deiner beiden Hände diese Stelle.
Atme dort hinein und spüre nach.
Atme ein und atme aus.

- kleine Pause -

Achte dabei darauf, dass Deine Wirbelsäule gerade ist.
Lasse Dich von dieser Energie ganz erfüllen.

- Pause -

Betrachte Deine rote Kerze.
Siehe ihre Flamme.
Das feurige flammende ROT!

Spüre ihre Hitze.

- Pause -

Lasse diese rote Kerze in Deinem Bewusstsein erscheinen.
Siehe es mit Deinem 3. Auge.
Das flammend-rote Licht leuchtet zwischen Deinen Augenbrauen.
Spüre wie diese Wärme Dein gesamtes Gesicht erfüllt.
Spüre auch wie sie sich zur Hitze steigert.

- Pause -

Diese Hitze erfasst Deinen gesamten Körper.

- kleine Pause -

Dein ganzer Körper ist Feuer-Rot.
Er ist mit feuriger Energie versorgt.
Gehe nun dazu über, Dir vorzustellen wie der Raum in dem Du Dich befindest, ebenfalls in rotem Licht erscheint.
Spüre, wie dieser Raum dadurch an Wärme gewinnt.
Überall siehst Du das Feuer.
Es ist in Dir und um Dich herum.
Es erfüllt Dich.
Es umgibt Dich wie einen roten Mantel.
Stelle Dir nun vor wie die Hitze Deines Raumes sich hinter Deinem Rücken verdichtet.
Es soll Dich wie einen Umhang berühren.
Spüre wie sich diese Hitze auf Deinen Rücken legt und Du von dort die Kraft und den Schutz empfängst.
Deine Hände sind immer noch auf Deinen Solar-Plexus gerichtet.

- Pause -

Löse sie jetzt von dort.
Stelle Dir vor, wie Du mit der einen Hand Deinen Reichsapfel empfängst.
Lasse ihn in Deiner Hand entstehen.

- kleine Pause -

Beschaue ihn Dir.

- kleine Pause -

In der anderen Hand erhältst Du Dein Zepter.
Beschaue Deine Hände und siehe, wie Du beide Insignien besitzt.

- Pause -

Wann immer Du soweit bist, umhülle mit Deinem Reichsapfel in Deiner Hand geistig oder real Deine Aura.
Mache dies mit ausgestrecktem Arm.
Stelle Dir dabei vor, wie es Dein inneres Reich symbolisiert.
Es wird durch Deinen Reichsapfel abgesteckt.

- Pause -

Wenn Du dieses getan hast, gehe nun mit Deinem Zepter in Deiner anderen Hand dazu über, Deine Aura in ein schützendes, alle Angriffe vernichtendes Flammenmeer zu verwandeln.

- Pause -

Stelle Dir Deine Aura in ein Flammenmeer gehüllt vor.

- kleine Pause -

Stelle Dir vor, wie alles, dass in Deinen Bereich eindringen möchte, von diesem Feuer verzehrt wird.

Begrüße diese Energien.
Betrachte sie als Nahrung, die Du für Dein Feuer brauchst.
Du wächst an Widerständen.
Alles was auf Dich zukommt, ist Nahrung für Dich.
Es wandelt sich um in FEUER-ROT.
Verbrenne es!
Dich umgibt eine Aura aus Feuer.
In Deinem Herzen bist Du Licht.
Stelle es Dir vor.
Konzentriere Dich darauf.

- Pause -

Du sitzt aufrecht in Deinem Thron.
Dein Rücken ist gerade.
Spüre wie Kraft vom Steißbein aufsteigt.
Die Kundalini-Schlangen steigen auf, aufgrund der Hitze, die Du erzeugst.
Wie ein Thermometer steigen sie aufwärts mit der Zunahme der Hitze.
Sie wandern den Rückenmarkskanal auf, wie zwei sich windende Schlangen.
Eine von ihnen windet sich von der rechten Seite beginnend, die andere erhebt sich von der gegenüberliegenden linke Seite des Steißbeins.
An jedem Chakra treffen sich beide und kreuzen sich dort.
Sie wechseln ihre Seite.
Sie wandern hoch, bis über Dein Hinterhaupt und umschlingen Deinen Kopf.
Sie treten aus Deinem 3. Auge hervor.
Dies ist der Augenblick der größten Hitze.
Konzentriere Dich auf dieses Bild.
Hole Dir das Bild der Kerze zur Erinnerung wieder zu Dir.
Sie brennt feuerrot in Deinem 3. Auge.
Konzentriere Dich.
Zwinge Dich in Deinem höchsten Willen zu diesem Augenblick.
Deine Schlangen umwinden Deinen Kopf.
Sie treten aus mit Feuerkraft.

Gift speiend allem gegenüber, dass sich Dir widersetzen sollte.
Stelle Dir vor, wie Flammen aus ihnen heraustreten.
Diese Flammen sind Zacken Deiner Krone.
Ihr Feuer ist golden und manifestiert sich als goldene Krone um Dein Haupt.
Sie sind Deine Kronen.
Du bist gekrönt.

- kleine Pause -

Du bist König.

- kleine Pause -

Spüre und siehe, wie Du eine Krone auf Deinem Kopf trägst.

- Pause -

Gehe nun dazu über Dir vorzustellen, wie Dein Zimmer in dem Du Dich jetzt befindest, sich in Dein Schloss verwandelt.

- kleine Pause -

Stelle Dir vor, wie ein Herrscher auch Herrscher über sein Volk und sein Reich ist.

- kleine Pause -

Stelle Dir auch vor, wie Du Dich auf den Zinnen Deines Schlosses befindest und auf Dein Reich schaust.
Von hier aus beobachtest Du alle Geschehnisse, die Dein Land und Dein Volk betreffen.
Dein Schloss ist der Hauptsitz Deines Reiches.
Als Herrscher ist es Deine Pflicht, Deinem Volk zu dienen.
Aufgrund dessen erhältst Du das Vertrauen Deines Volkes.
Du sorgst für Recht und Ordnung in Deinem Reich.
Dir ist die absolute Macht gegeben.
Stelle es Dir vor.
Du sitzt auf Deinem Thron in Deinem Schloss.
Deine Aura ist umgeben von einem Flammenmeer.
Ausgestattet mit Deinem Apfel und Deinem Zepter.
Bist Du der Gekrönte.
Dein Thron ist durch Stufen erhaben.
Unter Dir siehst Du Deinen Hofstaat.

- Pause -

Soldaten bewachen die Eingänge Deines Schlosses.
In Deinem Königreich ist Dein Wort Gesetz.

Du bist Rechtsprecher über Dein Reich.
Kraft Deines Amtes fällst Du Urteile.
Dein Blick allein genügt, die Wahrheit zu erfahren.

- Pause -

Neben Dir thront Deine Königin.
Ihr schaut euch beide an.
So wie Du die dynamische Feuerenergie verkörperst, stellt sie die Kraft
der Natur und den Kreislauf des Lebens dar.
In eurer polaren Ausrichtung verbindet ihr euch über eure Augen.

Wende Deinen Blick zur Seite und stelle Dir vor, wie neben Dir Deine Königin thront
und Dich ebenfalls schaut.
Gemeinsam bildet ihr eine Einheit.
Versenke Dich in diesen Zustand.

- kleine Pause -

Aus eurer beider Kraft ist das Reich, - dass ihr beide regiert -, stark und mächtig.
Du bist der Herrscher und sie ist die Herrscherin.
Das Reich ist in Deiner Hand.
Lasse das Leben in Deinem Reich mit Dir als ihr Regent lebendig werden.

- Pause -

Wie aus einem Jungbrunnen entsteigst Du dieser Meditation.
Du erwachst zu neuem Leben.

Langsam öffnest Du Deine Augen.
Ebenso langsam reckst Du Dich
und
nimmst allmählich Deine Umgebung wahr.

Lasse Dir ein paar Minuten Zeit, bevor Du Dich erhebst.

Arkana V
Der Hohepriester

Glaube ist eine Geisteshaltung, die sich durch stetige Wiederholung verstärkt. Er schafft es, den begrenzten Menschenverstand in Geist zu verwandeln. Durch ihn erfährt der Mensch die kosmische Kraft und kann sie produktiv umsetzen. Je häufiger wir Sätze wiederholen, um so mehr glauben wir an sie. Seien sie nun richtig oder falsch. Gedanken, denen man Sympathie entgegen bringt, können treibende Faktoren, Auslöser für Auftreten und Handeln sein. Jeder Gedanke, der mit Gefühlsregungen durchdrungen ist, schafft eine magnetische Kraft, die ähnliche oder verwandte Gedanken anzieht. Der menschliche Geist zieht unaufhörlich all´ das an, was mit der eigenen Vorstellung harmoniert. Durch eben jene Wiederholungen verstärken sich die Glaubensinhalte. Sie werden in den Geist eingepflanzt.

Oft können Misserfolge dadurch entstehen, dass man nicht genug an sich selbst glaubt. Der Mangel an Selbstvertrauen kann entscheidend dazu beitragen. Zu diesem Zweck eignen sich ständige Wiederholungen hervorragend. Sie erinnern uns daran an unserem Plan fest zu halten.

In Arkana V ist der Mensch in seiner Mensch-Werdung abgeschlossen, wenngleich noch ohne Beziehung zur Umwelt. Er bedient sich dabei objektiver Mittel, um die Reise in die Tiefe zu unternehmen. Der Hohepriester unterscheidet sich vom Magier (Arkana I) darin, dass der Magier der Impulsgeber ist, der aufgrund seiner Geisteskraft die Welt durch Imagination verändert. Der Geist des Magiers ist die Taube, der heilige Geist und das Wort Gottes, dem der Hohepriester lauscht.

Um als Mensch die Welt betreten zu können, muss sie in irgendeiner Form verstanden worden sein. Ohne ein gesundes Werte- und Weltbild ist es schwierig dieser zu begegnen. Wenn im Herrscher (Arkana IV) Grenzen gezogen worden sind um Leben zu schützen, so ist darin bereits der Anfang gesetzt für das Erkennen und Wahrnehmen eines äußeren Bezugsfeldes durch sichern und ausgrenzen von dieser. Dem alles verzehrenden Feuer des Herrschers folgt der strahlende Schein des Lichtes im Hohepriester. Das lodernde Feuer ist der Kern und der Schein die Schwingung, die sich pulsierend daraus verströmt.

Von diesem hellen Licht umgeben ist der Hohepriester der Sendbote Gottes, der spricht: „ Ich bin das Licht ... !" Hierin zeigt sich der Weg, der weiterführt, denn über der Erde, die die Mutter allen Lebens ist, scheint die Sonne, die alles umstrahlt und Leben auf der Erde möglich macht.

Zum Licht hin bewegt sich das Lebendige. Jeder Baum, jede Pflanze richtet sich nach dem Lauf der Sonne. Mutter Natur richtet ihr Wachstum nach der Intensität der Strahlen. Ist sie im Winter zu schwach, so ruht sie bis der Sonnenlauf an Qualität gewinnt. Wächst der Tag in seinem Zyklus an, so erwacht das Leben auf Erden neu, bis dass es seinen Höchststand im Sommer erreicht, um von dort wieder niederzusinken, um schließlich in das Dunkel der Erde zurückzukehren.

In dieser zyklischen Betrachtung erkennt der Hohepriester die Macht des Geistes als Wort Gottes an, und sieht sich als Mittler auf Erden. Dem Sohn, welcher aus der unbefleckten Empfängnis, d. h. dem reinen Geist gewonnen worden ist und so frei von jeder menschlichen

Triebhaftigkeit sich über die tierischen, niederen und instinkthaften Eigenschaften hinwegbewegt, gilt alle Verehrung.

Arkana V ist die Erweiterung zum Herrscher. Dort vereinigen sich die Schlange, die in ihrer höchsten und entwickeltsten Form als Krone sichtbar auf dem Haupt des Herrschers erscheint mit dem Geist der Taube, die die Botschaft der Liebe (direkte Beziehung zur Venus, der die Tauben zugeordnet werden) ins Herz herabsendet um das geborene Kind zu nähren.
Der Geist steht über den Dingen und mit dem Über-Ich in Beziehung. Im Herzen gelagert zeigt es den richtigen Umgang mit diesem an sich sehr verletzlichen Lebens – nämlich mit Liebe. In seinem Herzen lebt er die Unschuld eines Kindes. Nur reinen Herzens kann er „Gottes Wort" empfangen. Er hört in sich hinein und auf seine innere Stimme, die ihm rät. Die Frage nach dem „Warum" tritt ins Bewusstsein.

Ihre Kultivierung gibt der Liebe, die die Ursache des Lebens ist (siehe Herrscherin III) den moralischen Überbau, so dass das geborene Kind nicht nur in behüteten Grenzen aufwächst (siehe Herrscher IV), sondern damit eine Zielsetzung gebildet werden kann, die genau über die bis dato nötigen Grenzen hinausgehen. Aus dem behüteten Rahmen kann das Kind die Liebe zur Mutter und Vater erfahren und zudem das Vertrauen zur Gesellschaft aufbauen. Es ist uns ans Herz gewachsen; es ist uns ans Herz gelegt worden; es liegt uns am Herzen usw. ... sind Ausdrucksweisen und Redewendungen dafür, dass uns etwas wichtig ist. Nun erreicht der Mensch die Stufe, in dem er sein Verhalten in einem höheren Zusammenhang betrachtet. Durch das eigene Erkennen werden die 4 Elemente in ein zweckmäßiges Glaubenssystem eingebunden, zudem der Geist als 5. hinzutritt. Alle zusammen bilden sie das Pentagramm.

Arkana V ist das voll entwickelte Bild, dass sich vorher als formulierter Gedanke (Arkana I, der Magier) ins Unterbewusste (Arkana II, die Hohepriesterin) einpflanzte und von dort über Arkana III der Herrscherin zu Tage trat. Der Herrscher entschied darüber und der Hohepriester bewahrt dieses Bild als Ausgeburt eines Gedankens. Über den Hohepriester lernen wir die Fähigkeit des Hörens auf unsere innere Stimme.

Das nötige Gottvertrauen wächst heran, welches das unerschütterliche Fundament und die Basis für unseren Alltag bedeutet. Es hilft uns den vor uns liegenden Gefahren leichter begegnen zu können und schützt uns vor Schiffbruch. Aufgrund seines Verstandes reflektiert er den Sinngehalt der Informationen, um Gewissheit zu erlangen. Als Vertreter der Moral unterscheidet er zwischen Gut und Böse. Dies stellt somit eine Weiterentwicklung zum Herrscher dar. Als solcher arbeitet er an seinem Seelenleben, um zu seinem Über-Ich-Bewusstsein zu gelangen.

Inhaltlich spiegelt sich hier der Ablauf von all' den vorangegangenen Karten wieder. Der Geistesblitz, der sich über den Narren zu erkennen gibt, ist das Wort Gottes, dem der Hohepriester lauscht. Der Unterschied besteht darin, dass der Narr wertfrei heran geht und der Hohepriester mit einem bereits bestehenden System gezielte Informationen aus einem Pool herausnehmen will. Dieser Impuls wird nun nach verschiedenen Gesichtspunkten durchleuchtet. Es wird ein Plan erstellt, dem der Hohepriester nach der Manier eines Magiers folgt. Als Kanal und Mittler zwischen Himmel und Erde errichtet er das Haus Gottes auf Erden. Nachdem diese Rahmenbedingungen geschaffen worden sind, beginnt nun die Zeit der

Reifung und inneren Entwicklung. Die Informationen, die aus dem Pool als Wort Gottes angenommen worden sind, dringen nun in das Unterbewusstsein in die Welt der Hohepriesterin und lösen dort Assoziationen aus. In der inneren Einkehr entwickelt sich die Fähigkeit zur Geduld und es begegnen einem Dinge, die unmittelbar in diesem Kontext stehen.

Versuchen Sie beispielsweise an ein Haus zu denken, dass Sie bauen wollen. Das erste was Sie machen werden, ist aus dem Impuls heraus sich Gedanken zu machen. Sie stellen sich vor, wo es liegen, wie groß, wie es aussehen und wie teuer es sein soll, etc. Damit haben Sie Ihr Interesse geweckt. Nun lassen Sie diese Informationen, die Sie gesammelt haben, erst einmal sacken. Sie reflektieren alles erneut. Es gelangt ins Unterbewusstsein. In dieser nun nach außen nicht sichtbaren Zeit bewirkt das Unterbewusstsein, dass alles was in irgendeiner Form interessant sein könnte auf Sie zukommt. So werden Sie beispielsweise während Sie fernsehen, zufälligerweise (was einem so zufällt), auf Finanzierungsarten und Zinssätze von Krediten bei Immobilien stoßen. Anderen Nachrichten aus allen Teilen der Welt gewinnen Sie nicht so viel Interesse ab. Im weiteren Alltag werden Sie auch sonstwie von überall her zu teilweise ungewöhnlichen Momenten ebenso zufällige Informationen sammeln können. Hier trägt das Thema auf seltsame Art und Weise Früchte. Es gewinnt immer mehr an Bedeutung und wächst bei der Herrscherin im Bauch heran, solange bis es endgültig „reif" geworden ist. Alle Informationen sind nun zu einem ersten Gesamtbild herangewachsen, bei dem das Gefühl entsteht, konkret werden zu müssen. Der Gedanke ist geboren. Das Haus ist nun als reale Vorstellung interessant geworden. Man entscheidet nun darüber ob es tatsächlich umgesetzt, oder ob es aus verschiedenen Gründen, darunter können finanzielle Erwägungen eine Rolle spielen, nicht in Angriff genommen wird. Hierbei befinden wir uns in der Entscheidungssituation eines Herrschers. Gehen wir aber davon aus, dass das Haus finanzierbar ist und es gebaut werden soll. Der Herrscher hat den letztendlichen Willensimpuls darauf gesetzt und formuliert: „Ich will das Haus!"

Ist diese Entscheidung gefallen, passieren Dinge die das Haus zu einem Glaubenssystem heranwachsen lassen. Dieser Willenssatz lässt alle Prozesse noch einmal neu entstehen. Sie werden sozusagen ritualisiert, so dass nicht nur das Unterbewusste davon beeinflusst ist, sondern die gleiche Vehemenz der Überzeugung, die gleiche Kraft, die dieses möglich machte, im Bewusstsein entwickelt ist. Alle Unterbewussten Prozesse, die explizit mit dem Thema „Haus" zu tun haben, werden nun in Geisteskraft umgewandelt, bzw. hoch gehoben. Der entscheidende Wirkfaktor ist das ständige Wiederholen. Bei der Hohepriesterin geschieht dies unbewusst. Beim Hohepriester sind diese Abläufe gesteuert, eben ritualisiert. Die Kraft der Gedanken erkennen bedeutet wahr zu nehmen, was für eine Macht sie haben. Man ist nicht nur von unbewussten Reaktionen her abhängig, sondern selbst fähig diese „neu" zu formulieren. Negative Muster lösen sich auf und werden durch neue positive ersetzt. Nicht nur das Unterbewusste greift in das Bewusstsein, sondern das Bewusstsein ist ebenso umgekehrt fähig, darauf Einfluss zu nehmen.

Der entscheidende Faktor ist die Häufigkeit der angewandten eigenen Glaubenssätze. Das was am häufigsten gedacht, gefühlt usw. wird, wirkt am stärksten.

Für die Meditation wäre es von Vorteil, sich einen Stuhl bereit zu halten. Wenn möglich sollte er sich im Osten befinden. Bei der Vorstellung der Entkleidung legt man Stück für Stück vom Alltag ab. Es ist das Ich, dass sich seiner gewohnten Denkstrukturen, die sich Schicht für Schicht auf einen gelegt haben, entledigt. Das anschließende Nackt-Sein bezeugt die unschuldige und reine Seele, die in jedem Menschen schlummert. Zu Beginn befindet man sich im Zentrum des Kreises, bzw. der 4 Himmelsrichtungen. Von dort aus richtet man seinen Blick nach Osten auf den Stuhl. In dem folgenden Ablauf gelingt es dem Meditierenden mehr und mehr sich zu integrieren, bis er schließlich selbst der Hohepriester geworden ist.

Man überschreitet die Grenze der Polarität und kommt an in der Einheit, die die Verbindung zum Göttlichen schafft. Es ist in unserer heutigen Zeit mit unseren Denkgewohnheiten üblich, das Gottvertrauen auf die Kirche o.ä. Organisationen zu legen. Ihnen übergibt man die Aufgabe für unser Seelenheil verantwortlich zu sein. Mit dieser Reise will ich Ihnen nahe legen, wie eine solche Verbindung überhaupt zustande kommt.

Sie sollen für eine kurze Zeit das Gefühl genießen, diese erfüllende Verantwortung zu tragen. Es wird bei Ihnen Geistestätigkeiten auslösen, die Sie zu weiteren Innen-Schau-Reisen animieren können.

Der Hohepriester bringt die Kraft Gottes auf die Erde herab. Mit dem Gefühl der Verbindung zu Gott baut sich das nötige Urvertrauen auf, welches uns hilft anstehende Probleme zu meistern.

V Der Hohepriester

Mache es Dir bequem und schließe Deine Augen.
Gebe Dir die Erlaubnis Dich zu entspannen.
Entlasse alle Deine Gedanken in die Freiheit.
Alle äußeren Einflüsse sind Dir von nun an vollkommen gleichgültig.
Du konzentrierst Dich nur noch auf diese Meditation.

- kleine Pause -

Vergegenwärtige Dir den Raum an dem Du gerade bist.

- kleine Pause -

Beschaue Dir Deine Kleidung.
und
nehme wahr, was Du mit ihr verbindest.

- kleine Pause -

Es sind Dinge des Alltags, die Du mit ihnen verknüpfst.

- kleine Pause -

Stelle Dir vor, wie Du Dich jetzt entkleidest.
Nach und nach mit jedem Kleidungsstück, dass Du ablegst, löst Du Dich immer mehr vom Alltag, seinen Sorgen und Problemen.

Wenn Du vollkommen nackt bist, verharre in diesem Bewusstsein eine Weile.

- Pause -

Spüre, wie verletzbar Du bist.

- Pause -

Du sitzt auf der Erde und atmest in Dich hinein.

Atme ein
und
atme aus.

- kleine Pause -

Während Du immer mehr entspannst, stelle Dir vor, wie Du in ein weißes Leinen gekleidet bist.

- kleine Pause -

Vor Dir siehst Du zwei Priester, die Dir den Rücken zukehren.
Der eine von ihnen ist in einem dunklen und der andere in einem hellen Gewand gekleidet.
Sie knien beide vor einem Thron.

Auf diesem Thron sitzt der Hohepriester.

- kleine Pause -

Dieser hebt seine rechte Hand.
Drei Finger zeigen nach oben.

- Pause -

Langsam verblasst der Hohepriester vor Deinem Auge,
und vor Dir befindet sich ein leerer Platz, der von zwei Säulen bewacht wird.

Auf dem Thron liegt die Robe, mit der er angezogen gewesen ist.

Begebe Dich nun Richtung Thron.
Mache dies mit angemessenen Schritten.

Auf Höhe der zwei Säulen bleibe stehen.

Strecke Deine Arme so weit auseinander, dass sie beide Säulen berühren
und
versuche Dich auf Deinen Übergang vorzubereiten.

- kleine Pause -

Wann immer Du bereit bist einzutreten, stelle Dir vor, dass Du der Hohepriester bist.
Entscheide Dich ganz bewusst zu diesem Schritt.

- kleine Pause -

Du trittst ein.
Ein auf Deinen Thron zu.
Du legst die Robe, in der alle Tugenden enthalten sind, an.

- kleine Pause -

Nun bist Du gekleidet mit Deiner Robe.

Setze Dich auf Deinen Thron.

Nehme bewusst darauf Platz.

Vergegenwärtige, dass Du jetzt das göttliche Prinzip verkörperst.
Du thronst auf dem heiligen Stuhl.

- Pause -

Vor Dir siehst Du Deinen Altar.
Auf ihm befindet sich der Kelch.
Daneben eine Karaffe gefüllt mit Wein

und

eine Schale, auf der ein Stück Brot liegt.

- kleine Pause -

Erhebe Dich jetzt von Deinem Thron und gehe zu Deinem Altar.

Nehme das Brot in Deine Hände.
Brich ein Stück davon ab.
Hebe beide Stücke mit beiden Händen über Deinen Kopf.

Lasse einen Lichtstrahl darauf fallen,
so dass sie gesegnet werden.

Esse sie nun.

Beuge Deine Knie
und
erhebe Dich.

Nehme nun den Kelch in Deine Hand.
Die Karaffe in Deine andere.
Gieße den Wein in Deinen Kelch.

Wenn er gefüllt ist, nehme Deinen Kelch in beide Hände.
Erhebe ihn ebenfalls über Deinen Kopf und spüre auch hierbei wie ein Lichtstrahl auf diesen Kelch fällt.

Siehe wie dieser Lichtstrahl Deinen Kelch segnet.

Trinke ihn nun aus.

Stelle ihn wieder ab.
Knie Dich erneut hin
und
erhebe Dich

Hebe nun Deine Arme. Richte dabei Dein Gesicht himmelwärts, und zwar so,
als wolltest Du dem Allerheiligsten entgegenstreben.
Verharre darin eine Weile.

- Pause -

Kehre anschließend zu Deinem Thron zurück.

Du hast jetzt direkten Blickkontakt zu beiden Priestern.
Halte ihn.

- Pause -

Gehe nun dazu über beiden Priestern beide Sakramente zu spenden.

- kleine Pause -

Die Hostie

- kleine Pause -

Den Kelch

- kleine Pause -

Mit beiden Priestern bildest Du die Trinität.
Die Drei-Einheit.

- kleine Pause -

Zusammen seid ihr Drei und Eins.

- Pause -

Wann immer Du das Gefühl haben solltest, dass es genügt, erhebe Dich.
Ziehe Deine Robe wieder aus und lege sie sorgsam und mit viel Liebe wieder auf Deinen Thron zurück.
Verlasse diesen

und
überschreite die Grenze.

Wenn Du an deinem Ausgangspunkt angelangt bist,
bekleide Dich wieder und kehre zurück in die Welt des Alltäglichen.
Spüre wie Du etwas von der Göttlichkeit auf die Erde gebracht hast und behalte es in Deinem Herzen.

- Pause -

Wie aus einem Jungbrunnen entsteigst Du dieser Meditation.
Du erwachst zu neuem Leben.

Langsam öffnest Du Deine Augen.
Ebenso langsam reckst Du Dich
und
nimmst allmählich Deine Umgebung wahr.

Lasse Dir ein paar Minuten Zeit, bevor du Dich erhebst.

Arkana VI
Die Liebenden

In den Liebenden findet zum ersten Mal die polare Auseinandersetzung **innerhalb** einer Karte statt. Männliche und weibliche Potentiale sind darin gleichberechtigt miteinander verwoben. Sie zeigt die Polarität des Menschen in seinem Wechsel- und Zusammenspiel. Die Karten vordem bewirkten in ihrer Eindeutigkeit die Unterdrückung ihrer Schattenseiten.

Die Liebe ist immer integrierend.

Nur mit ihr kann die verdrängte Seite angenommen werden. Entgegen ihr zu arbeiten, bewirkt die Abspaltung.

Der Magier Arkana I besitzt die Fähigkeit Ideen geistig durchzuarbeiten und so dem Impuls „ein Kleid" zu geben. Der Hohepriesterin Arkana II fehlt diese Eigenschaft. In ihr wechselt die anfängliche Aktivität in Passivität. Bewusstsein kehrt ins Unterbewusste. Aus Handeln wird Zu-lassen. Bei ihr werden Aspekte wie Geduld, Vertrauen etc. entwickelt, die für die Verwirklichung von Vorhaben eine wichtige Voraussetzung bilden um Dinge auch wirklich reifen zu lassen, so dass sie anschließend geboren werden, d.h. zum Ausdruck gebracht werden können. Dies ist bereits der Aufgabenbereich der Herrscherin. Sind sie nun soweit herangewachsen, dass diese aktiv umgesetzt werden können, tritt der Herrscher in Erscheinung, der für die Durchsetzung und Strukturierung von Plänen zuständig ist. Seine feurige Qualität lässt Zurückhaltung, Geduld etc. nicht zu. Ein Temperament, dass sich wiederum von dem der Herrscherin unterscheidet. Während sie auf dem naturhaften Prinzip arbeitet und Dinge ihren Lauf nehmen lassen kann, bringt der Herrscher Struktur und Ordnung in das vermeintliche Chaos. Diese Wechselspiele vermittelt der Hohepriester zu einem übergeordneten Ganzen. Der Magier und die Hohepriesterin sind die ersten beiden Pole, die sich diametral voneinander unterscheiden und bringen deswegen auch keine persönliche Zuwendung zueinander zum Ausdruck.

Dies geschieht erst bei der Herrscherin und dem Herrscher. Interessant ist hierbei, dass diesmal das weibliche Prinzip vor dem männlichen erscheint. Es wechselt also selbst die Reihenfolge der Polaritäten zueinander. Dieses Paar rückt nun ein wenig näher zusammen und wird von der darauffolgenden, dem Hohepriester begleitet.

Diese 3 Prinzipien, - männlich – weiblich – und bipolar, finden wir in den Liebenden vereinigt. Wenn wir anfangen uns selbst kennen zu lernen, die weibliche und die männliche, die linke (empfangende) und die rechte (gebende) Seite, sehen wir Ähnlichkeiten und Unterschiede gleichermaßen. Wir müssen lernen uns zwischen der einen und der anderen Seite, zwischen Aktivität und Passivität, Geben und Nehmen etc. zu entscheiden.

Ist dieser Entschluss gefasst, so herrscht in uns das Dilemma der Verdrängung der jeweils nicht gewählten Seite. Pole erzeugen in uns Konflikte. Wie oft im Leben müssen wir uns für eine Sache entschließen und trauern den Dingen hinterher, die uns damit nicht mehr möglich wurden. Wir haben die Wahl wie wir uns fühlen und sind selbst Herr unserer Gedanken. Um zu perfekten Lösungen zu kommen, gibt es nur die eigene Vorstellung. Diese lässt sich auf der mentalen Ebene herausfinden und 100% ig erzeugen. Die geistige Welt ist die einzige Ebene, in der es uns möglich ist, ideal-isiert zu denken und Ideal-Welten zu schaffen. Ein Problem, dass es zu lösen gilt, kann von allen Seiten betrachtet und dort jederzeit zurück genommen werden, ohne mit dramatischen Konsequenzen rechnen zu müssen. In der mentalen Welt ist es möglich Lösungen in ihrer Rein-Form aufzubauen und dort unendliche Planspiele stattfinden zu lassen.

So hat jede Entscheidung immer einen Positiv-Effekt. Für alle Freuden der Potentialität an Möglichkeiten gibt es jedoch die Vor-Stellungs-Kraft. In der Welt der reinen Idee, der Gedanken, kann alles gelebt und wieder zurückgenommen werden. Je nach Belieben.
Unsere Aufgabe ist es in dieser Karte klare Gedanken zu entwickeln, so dass vermeintliche Gegensätze miteinander verbunden werden können. Wenn wir nicht von unserer Vorstellung überzeugt sind, so erreichen wir auch damit nicht unser Umfeld. Die Widerstände, die sich dort aufbauen, zeigen uns, dass es nur mit einer klaren Vorstellung möglich ist, eigene Ideen auch Wirklichkeit werden zu lassen. Dadurch entwickelt sich die Achtsamkeit sich selbst gegenüber, aus dem heraus der Schritt nach außen begangen werden kann. Der Umgang mit der Umwelt wird durch den inneren Impuls mit-entschieden.

Gehe ich mit einem positiven Gefühl an ein Thema, so löse ich damit positive Gedanken aus. Diese bewirken eine positive Erwartungshaltung zur Umwelt. Dementsprechend erhalte ich ebensolche positiven Signale zurück, die ich selbst zuvor ausgesandt habe. Nehme ich z.B. mein Gegenüber wahr, erkenne ich Details die diese Person betreffen. Mein Blickfeld ist offener und geweiteter, als wäre ich mit negativen Gedanken und Gefühlen konfrontiert. Teile ich nun z. B. diesem Menschen mit, dass ich das Kleid, dass sie trägt sehr schön finde und dass es ihr steht, werde ich wahrscheinlich für das positive Signal, dass ich ausgesendet habe und damit meine Aufmerksamkeit ihr gegenüber gezeigt habe, ein ebensolches Signal in Form eines Lächelns o. ä. zurück erhalten. Sie sendet mir auf diese Weise jene positive Aufmerksamkeit zurück. Laufe ich dagegen mit Scheuklappen durch die Welt, immer stur geradeaus, ohne die Schönheiten am Wegesrand wahrnehmen zu wollen, werde ich leicht zum Opfer meiner eigenen verpassten Gelegenheiten.

In den Liebenden wird aus einem Einzelgänger ein beziehungsfähiger Mensch. Das Individuum setzt sich mit dem Du, der anderen Person und deren Ansichten auseinander.
Mit Worten können Gedanken geäußert und innere Prozesse nach außen getragen werden. Man outet sich. Eine formulierte Entscheidung bedeutet immer die Aufgabe der nicht gewählten, bzw. der nicht-formulierten Seite. Auf ihre Vorzüge muss im Sinne der Entscheidung verzichtet werden. In dieser von mir vorgestellten Meditation möchte ich die Frage nach dem Partnerbild aufzeigen.

Wählen Sie eine Person, die ihrem Schönheitsideal am nächsten kommt. Damit lenken Sie ihre Aufmerksamkeit auf ihre fehlende Seite (Anima-Animus). Natürlich ist es ihnen freigestellt, eine sonst wie für sie wichtige Person einzubeziehen. Es kann durchaus der Fall sein, dass genau diese Person jene Lücke ihrer fehlenden weiblichen oder männlichen Seite ausfüllt.

Arkana VI ermöglicht Handlungsfähigkeit im potentiellen Sinne. Dies bedeutet, dass sie durch ihre Vorstellungskraft jene ausgewählte Person vor sich hinstellen, mit ihr kommunizieren und auf diesen Weg nach möglichen auftretenden Unterschieden und

Gemeinsamkeiten suchen können. In der Vereinigung, die anschließend daraus resultiert, zeigt sich, ob die Beziehung weiterhin tragfähig ist. Auf diese Weise besteht die Möglichkeit mit jeder beliebigen Person Ihrer Wahl eine Auseinandersetzung im Vorfeld zu leisten.

Dabei gilt es immer zu bedenken, dass man seine eigenen Vorstellungen überprüft, d.h. ob man selbst überhaupt willens ist, Entscheidungen zu treffen. Erst wenn Sie ernsthaft dazu bereit sein sollten, können sie es tatsächlich wagen, jene Person oder Situation wirklich anzusprechen, bzw. in Angriff zu nehmen. Sollte ein Bedürfnis dahingehend bestehen, jene Bilder Wirklichkeit werden zu lassen, so seien Sie sich im Klaren, dass eine Hier und Jetzt geführte Formulierung im täglichen Kontext längerfristig Erfolg bietet. Denn wie zuvor in Arkana V erwähnt, beeinflusst uns das am stärksten, wovon wir am intensivsten betroffen sind.

Dabei sollten wir uns vor Augen halten, dass wir ununterbrochen denken. Selbst im Schlaf ist das Gehirn aktiv. Die Gedanken und die damit verbundenen Bilder bestimmen wie wir uns im Alltag fühlen.

VI Die Liebenden

Setze Dich auf einen Stuhl.
Sitze dort aufrecht und bequem.

Schließe Deine Augen.
Gebe Dir die Erlaubnis Dich zu entspannen.
Entlasse alle Deine Gedanken in die Freiheit.
Alle äußeren Einflüsse sind Dir von nun an vollkommen gleichgültig.
Du konzentrierst Dich nur noch auf diese Meditation.

- kleine Pause -

Reibe Deine Hände.

Mache dies ca. 2 Minuten lang.

- kleine Pause -

Anschließend halte diese in einem Abstand von ca. 20 cm entfernt.
Deine Handflächen sind dabei einander zugewandt.
Spüre wie sich ein Energiefeld zwischen diesen beiden Händen aufgebaut hat.
Es mag ein Kribbeln sein. Du kannst es auch in Form von Wärme oder Kälte spüren, oder als ein Magnetfeld.

- kleine Pause -

Bewege Deine Hände etwas hin und her.
Verspürst Du eine Verdichtung?

Gehe nun dazu über, Deine Hände in einem Abstand von 20 cm über Deinen Körper zu streichen.
Beginne dabei mit Deinen Armen.
Gehe anschließend von Deinem Gesicht abwärts herunter über Deinen Oberkörper zu Deinen Beinen, bis herab zu Deinen Füßen.
Von dort aus steigst Du auf der hinteren Seite wieder nach oben.
Du kommst an bei Deinen Waden, gelangst von dort zu Deinem Rücken, Deinem Nacken, zu Deinem Hinterkopf und zuletzt an Deinem Scheitelpunkt.

- kleine Pause -

Fühle nun Deinen gesamten Körper.

Sei entspannt und atme ruhig und gleichmäßig ein und aus.

- Pause -

Wann immer Du bereit bist, gehe dazu über, Dir Deinen Traumpartner vorzustellen.

Schaffe ihn Dir.
Forme Sie/Ihn mit Deinen Händen.
Dazu gehe mit ihnen die Form Deines Partners nach.
Führe wie ein Pantomime Deine Hände um den imaginären Körper Deines Partners.
Damit verstärkst Du Deine Vorstellungskraft Ihr/Ihm gegenüber.
Du gibst Ihr/Ihm Leben.

- Pause -

Beginne nun, um Dich herum einen Kreis zu ziehen.

- kleine Pause -

Mache das gleiche bei Deiner Partnerin/Deinem Partner.

- kleine Pause -

Sie oder er befindet sich jetzt in dem anderen Kreis.

- kleine Pause -

Stelle Dir Ihre oder Seine körperlichen Merkmale vor.
Mache Dir diese Person ganz bewusst.
Haarfarbe; Haarform; die Augen; der Mund;
Gesichtszüge; der Körperbau; Ihre oder Seine Größe; die Stimme;
Und all das, was Du Dir noch an Ihr oder Ihm vorstellen möchtest.

- Pause -

Vergegenwärtige Dir dabei alle Facetten des Lebens, die Du mit Ihr oder Ihm verbringen würdest.
Nehme wahr, dass im Alltag alle Formen der Liebe, der Leidenschaften, aber auch der Wut und eben der Gewohnheiten auftreten werden.
Stelle Dir dieses gemeinsame Leben vor.

- Pause -

Schaue Ihr oder Ihm in die Augen.

Siehe dabei, dass Deine Partnerin/Dein Partner ebenfalls das Verlangen verspürt, sich Dir zuzuwenden.

In der gleichen Intensität des Verlangens Ihr oder Ihm gegenüber, siehst und spürst Du, wie Deine Partnerin/Dein Partner nach Dir verlangt.

- kleine Pause -

Wie fühlt es sich an?

Ihr seid beide selbstbewusste und existierende Bewusstseinsformen.
Ihr seid beide Realitäten.
Deine Partnerin/dein Partner ist Dein Gegenpol.
Deine Partnerin/dein Partner.

- kleine Pause -

Nehme jetzt wahr, dass sie oder er sich genau in diesem Moment in der gleichen Meditation wie Du befindet.

Ihr schaut euch an.
Eure Augen begegnen einander.
Ihr beide seid in diesem Partnerbild-Bewusstsein.
Ihr besitzt beide die Vorstellungskraft, einen Partner geschaffen zu haben.

Ihr habt einen Teil von euch abgegeben.
Ihr erstrebt nun aus diesem Trennungsbewusstsein heraus, eine Vereinigung zu erzielen.

Und so, wie Ihr versucht seid zu verschmelzen, geht Dein Partner in Deinen Kreis ein.
Mit genau diesem gleichen Streben trittst Du in seinen Kreis.

Beide Pole sind jetzt bestrebt, Ihre Positionen aufzugeben, um auf die andere Seite einzugehen.

- Pause -

Beide haben Ihre Positionen getauscht.
Du beschaust **Dich** selbst mit den Augen Deines Partners.

- Pause -

Wiederhole diese Übung auf ein neues, so dass Du in Deinen eigenen Kreis zurückkehren kannst.
Genieße dabei die vorübergehende Vereinigung, die für einen kurzen Augenblick geschieht.
Nehme es bewusst wahr.

- Pause -

**Gehe jetzt dazu über, einen gemeinsamen Regenbogen zu schaffen.
Setze dazu Spektralfarbe auf Spektralfarbe einzeln und getrennt übereinander, bis dass der Regenbogen vollständig ist.
Dieser Regenbogen entspringt über euren Scheitelpunkten.**

- Pause -

**Wann immer Du bereit bist, schaut euch in die Augen.
Ihr seid jetzt mit einem Regenbogen verbunden.
Dieser Regenbogen <u>verbindet</u> euch beide.
Jede Farbe ist eine Facette eurer Bezugnahme zueinander.
Nehme dies ganz bewusst wahr und vergegenwärtige Dir, dass jedes Farbspektrum eine bestimmte Qualität besitzt.**

- Pause -

**Verlasse Deine Zuwendung und richte Deinen Blick nach vorne.
Sei in diesem Moment Du selbst mit dem Wissen Deinen Partner an Deiner Seite zu haben, mit dem Du über den Regenbogen verbunden bist.
Versetze Dich in diesem Moment in Dich selbst.**

- Pause -

**Gehe nun in Deiner Vorstellung auf Sie/Ihn zu und begegnet euch dort <u>unter</u> dem höchsten Punkt des Bogens.
Dies ist der Punkt, an dem beide Kreise sich treffen und sich eine gemeinsame Acht bildet.
Das Zeichen der Unendlichkeit.
Vereinige Dich dort in der Mitte dessen mit Ihr/Ihm.**

Stelle Dir vor, wie Ihr in der Mitte stehend zu einer Person werdet.

- kleine Pause -

Ihr habt euch zu einer Person vereinigt.

**Siehe die beiden Pole rechts und links von Dir, die einen mächtigen Energiestrahl über Dir gebildet haben und Dich damit beschützen.
Spüre es.
Nehme es wahr.**

- kleine Pause -

**Sende Du nun beiden Polen Deine Energie zu.
Strecke Deine Hände nach ihnen aus und wende Dich ihnen in Liebe zu.**

Spüre wie die Liebe von Dir zu ihnen und wiederkehrend über den Regenbogen zu Dir zurück gelangt.
Atme kräftig durch Deine Nase ein und aus.
Es ist ein ewiger Kreislauf.
Ihr bildet eine Dreiheit.

Spüre es.
Genieße es.
Hier und Jetzt.

- Pause -

Kehre nun zu Dir zurück.

Schaue Dir ein letztes Mal Deinen Regenbogen an.
Allmählich verblasst er.

Nehme zum Schluss noch einmal beide Seiten wahr.
Sei die männliche Seite.
Genieße sie.
Nehme sie jetzt zu Dir zurück.

Sei die weibliche Seite.
Genieße auch sie.
Nehme sie ebenfalls zu Dir zurück.

- Pause -

Wie aus einem Jungbrunnen entsteigst Du dieser Meditation.
Du erwachst zu neuem Leben.

Langsam öffnest Du Deine Augen.
Ebenso langsam reckst Du Dich
und
nimmst allmählich Deine Umgebung wahr.

Lasse Dir ein paar Minuten Zeit, bevor Du Dich erhebst.

Arkana VII
Der Wagenlenker

Der Wagenlenker begibt sich wie Parzival auf die Suche nach dem heiligen Gral, um seinen verdrängten Schatten wieder zu erlangen.

Dies ist der Beginn der 2. Reihe der Karten Arkana VII - XIII, der Weg des Menschen zum Gesellschaftswesen. In dieser Reise wächst das Selbst-Wert-Gefühl mittels der Resonanz die das Außen in ihm erzeugt. Das zum Erwachsenen herangereifte Ich ist gesellschaftsfähig geworden und damit in seiner Entwicklung einen Schritt voran gekommen. So gelangt dieses Ich über die Gesellschaft zum Selbst. Alle Informationen, die das Ich erhalten kann, sind im Innen und Außen zu finden. Spaltet sich das Verhältnis zur Umwelt, so spaltet man auch einen Teil von sich selbst ab. Die Gesellschaft wirkt dem gemäß als starker Resonanzkörper.

Der Wagenlenker will seinen verdrängten Schatten zu sich selbst zurück bringen. Er nimmt alle seine Fähigkeiten, Möglichkeiten, Erfahrungen etc. zusammen, um an sein Ziel zu gelangen. Durch den festen Blick ist er fokussiert und zentriert. Wichtig ist hierbei das Verbinden des bislang Erreichten „Sich selbst zu lieben mit seinen Stärken und Schwächen", mit dem was noch fehlt, um als Person Ganz werden zu können.

Der Erhalt des Einen bedeutet nicht automatisch den Verlust des Anderen. Beide Teile zusammenzuführen ist die große Herausforderung, der es gilt sich in dieser Karte zu stellen. Gehe ich mit mir gut und positiv um, so wirke ich entsprechend auf andere. Diese Einstellung bewirkt, dass auch sie positiv mir gegenüber gesinnt sind. Ein Ziel erreichen zu wollen gelingt auf diese Weise leichter. Wir stehen vor der Herausforderung das Unbewusste als die treibende Kraft anzuerkennen. Um diesem positiv und produktiv begegnen zu können, benötigt man ein klares Bewusstsein und ein tiefes Empfinden. Beide Seiten sind richtig und wichtig, um ein Ziel zu erreichen. Jede Seite für sich genommen, würde das Scheitern des Vorhabens bedeuten. Zu leicht gerät man auf Abwege und würde die Orientierung verlieren. Oftmals ist eine leichte Korrektur des Verhaltens oder Kurses ausschlaggebend für den Erfolg. Und doch liegt alles in den Sternen. Denn die eigentliche Bedeutung dieser Karte ist der Aufbruch. Es ist der Enthusiasmus der beim Beginn eines Vorhabens oder Unternehmens auftritt, bei dem jenes Ziel bereits vor dem inneren Auge entsteht und es darauf wartet, dass man es sich holt. Hierzu sind 3 grundlegende Schritte zu beachten.

Der erste beginnt mit dem Prozess des Verinnerlichens. Setzen Sie sich nieder und meditieren Sie z.B. über den Erfolg eines Geschäftsvorhabens. Malen Sie vor Ihrem geistigen Auge alle dazu für Sie wichtigen Dinge aus. Als nächstes stellen Sie sich vor, dass alles absolut reibungslos vonstatten geht (Der beste Fall). Das gleiche führen Sie nun mit dem schlimmsten Fall aus. Fragen Sie sich: „Was würde schlimmstenfalls passieren, wenn ...?"

Spüren Sie nach, wie es sich anfühlt.

Mit diesen beiden Triebfedern in der Hand machen Sie sich nun auf den Weg zu Ihrem Ziel. Stellen Sie sich vor, wie Sie jetzt jede Phase der Ausarbeitung planen. Versetzen Sie sich also in Ihr Projekt hinein und nehmen Sie wahr, wie Sie bereits aktiv geworden sind. Gehen Sie soweit, dass Sie bereits Ihr Ziel erreicht haben und mit den verdienten Lorbeeren zurück „nach Hause" fahren. Anschließend in Phase 2 bejahen Sie alles indem Sie sich z.B. sagen:

„Ich bin erfolgreich. Mutig und entschlossen setze ich alle Vorhaben in die Tat um. In Phase 3 lassen Sie nun die Kraft des Guten in sich einfließen. Fühlen Sie, wie Frieden in Sie einkehrt. Denn jedes Vorhaben, dass Ihnen tat-sächlich entspricht, begleitet Sie mit dem zustimmenden Gefühl des Friedens. Es erfüllt Sie vollkommen. Für diese Phase lockern Sie nun Ihre Zügel und lassen Sie los. Lassen Sie zu, dass Erfolg wirksam werden kann. Entspannen Sie sich und denken Sie nicht mehr daran. Beschauen Sie die Landschaft als Wagenlenker auf Ihrer Reise ins Unterbewusste. Dieses Erfolgsrezept basiert auf dem Grundgedanken der reinen Ziel-Vorstellung. Michelangelo hatte in den großen Marmorquadern, die ihm als Bildhauer angeliefert worden sind, bereits die Skulptur, die sich dahinter verbarg, gesehen. Er nahm, seiner Meinung nach, all´ das weg, was nicht nach dieser Skulptur ausgesehen hatte. Er hatte eine Vorstellung vor Augen und machte sich anschließend an sein Werk. Das gleiche können Sie auch tun. Das vollständig gewordene Individuum ist in den Liebenden in den Genuss gekommen, sich mit einem Du gleichberechtigt und selbstbewusst zu verbinden. Diese Verschmelzung geschah allerdings nur in unseren Köpfen, d.h. man stellte sich die Verbindung lediglich vor. Sie verlangt nun im Wagenlenker eine tatsächliche Umsetzung. Hier macht sich unser Impuls auf den Weg. Die potentiellen Möglichkeiten, die sich in den Liebenden ergeben hatten, sind entschieden worden. Der Weg muss beschritten werden, sonst fällt jedes Vorhaben zurück ins Dunkel der Unwissenheit. Dem Wagenlenker vorangestellt sind die Pferde oder Sphinxen, Symbole für die polaren, treibenden Kräfte, die unterschiedliche Richtungen einschlagen wollen. Er hält seine Zügel fest in der Hand und bündelt auf diese Weise die an und für sich nicht miteinander zu vereinbarenden Pole.

Zu viele Gedanken lösen in uns zu viele Reaktionen aus. Würden wir uns von diesen abhängig machen, so wären wir schnell Spielball der eigenen sich widerstreitenden Kräfte. Dem Wagenlenker gelingt die Einhaltung der Richtung durch höchste Konzentration. So kann er beide Kräfte dazu veranlassen, den von ihm eingeschlagenen Weg einzunehmen und ihn so schnell und sicher ans Ziel zu führen. Das Zügeln der Pole hat den Zweck die Willenskraft an sich zu binden.

Der Wille ist eine übergeordnete Sache, die sich nicht nur rein vom Verstand oder vom Gefühl her beantworten lässt. Er ist der Aspekt in der Persönlichkeit, der dem Selbst am nächsten liegt und einen integrierenden Charakter aufweist. Wer allerdings meint, egoistische Motive auf dem Weg zum Selbst behalten zu können, wird feststellen, dass höchste Konzentration zu höchstem Krampf entartet.

! Reiner Wille, der den Weg zum Selbst ebnet ist mühelos !

Diese Karte beinhaltet ein Mantram, dessen Sinn und Zweck es ist, den Geist von seinen unzähligen Abschweifungen an einen einzigen Gedanken zu binden. Damit kann sich das Bewusstsein ins tiefe Reich des Unter- und auch Unbewussten begeben. Das Mantram selbst ist der Wagen, auf dem der Geist sich als strahlendes Wesen (Sonne), gut gerüstet hinab bewegen kann. Wenn Sie sich bei dieser Meditation selbst beobachten, können Sie feststellen, dass gerade aufgrund der Ruhe, die sich um Sie legt, Sie immer tiefer zu Ihrem Innersten hinein gelangen. Der Geist verhält sich dabei wie ein Forscher. Neugierig beobachtet er, was auf seiner Reise passiert. Er dringt in unbewusste Ebenen vor, aus einer Position heraus, die behauptet Ich zu sein.

Die grundlegende Information für diese Reise ist die Ruhe. Die Kraft des Unbewussten wird aus ihr erst wirksam. Sie verbindet uns mit unserem tiefsten ureigensten Wesen und öffnet uns die Tore und Pfade für Dinge, die zuvor für uns nicht sichtbar gewesen sind.

Der Meditierende dämpft körperliche Aktivitäten, (Pulsschlag, Atmung und Sauerstoffverbrauch gehen zurück. Der Hautwiderstand nimmt deutlich zu, ein Zeichen für Entspannung.). Im Gehirn entstehen Alpha-Wellen, die sonst bei geöffneten Augen ungewöhnlich sind. In seltenen Fällen lassen sich sogar Theta-Wellen messen. Dies ist ein Zustand erhöhten Wachseins im Hier und Jetzt.

Dabei empfindet der Meditierende sich als reinen Geist und entschwebt in Regionen, die von allem Irdischen losgelöst sind. Der Kontakt zu seinem eigenen Körper wird damit aufgehoben und das Gesetz der Schwerkraft auf diese Weise für eine Weile ausgesetzt.
Unsere Haltung einer Situation gegenüber mag zuvor aus persönlichen Motiven heraus negativ gewesen sein. Durch die Meditation lösen wir unsere eigenen Blockaden auf und erkennen, dass wir selbst es sind, die entscheiden, welcher Weg eingeschlagen werden soll.

„In der Ruhe liegt die Kraft". Oft kommt man besser voran, wenn man sich genügend Zeit zur Besinnung und Entspannung nimmt. Nur auf diese Weise können wir tat-sächlich aufbrechen und Dinge in Angriff nehmen.

Dem Wagenlenker wird der Krebs zugeordnet, dessen Herrscherin der Mond ist und damit ebenso eine Verbindung zur Hohepriesterin geschaffen werden kann.

Sie regiert das Unter- und auch Unbewusste und weist uns ständig darauf hin, dass nur ein Abstieg in das Reich des Unterbewussten uns stark und erfrischt für den nächsten Tag macht.
Ich habe in der Meditationsanleitung das Mantram vorgegeben und zusätzlich im Anschluss daran vermerkt, dass sich dieses individuell verändern lässt. Damit möchte ich zum Ausdruck bringen, dass neben der Wirksamkeit des Mantrams jeder Einzelne seine ihm eigenen Impulse, die aufsteigen, als wahr und richtig anerkennen und umsetzen sollte.

„Die Vernunft soll die Grundlage der Suggestionen sein. Vollkommene Empfänglichkeit ist das Geheimnis der wirksamsten Willensäußerungen. - Im Wille liegt alle Magie!"
Eliphas Levi hat mit diesen Worten in seinem Werk „Transzendentale Magie" sehr treffend formuliert, dass die menschliche Persönlichkeit nur tatsächlich wirkungsvoll sein kann, wenn er sich als Kanal für die allerhöchsten Kräfte versteht.

Das Bewusstsein hat die Aufgabe, der Reise aufmerksam zu folgen und anschließend Informationen nach oben zu transportieren, um diese dort in Handlungen umzusetzen.

VII Der Wagenlenker

Mache es Dir bequem und schließe Deine Augen.
Gebe Dir die Erlaubnis Dich zu entspannen.
Entlasse alle Deine Gedanken in die Freiheit.
Alle äußeren Einflüsse sind Dir von nun an vollkommen gleichgültig.
Du konzentrierst Dich nur noch auf diese Meditation.

- kleine Pause -

Spüre wie sich Dein Körper entspannt.
Atme ein und aus.
Mit jedem Ausatem entlasse alles Negative, das sich in Dir angesammelt hat.
Spüre wie Dein Geist allmählich zur Ruhe kommt.
Bei jeder Ausatmung entströmt alles Belastende und Schlechte aus Dir.
Du erhältst damit das Gefühl der Entspannung und Ruhe.

- Pause -

Alles um Dich herum ist Ruhe.

- kleine Pause -

Du bist entspannt.

- kleine Pause -

Stelle Dir Deinen Körper als einen Tempel vor.
In diesen Körper strömt Licht ein.

- kleine Pause -

Mit jedem Atemzug nimmst Du dieses Licht auf.

- kleine Pause -

Du bist offen für die Gegenwart der grenzenlosen Kräfte des Universums.
Nehme sie an.
Offen.
Denn Du bist ein Kanal für kosmische Kräfte.

- Pause -

Trete nun aus Deinem Tempel aus.
Stelle Dir dabei vor, wie Du in einer Rüstung gekleidet bist.

Du trittst aus Deinem Tempel aus

steigst die Stufen hinab.

- kleine Pause -

Vor Dir befindet sich ein Streitwagen, der von zwei Pferden gezogen wird.

Gehe auf ihn zu und besteige diesen.

- kleine Pause -

Wie eine Sonne so unbeweglich und strahlend wirkst Du in diesem.
Auf Deinen Schultern zeigen sich Symbole des Mondes.
Am Solar-Plexus befindet sich das Zeichen der Sonne.
Um Deine Hüfte trägst Du einen Gürtel, der mit Tierkreiszeichen versehen ist.
Du bist der Wagenlenker, der sich auf die Suche nach dem heiligen Gral macht.
Du bist der Träger des Lichts bei Tag und in der Nacht.
Du brichst auf zu einer Fahrt, bei der Du Licht und Leben sendest.
Mit Deinem Wagen durchstreifst Du das Universum.
Er wird gezogen von den polaren Kräften.
Diese sind das Mantram, das ich Dir gleich geben werde.
Dieses Mantram wiederhole stetig.
Durch die Wiederholungen bewegt sich Dein Wagen hinab ins Reich des Unterbewussten.
Das Sprechen dieser Worte entspricht dem Loslassen Deiner Zügel.
Lässt Du sie locker, so setzt sich Dein Wagen in Bewegung.
Ziehst Du sie an, so kontrollierst Du die Kräfte, damit sie nicht ausbrechen.
Wenn Deine Achtsamkeit nachlässt und Du anderen Gedanken nachhängen solltest, so lenke Deine Aufmerksamkeit sanft, aber bestimmt wieder in diese Richtung.
Auf diese Weise ziehst Du die Zügel straffer.

Wiederhole dies ca. 10 Minuten lang in Gedanken.
Anschließend werde ich Dich auf Deiner Reise weiter begleiten.

Dein Mantram hierfür soll heißen:
Ich folge dem Licht
Dem Ursprung allen Seins
Der Gnade allen Lebens
(wiederhole)

Es kann sein, dass sich Dein Mantram in dem Verlauf ändert.

Nehme es hin.
Es ist dann genau richtig für Dich.

Spreche nun dieses Mantram.

- 10 Minuten Pause -

Beende nun allmählich Dein Mantram.

- kleine Pause -

Auf Deiner Reise hast Du Universen Durchquert und kommst nun an einen tiefen, stillen und klaren See.

- kleine Pause -

In der Mitte des Sees erblickst Du einen quadratischen Stein, der aus ihm herausragt.
Auf diesem befindet sich der Gral.
Ein Steg führt Dich zu ihm.
Steige ab von Deinem Wagen und folge diesem Weg.

Auf diesem Weg gehst Du auf den Kelch zu.

- kleine Pause -

Du kommst an ihm an.

Knie nieder.

Ergreife ihn und leere ihn in einem Zug.

- kleine Pause -

Nachdem Du ausgetrunken hast, stelle ihn wieder zurück,

verharre einen Augenblick vor dem Altar.

- Pause -

Dies ist der Bund der Ewigkeit.
Die Ewigkeit überdauert den Raum.
Die Sonne als Zeichen des Bewusstseins und des Lebens in Ewigkeit ist selbst nur ein Schatten, der vergeht.
Selbst sie wird weichen dem ewigen Strahlen, dem Ausfluss des Einen, der sich immer emaniert in Ewigkeit.

- kleine Pause -

**Wende Dich um und kehre zurück.
Besteige erneut Deinen Wagen.**

Stelle Dir vor, wie Du jetzt mit Deinem Wagen in Dein Universum zurückkehrst.

- kleine Pause -

**Du reist mit Deinem Wagen Durch Zeit und Raum.
Du bist ein Impuls, der eindringt.
Du bist der Erzeuger von Wellen, die sich ausbreiten.
Dein Ruf eilt Dir voraus.
Derweil fährst Du weiter mit Deinem Wagen.
Du bist zum Träger des Heiligen Grals geworden.
Du lenkst die polaren Kräfte in Deine Richtung.**

- kleine Pause -

Du hast Dich entschieden.

**Entschieden dringst Du ein auf den Weg zu Dir selbst,
zu Deinem heiligen Tempel.
Deine Symbole der Sonne und des Mondes auf Deiner Rüstung sind Auszeichnungen.
Sie zeigen, dass Du Bewusstsein und Unterbewusstsein miteinander verbindest.**

- Pause -

**Du kommst wieder an.
An Deinem Tempel.**

- Pause -

Steige von Deinem Wagen ab.

Entlasse Deine Zugtiere und betrete diesen.

- kleine Pause -

Innen angekommen vergegenwärtige Dir noch einmal, wie Du um Deine Hüfte einen Gürtel trägst, der mit den Tierkreiszeichen versehen ist, am Solar Plexus sich das Zeichen der Sonne befindet und an den Schultern Du die beiden Halbmonde trägst.

- kleine Pause -

Du bist ein Kanal für die kosmischen Kräfte.

**Dein Körper ist Dein Tempel.
In diesen strömt Licht ein.**

- Pause -

Wie aus einem Jungbrunnen entsteigst Du dieser Meditation.

Du erwachst zu neuem Leben.

**Langsam öffnest Du Deine Augen.
Ebenso langsam reckst Du Dich
und
nimmst allmählich Deine Umgebung wahr.**

Lasse Dir ein paar Minuten Zeit, bevor Du Dich erhebst.

Arkana VIII
Die Ausgleichung

Macht zwingt
Gerechtigkeit fügt

Der Wagenlenker ist an seinem Punkt angelangt.

Stellen Sie sich vor, wie Sie in Arkana VII in den Zustand tiefster Entspannung und Meditation zu Problemlösungen gelangt sind, die im „normalen" oder nicht-meditativen Zustand nicht möglich gewesen wären. Im Wagenlenker geht es um die Reise des Geistes, der sich in das Reich des Unterbewussten oder Unbewussten hinab bewegt. In Arkana VII wird der Bauch als die Quelle der Informationen betrachtet. Die Pole waren die treibenden Faktoren für die Reise ins Unterbewusste, in der Konzentration, – bestehend aus Spannung + Entspannung – die Herausforderung ist.

Sind diese Kräfte positiv und erfolgreich eingesetzt worden, gelangt man an ein Zielpunkt. Auf diesem hält sich der Reisende auf und erlebt alle Aus-Wirkungen. Die Wogen, die auf der Reise hinab ausgelöst worden sind, erzeugen Reaktionen, die neu ermittelt und ausbalanciert gehören. Dies ist der Moment, in der die Ausgleichung als nächste Karte in Erscheinung tritt. Sie wirkt wie eine Pause nach all' der Bewegung, die vom Wagenlenker ausgelöst worden ist. Diese Pause „zwingt" nun den Meditierenden sich über seinen zurückgelegten Weg Gedanken zu machen. Er verbindet die äußeren Umstände, mit der die Reise begonnen worden ist, mit dem inneren Zielpunkt, den er erreicht hat.

Sich selbst bewusst darüber zu sein, dass dieser Tiefpunkt nur der Beginn dafür ist, wieder nach oben zu gelangen, um den äußeren Bedingungen gerecht werden zu können, bringt er hier an genau dieser Stelle alle Un-Stimmig-keiten ins Lot.

Eine exakte und genaue Urteilsfindung trägt wesentlich zu positiven Aus-Wirkungen bei. Die Frage nach „Wer bin ich?" oder „Welcher Weg ist der richtige für mich?", ist nicht nur beim Wagenlenker von Bedeutung, sondern sie zeigt auch in der Ausgleichung, dass innere Prozesse immer mit äußeren in Resonanz stehen. Während in Arkana VII über die Meditation als treibende Kraft der Reise zum ureigensten Selbst zu gelangen, die Rede gewesen ist, und dort die wichtigen Informationen seinen Willen betreffend herausgefunden worden sind, wird in Arkana VIII der eigene Wille mit den äußeren Gegebenheiten ins Verhältnis gesetzt. Mit der Ausgleichung beginnt die Entscheidungsfindung anhand des Abwägens von Informationen. Um die Gesamtsituation besser betrachten zu können, ist es wichtig über genügend dieser Informationen zu verfügen.

Arkana VIII zeigt eine Frau, die mit einer Waage und einem Schwert versehen ist. Das Schwert symbolisiert die verstandesbezogenen Entscheidungsvorgänge. Demgegenüber befinden sich die Waagschalen, die die Unterschiede zueinander in Beziehung setzen. Ihr Ziel ist es, die feinen Schwingungen des Geistes, all ihre noch so unwichtigen Details zu berücksichtigen und in ein Gesamtbild zu fügen. Damit verschafft Sie sich den nötigen Überblick und Zugang zu den einzelnen Gesichtspunkten. Mit den Waagschalen werden diese miteinander abgewogen und mit dem Schwert endgültig besiegelt. Die Voraussetzung für ein klares Urteilsvermögen liegt in Ihrer Neutralität.

Durch Fragen versucht Sie der Wahrheit auf den Grund zu kommen. Sie verlagert dabei Ihre Orientierungen konsequent auf die jeweilige Seite, wirft alles in diese Waagschale und erfährt so deren Ambitionen. Als Richterin hört Sie sich beide Seiten an, vergleicht die eine mit der anderen und wägt sie schließlich miteinander ab. Berufend auf die höhere Macht, entscheidet Sie mit Worten, wie mit einem scharfen Schwert, welches erst dann eingesetzt wird, wenn das Ergebnis herausgefunden worden ist. Dieser ergibt sich aus dem Verhältnis beider Pole zueinander.

Ursache – Wirkung ist das universelle Gesetz des Karmas. Nichts geht verloren, alles wird gespeichert und kommt irgendwann einmal zum Ausdruck. Dieses Prinzip wirkt ebenso in unserer individuellen Welt, dem Mikrokosmos. Jede Handlung, die wir unternehmen, löst etwas in uns aus. Wir demonstrieren täglich der Umwelt unsere Einstellungen. Damit setzen wir auch einen Filter gegenüber Umstände und Menschen, die wir wollen und denen, die wir nicht wollen. Verschlossene Menschen zeigen ihre Verschlossenheit, sie können sie nicht verbergen. Damit bewirken sie, dass man ihnen selbst gegenüber nicht offen ist. Ihnen selbst erscheint die Welt als abweisend und reagieren entsprechend. Vom karmischen Standpunkt her betrachtet bedeutet dies, dass er in seinem späteren Leben dazu aufgerufen sein wird, sich diesem Problem zu stellen, indem er beispielsweise mehr Interesse für seine Mitmenschen und Umwelt entwickelt, um Ganz werden zu können. In der Reinkarnations- und Karmatheorie beruft man sich auf dem Standpunkt, dass ein Mensch, der erst einmal inkarniert wurde, nach dieser Auffassung weniger Informationen sammeln kann, als ein Mensch, der bereits zehn-, zwanzig- oder hundertmal inkarniert worden ist.

Inkarnationen sind nichts anderes als Schritte zur Bewusstwerdung!

Wer in seinem Leben mit Widerständen konfrontiert ist, und dies wird wohl bei den meisten Menschen der Fall sein, hat die Aufgabe sie zu lösen. Ist man nicht dazu bereit, wird das Leben selbst dafür Sorge tragen, dass man sich darum kümmert. Themen, die in dem einen Leben nicht zur Lösung gekommen sind, werden in das nächste mit genommen. Der eigene und kollektive Wissensspeicher vergisst nichts. Die betreffende Person wird es als zwangsläufige Handlung erleben. Sie wird sich selbst dahin führen. So hat Schicksal immer einen selbstgeschaffenen Charakter.

Zu-Fall ist nicht das was als äußerer Umstand ungewollt auf uns zukommt, sondern ist das was wir oftmals brauchen, um unseren verdrängten Schatten in uns integrieren zu können. Was uns zusammenhangslos begegnet ist im ersten Eindruck vergleichbar mit dem Narren, der sich ständig wechselnder Umstände gegenüber sieht. Der Unterschied zwischen beiden besteht darin, dass der Narr die Entscheidung hat, sich einen Weg auszusuchen, um diesen beschreiten zu können. Die Ausgleichung stattdessen fordert uns auf, selbst beiläufige Dinge in einen Gesamtkontext zu integrieren. Dem Aufbruch, der spontan aus einer Laune der Motivation heraus erwachsen ist, folgt nun die Disziplin alle evtl. vorkommenden Ereignisse miteinander abzuwägen, um sie in einen geordneten Kontext zu fügen.

Die Waagschalen sind in meiner Meditation die beiden Gehirnhälften. Die rechte ist für die Gefühlsseite zuständig, aus diesem Grund habe ich bei der Meditation in die linke Hand das Herz hineinlegen lassen. Die linke Gehirnhälfte steht für das Rationale, entsprechend befindet sich in der rechten Hand die Feder. Beide Gehirnhälften erfassen noch bevor es unser Ego-Bewusstsein tatsächlich wahrnimmt, die Zuordnung für die eine oder andere Seite. Wir erhalten so ein objektives Bild der Situation. Arkana VIII verhilft uns zu einem eindeutigen und klaren Urteil. Bei alledem gilt es immer zu bedenken, dass sich die Umwelt als Spiegel zeigt, welches uns genau das zurück gibt, was von uns ausgeht.

Die Ursache allen Übels ist Unwissenheit. Oftmals wird aufgrund mangelnder Informiertheit über Sachverhalte Spekulationen angestellt, die nichts im Entferntesten mit dem eigentlichen Thema zu tun haben. Je mehr man sich allerdings damit auseinandergesetzt hat und sich Einblicke darüber verschaffen konnte, umso leichter gelingt es den goldenen Mittelweg herauszufinden. Wir müssen davon ausgehen, dass wir bereits durch unseren gemeinsamen Gebrauch der Sprache und Schrift in einem grundlegenden Kollektivgedanken eingebunden sind. Wir können ihn nicht einfach dadurch wegleugnen, indem wir unsere eigene Verletztheiten dazu benutzen die Gesellschaft dafür verantwortlich zu machen und uns so ein Alibi verschaffen sich von dieser abwenden zu können. Der eigene Makel und Unzufriedenheit den Umständen gegenüber, entbindet nicht von der Verantwortung zur Gesellschaft. Stellen wir uns dem nicht, lösen wir eigene unbewusste Reaktionen aus, die unausgewogen sind. Wir richten uns selbst, indem wir uns der allgemeinen gesellschaftlichen Zuwendung entziehen.

Dabei ist Karma kein zwingender Faktor, wie er vielerorts fälschlicherweise beschrieben worden ist. Es geht vielmehr um Themen wie Gleichgewicht und Ungleichgewicht, dass damit erzeugt wird. Nehme ich auf der einen Seite etwas weg, so muss auf der anderen ebenso viel weggenommen werden und umgekehrt. Dinge, die im Missverhältnis zueinander stehen, lösen in unserem Körper Unwohlsein aus. Das leichteste Gewicht, dass auf die eine Waagschale gelegt wird, verändert das Gleichgewicht der Kräfte, dass sensibel aufeinander abgestimmt ist.

Entsprechend verhält es sich mit dem Universum, dass alle Gesetzmäßigkeiten miteinander verbindet und in ihrem Rahmen hält. Um sein Leben im Sinne des Karmas positiv und erfolgreich führen zu können, ist die Wissensanhäufung nur ein Teil dessen, was ein glückliches und erfülltes Dasein verspricht. Die Ausgleichung zeigt uns mit ihren Waagschalen, dass der Weg der Mitte darin besteht, die Standpunkte zu erfassen und zueinander in Beziehung zu setzen (abwägen und ver-mitteln), so dass jede Entscheidung mit dem Schwert widerstandsfrei und selbst-bewusst ausgeführt werden kann.

VIII Ausgleichung

Mache es Dir bequem, wenn möglich setze Dich auf Deine Fersen, und schließe Deine Augen.
Gebe Dir die Erlaubnis Dich zu entspannen.
Entlasse alle Deine Gedanken in die Freiheit.
Alle äußeren Einflüsse sind Dir von nun an vollkommen gleichgültig.
Du konzentrierst Dich nur noch auf diese Meditation.

- kleine Pause -

Stelle Dir Deine Wirbelsäule vor, wie sie aufrecht und gerade einem Stock gleich ist.
An diesem fallen Deine Schultern einfach herab.

Dein Kopf ruht entspannt darauf.

Neige Dein Gesicht ein wenig nach unten.
Stelle Dir vor, wie eine Feder auf Deinem Hinterhaupt steht, und diese Feder zieht Dich ein wenig weiter nach oben.
Damit erreichst Du, dass Dein Rücken auch wirklich gerade ist.

- kleine Pause -

Lasse Deine Hände auf den Knien ruhen.
Dein Mund ist geschlossen,
    Dein Gesicht entspannt,
        jeder Muskel ist entspannt,
            und
                Du lenkst Deine Aufmerksamkeit allmählich auf Deinen Bauch.
Atme ruhig in diesen ein und aus.

- Pause -

Deine Wirbelsäule ist der Grat, der in der Mitte Deines Oberkörpers entlang verläuft.
Er entspringt dem Steißbein.

- Pause -

Siehe, dass dies der mittige Punkt in Deinem Becken ist.
Der Schwerpunkt.
Hier konzentriert sich alle Kraft.
Verbleibe in dieser geschlossenen Haltung und

spüre das Steißbein als die Mitte in Deinem Becken.

- Pause -

Setze Dich jetzt, real oder in Deiner Vorstellung, in den Schneidersitz.
Deine Hände ruhen dabei ebenfalls locker auf Deinen Knien.
Spüre die Erde unter Dir.

Spüre wie sich Dein ganzes Becken auf die Erde setzt.
Mit ihm setzt sich Dein Bauch.
Er breitet sich aus und beide bilden den Schwerpunkt.

Bewege nun mit Deinen Körper ein wenig vor und zurück.

- kleine Pause -

Spüre dabei, dass Du jedes mal wieder in Dein Zentrum – Deinen Gleichgewichtspunkt – zurückkehrst.

- kleine Pause -

Verstärke Deine Bewegung.

- kleine Pause -

Nehme dabei wahr, dass Du weiterhin im Gleichgewicht bist.

- Pause -

Halte nun inne, und
Lasse die wärmende und kribbelnde Energie, die im Bauch entstanden ist, aufsteigen.
Atme ruhig und entspannt weiter.

- Pause -

Breite Deine Arme auseinander
und
nehme mit ihnen die Haltung zweier Waagschalen ein,
die sich rechts und links von Dir befinden.

- kleine Pause -

Du selbst bist eine Waage.

Mit Deinen Händen kannst Du das Gewicht auf die eine oder andere Seite legen.

- kleine Pause -

Richte nun Dein Augenmerk auf Dein Anja - Chakra.
Es befindet sich zwischen Deinen Augenbrauen.
Siehe es als das Zünglein an der Waage.

Dieses Zünglein beginnt an Deinem Anja – Chakra. Sind Deine Augen auf diesen Punkt hin konzentriert, so ist das Zünglein aufrecht und Deine Hände sind in der Waage.

- kleine Pause -

    Spüre es.

Du bist in der Waage.

    Und siehe es.

Mit Deinem inneren Auge.

- kleine Pause -

Deine Hände dienen Dir als Waagschalen.

In ihre Schalen kannst Du alle Themen, die Dich berühren oder interessieren, legen.

Stelle Dir dabei vor, wie Deine rechte Waagschale das Ja repräsentiert und Deine linke das Nein.

- kleine Pause -

Lasse nun diese sich zur einen oder anderen Seite hinbewegen.
Lasse Dir Zeit dazu, um zu einem ausgewogenen Urteil zu gelangen.

Wenn Dein Beschluss rechtskräftig werden soll, stelle Dir vor, wie Du ein Schwert umschließt.
Führe damit Dein Urteil aus, indem Du es in die Erde stößt.

- Pause -

Du bist zu einem entschiedenen gerechten und rechtskräftigen Urteil gekommen.

Im Hier und Jetzt!

- Pause -

Mit Deinem Schwert und Deiner neu gewonnenen Waage in Deiner Hand betrittst Du nun einen Raum, der von der Eingangsseite her frei ist.

Rechts und links von Dir siehst Du Wände.

An diesem steigen Nebelschwaden auf.

Sie ziehen hinüber in Richtung Stirnseite. Am Ende des Raumes konzentrieren sie sich zu einem riesigen drehenden Wirbel. Er zieht Schwaden in Spiralbewegung an sich und versperrt dadurch den Blick nach draußen.

In der Mitte des Raumes siehst Du einen Würfel.
Auf diesen lege Dein Schwert und Deine Waage als Zeichen für Dein rechtskräftiges Urteil.

- kleine Pause -

Betrachte jetzt den sich drehenden Spiralwirbel am Ende des Raumes, wie er sich allmählich vor Dir auflöst. Es ist der zukünftige Aspekt.

Hinter Deiner Waage öffnet sich ein sternenklarer Horizont.

Auch in Dir selbst bist Du jetzt klar und offen geworden.

- Pause -

Nimm es auf in Dein Herz,
siehe es mit offenen klaren Augen
und nehme es auf in Deiner Erinnerung.
So verfügst Du über Wissen.

- Pause -

Abschließend empfinde alles noch einmal.

- Pause -

Wie aus einem Jungbrunnen entsteigst Du dieser Meditation.
Du erwachst zu neuem Leben.

Langsam öffnest Du Deine Augen.
Ebenso langsam reckst Du Dich
und
nimmst allmählich Deine Umgebung wahr.

Lasse Dir ein paar Minuten Zeit, bevor Du Dich erhebst.

Arkana IX
Der Eremit

In der Ausgleichung konnte der Wille, der sich im Wagenlenker kristallisierte, mit den äußeren Umständen abgewogen werden. Ist der Impuls, dem der Wagenlenker folgte richtig, so wirkt sich dieser in der Ausgleichung positiv aus. Er erfährt dies in Form von Gleichgewicht und Ungleichgewicht, oder Stimmigkeit und Unstimmigkeit. Innen und Außen sind in Einklang gebracht.

Arkana IX ist die letzte der einstelligen Arkana. Die 9 steht für Vollendung. Sie ist diejenige Zahl, welche immer auf sich zurück fällt. Egal wie häufig man sie multipliziert, ihre Quersumme wird immer 9 bleiben. (Bsp.: 9 x 9 = 81 = 8 + 1 = 9). Das gleiche geschieht mit dem Eremiten. Er fällt immer auf sich selbst zurück. Er ist mit dem Alleinsein konfrontiert, ohne sich von der Umwelt im negativen Sinne auszugrenzen. Den Lärm empfindet er als störend in seinem Bestreben, seinem wahren göttlichen Willen nahe zu sein.

Wie bereits mehrfach erwähnt, wird dem Wasser Eigenschaften wie Unbewusstes, Passivität, Seele, Emotionen etc. zugeordnet. In der Kabbala bedeutet 9 Yesod und heißt aus dem hebräischen übersetzt Fundament. Yesod bezieht sich auf den Mond, deren Herrscherin die Hohepriesterin (Arkana II) ist. Ihre herausragende Eigenschaft ist die Geduld, Dinge geschehen lassen zu können. An Ihr können Seelenzustände gespiegelt werden. So findet der Eremit die Grundlage seiner Handlungen (das Fundament), im Unbewussten (der Mond) dem Reich der Hohepriesterin.

Der Eremit entscheidet sich für die Einsamkeit, da er in der Abgeschiedenheit das umsetzen will, was ihm im Wagenlenker als der heilige Gral erschienen ist. Sein wahrer Wille. Er sucht die einsamen Pfade und setzt alles daran, den Ursprung der Bilder, die Dinge, die sich dahinter verbergen, zu realisieren. Es ist die stetige Verbindung des Mikrokosmos mit dem Makrokosmos (und umgekehrt), der Rückzug vor der Welt der Bilder und die Besinnung auf das, was sich hinter diesen befindet. Ein Lichtspalt der Erkenntnis, der ihm in Arkana VIII offenbart worden ist, treibt ihn an, seine eigene Vision wahr werden zu lassen.

Der Eremit vollendet das, was in Arkana VII als Spannung und Entspannung, den beiden polaren Kräften begann. Hier wurde mit beiden Kräften gearbeitet, um in die Tiefe zu gelangen. In Arkana VIII geht es insbesondere um deren Vermittlung. Wenn Pole als solche klar und offensichtlich ihre eigenen Schwerpunkte setzen, so sind diese bereits aktiv, ohne dass dafür in der Ausgleichung etwas dafür getan werden musste. Die Pole sind das Handwerkszeug des Wagenlenkers. Die Herausforderung in der Ausgleichung ist es, die Mitte zwischen beiden zu finden. Im Eremiten geht es um deren Umsetzung. Arkana IX fordert ihre tat-sächliche praktische Verwirklichung. Ohne dem Eremiten hält man sich in einem ewigen Spannungsfeld auf. Seine Arbeit, die sich auch intensivst um Details kümmert, setzt diese um. Dabei macht er vorsichtig und beharrlich einen Schritt nach dem anderen. Er weiß, dass dies ein sehr langer und mühevoller Weg sein kann. Für ihn gilt in diesem Zusammenhang das Motto: „Der Weg ist das Ziel!"

Beim Eremiten geschieht zum ersten Mal der tatsächliche Ansatz des Verschmelzens mit dem Gegenpol. Das Erklimmen des Berges basiert letztendlich auf der Breite des Unterbewussten, mit der er sich verbunden hat. Je breiter die Grundlage, umso höher ist der Gipfel des Berges.

Das Erklimmen der Spitze ist gleichzeitig der Punkt auf den alles reduziert ist. Denn, je mehr der Eremit dem Gipfel zusteuert, umso tiefer begibt sich dieser in das Unterbewusste. In der Ausgleichung Arkana VIII hatte sich ihm für einen kurzen Augenblick sein Karma und die Erfüllung dessen geoffenbart. Dieses Bild ist für ihn der treibende Faktor.

In meiner Meditation ist der Mantel ein Hinweis auf das Universum. Es verbindet den Eremiten mit dem All. Das Herz entspricht der Sonne welches den gesamten Innen-Raum des Mantels erwärmt und erhellt. In seiner Abstraktion erscheint der Berg als aufsteigendes Dreieck, welches dem Feuer zugeordnet wird. Es symbolisiert das Bewusste. Der Berg wird auch als Weg-Möglichkeit dargestellt, aus dem Urgrund des Unbewussten aufzuschreiten. Der Weg, der geschaffen worden ist, ist gleichzeitig der Zugang und Lösungsansatz, um aus der Tiefe in die Höhe und umgekehrt zu gelangen.

Durch die Wanderschaft geschieht das schrittweise Verschmelzen beider Kräfte zu einem ekstatischen Ganzen. Die Spitze des Berges ist deren Höhepunkt. Da er sich in beide Richtungen nach dem Prinzip des Hermes Trismegistos („Wie Oben so Unten und Innen wie Außen") ausbreitet, verschmelzt auf diese Weise die Tiefe der Gefühle, deren Mitte nach unten gerichtet ist, mit der Höhe des Geistes, dessen Mitte durch seine Spitze nach oben erkennbar ist.

Dieses Verschmelzen bewirkt das Gefühl des Alleinseins im höchsten Sinne. Die Laterne stellt dieses dar. Der Eremit trug das Licht der Erkenntnis ständig bei sich und fand auf diese Weise den Weg nach oben.

Der Stab, Ausdruck seines Willens verhalf ihm diesen Weg trotz aller Anstrengungen durchzustehen und zu meistern. Seine Hände, Ausdruck der Handlungsfähigkeit, greifen nach dem universellen Licht, dass aus dem aufsteigenden und absteigenden Dreieck zu einem Hexagramm gebildet wird.

Das aufsteigende Dreieck ist das Symbol für Feuer, deren Flammenspitze immer nach oben zeigt. Feuer steht für Wille, Bewusstheit, Aktivität etc.. Das Wasser wird dem absteigenden Dreieck zugeordnet. Die Spitze eines Tropfens ist herabhängend. Seine Tendenz ist es, der Schwerkraft gemäß nach unten zu streben. Wasser entspricht dem Unterbewussten, der Passivität usw..

Ziel seiner Handlungen ist es beide Elemente, Feuer und Wasser oder Bewusstsein und Unterbewusstsein, gleichberechtigt zusammenzufügen. Zu diesem strahlenden Licht macht er sich auf. Der Mensch als gesellschaftlich verantwortliches Wesen ist dazu aufgefordert für diese tätig zu sein. Um dem eigenen Selbst-bewussten Impuls zu folgen und sich auch in der Gesellschaft verwirklichen zu können, ist es wichtig beides – Innen und Außen – zu berücksichtigen. Pflicht und Disziplin bedeutet auch, für beide, sich und der Gesellschaft gegenüber verpflichtet zu sein.

Dies ist der Reifeprozess, des bis dahin ungestümen und unerschütterlichen Jünglings, der als Narr seine Reise begann und mit dem Eremiten seinen natürlichen Haltepunkt erfahren darf.

IX Der Eremit

Mache es Dir bequem und schließe Deine Augen.
Gebe Dir die Erlaubnis Dich zu entspannen.
Entlasse alle Deine Gedanken in die Freiheit.
Alle äußeren Einflüsse sind Dir von nun an vollkommen gleichgültig.
Du konzentrierst Dich nur noch auf diese Meditation.

- kleine Pause -

Du sitzt in einer Höhle.
Vor Dir befindet sich ein Feuer, dass Du entfacht hast.

Du hast Dir einen dunkelblauen Mantel umgeworfen.

Dieser Mantel ist für Dich das Sinnbild des Universums.
Du reibst Deine Hände vor dem Lagerfeuer, um sie warm zu bekommen.
Du hauchst in Deine Hände-
Schaust sie an- und
hältst sie ein weiteres Mal über das wärmende Feuer.
Jetzt schiebst Du sie unter Deinen Mantel, um das Universum zu erfüllen.

- kleine Pause -

Bei alledem schaust Du das Feuer und nimmst alle Wärme in Dich auf.

- Pause -

Seit Anbeginn der Zeit sitzt Du hier in dieser Höhle.
Du saßest hier schon immer in Deinem dunkelblauen Mantel und bist seitdem allein.
Allein mit Dir und dem Universum.

- kleine Pause -

Heute ist Neumond.
Die Zeit, die Du seit Anbeginn dazu benutzt, auf den Berg zu steigen.

- Pause -

Richte Dich auf in Deiner Vorstellung.
Neben Dir befinden sich Dein Stab und Deine Laterne.
Ergreife beide für Deine Wanderschaft.
Stelle Dir nun vor, wie Du Deine Lagerstätte verlässt.
Du trittst aus Deiner Höhle und ein in eine sternenklare Nacht.

Der Wind streicht sanft um Dein Haar.
Vollkommen ruhig und gelassen machst Du Dich auf den Weg. Dein Schritt ist weich und ruhig.

Durch den steilen Pfad, den Du zu gehen hast, sinkst Du etwas in die Knie.
Dein Körper ist leicht vornüber gebeugt, gestützt durch den Stab, den Du in Deiner Hand hältst.

- kleine Pause –

Jeder Schritt ist ein Schritt, den Du mit Bedacht vollziehst.
Nichts überlässt Du dem Zufall.
Die Ruhe Deiner Bewegung schwingt Dich ein in einen Rhythmus.
So gelangst Du leichter ans Ziel.

- kleine Pause -

Die Luft ist dünn hier oben.
Doch es macht Dir nichts aus.
Du atmest in den Bauch.
Du weißt, dass hier die Energie am dichtesten ist.
Du kannst sie atmen.

- kleine Pause -

Du atmest ein und spürst wie Dein Körper diese sanfte Schwingung weiterträgt.

- kleine Pause -

Jede Körperzelle ist bereit sich dieser Bewegung hin zu geben.

- kleine Pause -

Kein Laut stört Deine Betrachtung.

Jede Ausatmung ist ein Schritt voran.

So gibst Du Dich dem Spiel der Kräfte in aller Stille hin.

- kleine Pause -

Stelle Dir den Weg zum Gipfel des Berges vor.
Gehe ihn mit Deinem inneren Auge nach, bis Du oben angekommen bist.

Atme dabei in der Art und Weise, wie ich sie eben beschrieben habe.
Mit jeder Einatmung atmest Du tief in den Bauch hinein.

**Halte ein wenig inne, um diese Atemkraft von dort in Deinen Körper strömen zu lassen.
Mit jeder Ausatmung entlässt Du jede Anspannung, die sich in Deinem Körper befindet.
Gleichzeitig bewegst Du Dich voran.**

- Pause -

Du bist angekommen.

**Du stehst auf dem Gipfel des Berges.
Um Dich herum schaust Du den sternenklaren Nachthimmel.
Du siehst die endlose Zahl der leuchtenden Sterne.
Von ihnen bist Du umwoben.**

Du ganz allein.

- Pause -

**Du selbst bist ein leuchtender Stern im endlosen weiten Meer der Nacht.
Du weißt es und bist jetzt bereit, das Licht zu entfachen.**

- kleine Pause -

**Hebe Deine Arme.
Stelle Dir den Stab in Deiner Hand haltend vor.
Strecke Deine Brust nach oben.
Erhebe Dein Gesicht zum Nachthimmel.**

- kleine Pause -

**und nehme das Leuchten der Sterne auf in Deine Augen.
Lasse sie sich darin wiederspiegeln.
Mit dem Stab in Deiner Hand beschwörst Du die Kraft auf Dich herab.
Du bist die Verbindung zwischen oben und unten.**

- kleine Pause -

**Das Licht der Sterne, dass nun in Deinen Augen funkelt, halte zusammen.
Schließe Deine Augenlider.
Ziehe dazu Deine Arme auf Dich herab.
Gleichzeitig senke Deinen Kopf bis vor Deine Brust.
und
atme nun diese Energie herab bis in Dein Herz.**

Tue dies mit einer konzentrierten und willentlichen Haltung.

- kleine Pause -

In Deiner Brust entfaltet sich das Licht.

- kleine Pause -

Atme eine Weile dort hinein.

- Pause -

Du spürst wie Dein Brustkorb sich weitet und eine leuchtende Kraft von dort ausgeht.

- kleine Pause -

Ist das Licht in Deinem Herzen hell genug geworden, nehme Deine Laterne und entzünde diese.

Nimm sie in Deine rechte Hand.
Hebe sie bis auf Kopfhöhe und
stelle Dich auf den Gipfel des Berges, so dass Du mit Deiner Laterne in das Tal hinunter leuchten kannst.

Mit Deiner linken Hand, stelle Dir vor, wie Du Dich auf Deinen Stab stützt.

Die Strahlen der Laterne gehen aus von dem Licht in Deinem Herzen.

Dein Kopf ist immer noch zur Brust hin geneigt.
Mit all Deiner Kraft spende Licht auf Erden.

- Pause -

Der Morgen dämmert.

Lösche Deine Laterne und mache Dich auf den Heimweg.
Gehe den gleichen Weg zurück, den Du gekommen bist.

Erinnere Dich dabei an die Atmung, die vom Bauch her ausgegangen ist.

Erinnere Dich auch an den Gang, der ruhig und weich einem Rhythmus folgte.

- Pause -

Du kommst in Deiner Höhle an.

- kleine Pause -

Das Feuer ist noch nicht erloschen.

Es verströmt eine angenehme Wärme.

- kleine Pause -

Stelle Deinen Stab und Deine Laterne beiseite.

**Setze Dich an Dein Feuer und
      betrachte es.**

Erinnere Dich noch einmal an all das, was Du erlebt hast.

- kleine Pause -

Wann immer Du bereit bist, halte Deine Hände über das Feuer und reibe sie.

**Verstärke dieses Reiben, bis Du im Hier und Jetzt
in Deinem Wohnzimmer, oder wo immer Du gerade diese Übung gemacht hast,
angekommen bist.**

- Pause -

**Wie aus einem Jungbrunnen entsteigst Du dieser Meditation.
Du erwachst zu neuem Leben.**

**Langsam öffnest Du Deine Augen.
Ebenso langsam reckst Du Dich
und
nimmst allmählich Deine Umgebung wahr.**

Lasse Dir ein paar Minuten Zeit, bevor Du Dich erhebst.

Arkana X
Das Rad des Schicksals

Mit Arkana 10 beginnt ein neuer Zyklus. Er vereinigt den Magier (Arkana I) und Narren (Arkana 0). Die Addition der Zahlen 1-4 miteinander ergibt 10 (1+2+3+4=10). Damit drückt sich das Bemühen aus alle 4 Elemente zusammenzufügen. Keines soll unberücksichtigt bleiben.

Eine neue Ordnung(4) auf Erden (10) wird geschaffen. 4 ist auch die Zahl des Herrschers. Die Unerschütterlichkeit und seine genaue Formulierung, der ein langes Schweigen vorangegangen ist, ist Ausdruck seiner Macht, Stärke und Souveränität. Der Kreis ist geschlossen und ein neuer Zyklus eingeleitet. In einem Kreis gibt es keinen Anfang und Ende. Dies entspricht der Natur des Narren, den die 0 als Zahlenwert in der Arkana zugedacht ist. Er lässt sich von der Bewegung antreiben und fragt nicht nach dessen Sinn oder Ziel. Dem Magier ist Arkana I zugeordnet. 1 ist der Punkt. Aus diesem Grund ist Arkana X Punkt und Kreis, die sich als Rad mit Nabe offenbart. Die Nabe ist der Kernpunkt in dem Kreis. Die bewegungslose Ruhe des Magiers, die alle Energie auf sich herableitet und sie auf die Erde bringt, konzentriert und zieht alles auf einen Punkt herab. Von dort entlässt er alle Bewegung, die sich zuvor über den Eremiten geäußert hatte.

Dem Ruhepunkt des Rades entspricht die Erde.

Der Blitzstrahl der Speichen das Feuer.

Und schließlich ist Luft das Element der Bewegung, welche das Rad zum Drehen bringt. Luft steht auch für Kommunikation, Worte, Gedanken etc.. Darüber hinaus ist der Kreis mit dem Punkt in der Mitte das astrologische Symbol der Sonne , welches für Selbstbewusstsein steht. Die spätere Tarotkarte Arkana XIX ist die Sonne. Sie zeigt wiederum in ihrer Quersumme auf Arkana X (1 + 9 = 10) In der Quersumme ist 10 wiederum 1(1 + 0 = 1), ein Verweis auf Arkana I der Magier. Der Narr und der Magier sind beide Luftzeichen. Die Kraft der Worte, die suggestive Wirksamkeit aussendet, geschieht aus innerer Überzeugung heraus, welches dem Element Wasser entspricht.].

Alle 4 Elemente zusammengefasst ergeben das Bild der Sphinx. Mit ihr verbunden sind 4 Grundprinzipien. Zu wissen, zu wagen, zu wollen und zu schweigen. Schweigen ist die Nabe des Rades und damit der Ruhepunkt, zu dem sich alles orientiert und ausgeht. Wissen, welches sich von Gewissheit unterscheidet, ist eine Informationsebene, die über die Außenwelt erfahren wird. Entsprechend befindet sich dieses Prinzip außerhalb des Rades. Es befindet sich in der Umlaufbahn dessen. Begibt man sich direkt auf das Rad, beginnt das Wagnis. Es ist der erste Kontakt, der tatsächlich aufgenommen wird. Wissen alleine ist eine Theorie, die sich dem Wagnis der Realität und so der tiefen Bedeutung entzieht. Der Wille sind die Strahlen, welche den Speichen entspricht. Er dringt wie ein Pfeil aus dem Zentrum heraus, und gibt dem Bogen, der Krümmung des Rades, Stabilität.

Innere Entwicklung macht innerlich erfüllt. Man fühlt sich bereichert. Dieses Gefühl ist begleitet von Ruhe und Gelassenheit, welches dem Prinzip der Nabe entspricht. Von dort beginnt eine neue Entwicklung, die sich in Form von erfülltem und bereichertem Leben äußert. Es ist die Ausstrahlung der inneren Energie. Füge zusammen und du erhältst ein neues

Bewusstsein. Die Ursprungskraft des Unterbewussten ist Wasser, aus dem alle Wirkungen hervorgehen. 10 ist in dem Kabbalistischen Lebensbaum Malkuth, welches Erde bedeutet, zugeordnet. Im Rad des Schicksals verbinden sich Intuition und Selbst-Bewusstsein zu einem neuen Prinzip, nämlich Entwicklungen zulassen können. Reine Aktivität würde die Möglichkeit, Ausdruck der Ursprungskraft zu sein, verhindern. In Ruhe zu sein, wie die Nabe und von dort Bewegungen auszulösen ist das gerichtete Verhalten des Magiers. In der Meditation fliegt der Meditierende mit seinem Thron durch die Lüfte. In dieser höheren Sphäre kann er Bilder entwerfen. Mit jedem weiteren Schritt bei dem er seinen Flug fortsetzt baut er diese aus. Durch die inneren Auseinandersetzungen, die der Eremit geführt hatte, kam er tiefen Informationen auf die Spur. Er verglich die äußeren Merkmale, die sich über die Ausgleichung offenbarten, mit den inneren Bildern, die auch in ihm entstanden sind. Die Informationen, die er erhalten hatte, sind der eigentliche Punkt, die den Eremiten dazu veranlassen die transformatorische Qualität anzunehmen.

Er fügt sich ein als Mittler zwischen oben und unten, das Ego verblasst und das wahre Selbst des Menschen entwickelt sich. Tief in unserem innersten Wesen gibt es einen Punkt, der in sich ruht. Aus diesem schöpfen wir Kraft. Das Rad des Schicksals beginnt sich zu drehen. Es wird als strahlendes Licht beschrieben. Die Speichen sind jene Strahlen, die unser Wesen durchziehen.

Wer sich dem wahren Selbst anheim gibt, erkennt die Welt der Erscheinungen und lässt sie als solche wie Wolken am Firmament vorüberziehen. Dadurch erfährt er Ruhe und Kraft, die sich wie ein Leuchten um seinen Körper legt. Gedanken und Gefühle sind Erscheinungsformen des menschlichen Egos. Beide sind eng miteinander verbunden. Man denke nur einfach an die unterschiedlichen Gedanken, die in einem wach gerufen werden, ist man mit positiven oder negativen Gefühlen konfrontiert.(Ebenso geschieht es umgekehrt) Man schafft sich ein Bild und entwickelt daraus Gedanken. Anschließend werden jene Gedanken intensiviert. Sie fließen als Suggestionsmittel in das Unterbewusstsein.

Erst mit dem tatsächlichen und bewussten Loslassen, welches auch als solches formuliert gehört, kehrt Ruhe in die Gedanken -und Gefühlswelt ein. Das Streben des Eremiten ist dem bewussten Handeln entsprungen. Im Rad des Schicksals verfeinert sich dieser Zustand durch Zulassen. Der Eremit hatte einen Rückzug vorgenommen. Er ist in die Vergangenheit gereist, um jener Ursprungskraft zu begegnen. Das Rad des Schicksals ist die Ursache, von der aus der Zyklus neu begriffen und umgesetzt wird. Wenn eine Wirkung erzielt worden ist, liegt die Ursache bereits in der Vergangenheit. Formuliere Worte und sei selbst in Ruhe. Sei die Nabe und siehe, wie sich alles um Dich dreht. Worte hinterlassen Eindrücke, die wie ein Blitz nach außen gehen und seine Wirkung erzeugen können. Was der Eremit im Schweigen erfahren hat, wird über das Rad des Schicksals zum Ausdruck gebracht. Hier heißt es loslassen, zulassen. Ein Rad ohne Nabe macht keinen Sinn. Sie erfüllt keinen Zweck. Die potentielle Energie würde verpuffen und wäre nicht einsatzbereit.

10 ist die erste der zweistelligen Zahlen. Sie bedeutet den Beginn eines neuen Zyklus.

Für die Meditation ist es wichtig zu wissen, dass Sie sich auf diese Karte einlassen, Sie auch eine innere Bereitschaft zur Ruhe in sich tragen. Eine negative Einstellung hätte in diesem

Kontext eine entsprechend negative Auswirkung. Wichtig ist vor allem die positive Bereitschaft. Dabei ist es unerheblich in welcher allgemeinen Gemütsverfassung Sie sich gegenwärtig befinden. Durch die Kreisziehungen können alle Regungen auf Distanz gebracht werden. Der innere Kreis, der sich unmittelbar um Ihren Körper befindet, symbolisiert die Nabe. Sie wird mit beiden Händen direkt um Ihren Körper gezogen. Halten Sie dazu die Handflächen direkt nah vor Ihren Körper und bewegen Sie von dort aus beide Hände voneinander weg, jeweils knapp an Ihrem Körper entlang, bis Sie sich hinten an Ihrem Rücken wieder treffen. Den äußeren Kreis ziehen Sie mit Ihrem ausgestreckten Arm in einer Körperdrehung um Ihre eigene Achse. Nachdem Sie dies getan haben, projizieren Sie in der Meditation alle negativen Gedanken und Gefühle außerhalb des äußeren Kreises und entlassen sich dadurch von Ihren Verantwortungen.

Auf diese Weise können Sie die Ruhe in der Bewegung wahrnehmen und selbst aktiv und verantwortlich damit umgehen.

X Das Rad des Schicksals

Mache es Dir bequem und schließe Deine Augen.
Gebe Dir die Erlaubnis Dich zu entspannen.
Entlasse alle Deine Gedanken in die Freiheit.
Alle äußeren Einflüsse sind Dir von nun an vollkommen gleichgültig.
Du konzentrierst Dich nur noch auf diese Meditation.

- kleine Pause -

Stelle Dich hierzu real oder in Deiner Vorstellung hin.
Hinter Dir befindet sich ein Stuhl auf dem Du später bequem Platz nehmen kannst.
Reibe Deine Hände.

- kleine Pause -

Halte nun beide leicht angewinkelt vor Dir.
Wie zu einem Gebet haben sie Kontakt zueinander.

Bewege sie von dort aus voneinander weg, so dass sie hinter Dir in einer Kreisbewegung wieder zueinander finden.
Wiederhole diese Bewegung, aber diesmal umgekehrt von hinten nach vorne.

- kleine Pause -

Du hast einen Kreis um Dich herum gezogen.

- kleine Pause -

Strecke jetzt Deinen rechten Arm, real oder in Deiner Vorstellung, vor Dir aus.
Drehe Dich damit im Uhrzeigersinn um Deine eigene Achse, bis Du vorne wieder angekommen bist und einen weiteren großen Kreis gezogen hast.

- kleine Pause -

Du hast Dir somit einen inneren und einen äußeren Kreis geschaffen.

- Pause -

Stelle Dir alle negativen Gefühle, derer Du fähig bist, vor, all das was in Deinen Augen vom Gefühl her bedrückend erscheint.

Jedes einzelne Gefühl davon, ist ein Teil von Dir.

- Pause -

Projiziere nun all diese negativen Energien außerhalb Deines äußeren Kreises.
Sende sie nach draußen.

- kleine Pause -

Sie können nun nicht mehr eindringen.

- kleine Pause -

Betrachte sie.
Siehe wie sie sich um diesen Kreis herum drehen und nicht eindringen können.

- Pause -

Lasse nun auch Deine Gedanken los.
Lass sie fliegen.
Öffne Dein Gesicht.
Entspanne es.
Nehme die Züge, die sich auf Deiner Stirn abzeichnen, wahr.
Spanne Deine Stirn an – und lasse los.

- kleine Pause -

Deine Wangen entspannen sich ebenfalls.

- kleine Pause -

Dein Atem wird ruhig.

- kleine Pause -

Allmählich vernimmst Du Deinen Pulsschlag.

- Pause -

Alle Gedanken können jetzt entlassen werden.

Lasse sie los.
Sie sind frei.

Sie steigen auf, wie es ihrer Natur gemäß entspricht und werden nun nicht mehr vom Kopf fest gehalten, sondern genau an dieser Stelle noch weiter nach oben transportiert, so dass sie endlich fliegen können.

Sie fliegen außerhalb des äußeren Kreises und warten auf Dich, dass Du sie zurück holst. Sie sind gerne bei Dir und wissen, dass auch vieles ungeordnet ist, oder nicht gebraucht wird.

Sie warten auf Dich und Deine spätere Entscheidung.

- Pause -

Ziehe nun real oder in Deiner Vorstellung, Deinen Stuhl an Dich heran und mache es Dir darauf bequem.

Halte Deine Wirbelsäule aufgerichtet.

Atme sanft und ruhig.

Spüre, dass sich ein leichtes Lächeln auf Deinen Lippen abzeichnet.

- kleine Pause -

**Noch siehst Du alle Gedanken und Gefühle vor Dir.
Du siehst, dass sie sich um Dich herum drehen.**

Sie drehen sich alle in eine Richtung.

Immer schneller und schneller drehen sie sich.

So schnell, dass die Rotationskräfte Dich erheben.

**Die Drehungen um Deinen äußeren Kreis geben Dir die Kraft, dass Du aufsteigst.
Aufsteigst, um erhoben zu werden.**

**Du spürst, wie sich Dein Platz vom Boden löst.
Zuerst verlässt Du Deinen Raum.
Das Haus.
Deinen Ort.**

**Weiter und weiter steigst Du auf.
Bis zu dem Punkt, an dem Du auf dem höchsten Berg der Erde angelangt bist.**

Von dort aus kannst Du das gesamte Weltgeschehen beobachten.

- kleine Pause -

Du thronst.
Stattlich, majestätisch und erhaben.

Unterhalb Deines Thrones umwehen Wolken Deine Füße.

Alles um Dich herum ist in einem astralen Blau gehüllt.

- Pause -

Du bist der Mittelpunkt der Erde.

Um Dich herum dreht sich alles.

- Pause -

Wenn Du möchtest, so kannst Du mit den Wolken um die ganze Erde ziehen.

- kleine Pause -

Stelle Dir vor, wie Du Dich selbst beobachtest.
Du beobachtest Dich wie Du Dich in Deinem Kreis befindest.
Dabei thronst Du auf dem Gipfel der Welt.

- kleine Pause -

Höre nun wie Du vom Kreis einen Ruf vernimmst.
Er ist an Dich gerichtet.
Du bist jetzt das höhere Selbst, dass seinen eigenen Ruf vernehmen kann.

Es ist ein Wunsch, den Du selbst ausgesandt hast.

Diesem Wunsch verschaffe Gehör und lasse ihn sich erfüllen.

Auf Deinem Thron auf dem höchsten Berg der Welt sitzend, gebietest Du über alle Elemente und Heerscharen des Himmels.

Verkünde nun in diesem Moment ein Wort zu Deinem eigenen Wohle.

<u>Nur für Dich!</u>

Dieses Wort sende in einem astralen blauen Licht gehüllt auf Dich herab.
Vergegenwärtige Dir, dass Du selbst es bist, der in dieses Licht gehüllt wird.

- kleine Pause -

In diesem Moment schaffst Du einen Lichtspalt.

- Pause -

Kehre nun in Dein Zentrum des Kreises zurück.

- Pause -

Alle Energie, die sich um Deinen Kreis befindet, wird von nun an Deinem geäußerten Wunsch folgen, denn sie haben die höhere Macht in Dir wahr genommen.

- Pause -

**Wann immer Du bereit bist, erhebe Dich real oder in Deiner Vorstellung.
Strecke Deinen Arm und drehe Dich in der entgegengesetzten Richtung um Dich herum.**

- kleine Pause -

Der äußere Kreis ist nun geöffnet.

Alle Gedanken und Gefühle können jetzt zu Dir zurück.

- kleine Pause -

Den inneren Kreis behalte bei, so dass Du zentriert bleibst.

- Pause -

**Wie aus einem Jungbrunnen entsteigst Du dieser Meditation.
Du erwachst zu neuem Leben.**

**Langsam öffnest Du Deine Augen.
Ebenso langsam reckst Du Dich
und
nimmst allmählich Deine Umgebung wahr.**

Lasse Dir ein paar Minuten Zeit, bevor Du Dich erhebst.

Arkana XI
Die Lust

Die einstelligen Karten (0 – 9) standen unter dem Einfluss des Magiers Arkana I und waren darauf ausgerichtet zur Mitte zu gelangen. Das Rad des Schicksals ist der Mittelpunkt des Kartensatzes und gleichzeitig der Beginn eines neuen Zyklus, nämlich der der zweistelligen Zahlen. Der Einfluss der Hohepriesterin Arkana II beginnt. In seiner positiven Bedeutung drückt das Rad des Schicksals die innere Ruhe des Einzelnen aus. Das Eingehen in den Ursprung ist mit Erfülltsein verbunden.

Im Rad des Schicksals geschieht dies in der höheren Sphäre. Der Mittelpunkt ist der Anfang. Aus der Mitte heraus entstehen Ketten von Aus-Wirkungen. Die selbstgeschaffene Ursprungskraft äußert sich als erstes über den Körper. Der formulierte Impuls von Arkana X dringt über die Nervenbahnen ein. Diese steuern und aktivieren alle Funktionen. Der Körper erfährt die kraftvolle Veränderung und gelangt auf diesem Wege zu ekstatischer Transformation.

Um ein Ziel zu verwirklichen, ist es wichtig sich auf seinen Ursprung zu besinnen und ruhevoll wie die Nabe zu verhalten. Die Energie des Rad des Schicksals verwirklicht sich in erster Linie bei jedem Selbst. Das Feuer der Sonne reinigt den Körper. Erst darüber hinaus dringt es in die Umgebung, die Außenwelt. Die Urkraft wird geweckt, Arkana XI. Ihr Ausbruch ist ein lustvolles, ekstatisches Gefühl. In dem Augenblick des Höhepunktes eröffnet sich für einen Moment die Welt, wie sie bei dem Eremiten sichtbar geworden ist. Doch was man im Eremiten in seinem Alleinsein wahrnimmt, erlebt man in Arkana XI zu zweit.

Der Eremit beobachtet. Arkana XI erlebt. Es ist das Gefühl des Lebendigseins, welches Kraft vermittelt. Aus dem Inneren steigen ungebündelte und unbewusste Energien auf. Der Kern ist freigelegt und diese Energie drängt nun impulsiv an die Oberfläche. Sie zu zwingen würde negative Folgen nach sich ziehen.

Das Unkontrollierbare wird durch Liebe und Vertrauen in das Göttliche getragen. Es ist wichtig sich den aus dem Inneren resultierenden Auswirkungen hinzugeben. Viele Dinge werden hier geschehen, die u.U. ein neues Leben erzeugen. Der kraftvolle Wille des Feuers verwirklicht den Ausdruck von Gefühlen und lässt ihnen freien Lauf. Der Verstand ist dazu aufgerufen alle Er-Schein-ungen aufzunehmen und zu registrieren.

Wie schon vordem darauf hingewiesen, ist die erste Auswirkung, die sich nach Arkana X äußert, körperlicher Natur. Zur Weckung der spirituellen Kräfte, ist es nötig <u>zuvor</u> die körperlichen und unterbewussten Antriebe <u>zu leben</u>. Individualität und universelles Eingehen widersprechen sich nicht.

In meiner Meditation setze ich den Meditierenden ganz direkt als erstes mit dem Element Wasser in Berührung. Es steht grundsätzlich für das Unbewusste, den Seelenbereich, welches durch die dahinterliegende Quersumme 2 (11=1+1= 2 ; die Hohepriesterin) zum Vorschein kommt. In diesem können wir uns luxuriös und verschwenderisch geben. Positive Bereitschaft äußert sich in Arkana XI durch das Zulassen der unbewussten Energien. Wenn sie zum Vorschein kommen, so sollten sie mit Liebe und Vertrauen wahrgenommen und erlebt werden.

Die Zahl 1, die den zweistelligen Karten Arkana 10 – 19 vorangestellt ist, weist auf den Bewusstseinsweg, das Unbewusste mit dem Bewusstsein verschmelzen zu lassen, hin. Die einzelnen Zahlen 0 – 9, der 10-er Reihe zeigen wiederum, dass hier der Zyklus eine höhere Oktave erreicht hat, die, vergleicht man sie mit einer Spirale, eine Stufe höher gewandert ist, aber dennoch an der vermeintlich gleichen Stelle ist. So ist z. B. bei Arkana X die 1 des Magiers wie bereits oben erwähnt in einem übergeordneten Zusammenhang zu betrachten. Die 0, die dem Narren entspricht deutet den Impuls, etwas neues zu beginnen, an. Bei Arkana XI wird der neue Zyklus mit solch __bewusster__ Kraft gefordert, dass höchste Konzentration des Magiers auf den Weg zum höheren Selbst zu einem ekstatischen Ausbruch führt. Das Ego, dass sich selbst erhöhen will, wird nie den ruhevollen Punkt des Rades finden können. Es wird ständig um sich und seine Probleme kreisen und nie den wahren und eigentlichen Kern finden, bzw. erkennen.

Um aus diesem Grund in den neuen Zyklus der zweistelligen Zahlen eingehen zu können, benötigt man nicht nur das zielgerichtete Bewusstsein des Magiers, sondern auch die Geduld und Hingabe der Hohepriesterin. Sie bringt das Vertrauen in das Göttliche zum Ausdruck. Das Rad des Schicksals ist der Beginn der zweistelligen Zahlen um darauf hinzuweisen, dass Ruhe nicht mit Stillstand zu verwechseln ist.

Das Selbst, dass sich als strahlendes Wesen präsentiert, ist in die Transzendenz eingegangen und hat sich von dort auf den Thron des reinen Bewusstseins gesetzt. Getragen von dieser Energie entrückt es sich selbst und geht ein in die ekstatische Auflösung, in der es nichts gibt, als reines Sein.

Diese Kraft ist nach außen hin sichtbar durch tiefe Atmung. Wird der Körper mit viel Sauerstoff versorgt, ist das Herz und der Blutkreislauf aktiviert. Dabei besteht eine exakte Synchronizität zwischen dem Pulsieren des Herzens und der Atmung.

Alles befindet sich im Einklang.

Das Selbst ist von Natur aus rein und völlig unbehaftet. Dementsprechend besitzt es keine physische Form. Wenn Sie sich also fragen sollten wo genau Sie Ihr wahres Selbst zu suchen haben, so werden Sie nach einiger geraumer Zeit feststellen können, dass Ihr Selbst überall und nirgends zugleich zu finden ist. Es präsentiert sich in allem und ist dennoch nicht greifbar. Am deutlichsten lässt sich dies am Bsp. der Atmung erkennen. Nicht „ich atme" sondern „es atmet". Versuchen Sie einmal nicht zu atmen und Sie werden die Kraft die sich dahinter verbirgt, wahr nehmen können. In dem Selbst befindet sich die Kraft des Göttlichen, welche sich ebenfalls im lustvollen Akt offenbart.

Über die Sexualität wird Leben geschaffen. Etwas, dass zu dieser Leistung fähig ist, ist mit göttlicher Kraft beseelt. Atmung entfacht das Feuer der Leidenschaft und treibt es an. Der Körper wird zum Aus-Druck der göttlichen Ur-Energie. Die Lust übernimmt auf diese Weise jene Blitzableiterfunktion des Magiers. Sie zu leben bedeutet der Erleuchtung und deren wahren Natur der Kraft wenigstens ein Stück näher gekommen zu sein. Man ist nicht nur Mittelpunkt und Mittler auf Erden (Ark. 1; der Magier), sondern lebt ihn auch mit anderen und sich (Ark. 11 = 1 + 1; die Lust) in wahrer Hingabe (= Ark. 2; die Hohepriesterin).

Aleister Crowley weist an dieser Stelle darauf hin, dass letztendlich jede Tätigkeit, die mit Erfolg gekrönt sein soll, mit Lust angegangen werden muss.

Nur wer auch Lust zu einer Sache hat, besitzt die Kraft zur Verwirklichung seines Vorhabens. Wir besitzen das wunderbare Erbe des Christentums, dass uns 2000 Jahre lang dazu erzogen hat, Sexualität heimlich hinter verdunkelten Räumen unter der Bettdecke zu leben. Auf diese Weise ist uns traditionell die Lust und Kraft genommen. Verdrängte Schattenseiten sind nicht nur nicht genutzte Energiequellen, bzw. Ressourcen, sondern ihre Verdrängung an sich fordert viel Kraft, die unproduktiv eingesetzt wird. Die Integration des Ur-Weiblichen oder Ur-Männlichen als Mann oder Frau wird hier existentiell zum Thema gemacht. Die Stärke, die sich hieraus entwickelt wird für den weiteren Verlauf der Karten wichtig sein.

XI Die Lust

Mache es Dir bequem und schließe Deine Augen.
Gebe Dir die Erlaubnis Dich zu entspannen.
Entlasse alle Deine Gedanken in die Freiheit.
Alle äußeren Einflüsse sind Dir von nun an vollkommen gleichgültig.
Du konzentrierst Dich nur noch auf diese Meditation.

- kleine Pause -

Stelle Dir das Gesicht eines Kindes vor.
Wind bläst ihm ins Gesicht und es lacht.
Es lacht aus reiner Spontaneität und Freude.
Nehme dieses Gesicht wahr und siehe, wie es Dich dabei anschaut.
Es lacht Dich an.

Spüre auch Du jetzt den Windhauch in Deinem Haar und in Deinem Gesicht.
Freue Dich über dieses Lachen und die kindliche Freude, die Dich berührt.

So heiter betrete in Deiner Vorstellung Dein Bad.

Stelle Dir vor, wie Dein Bad sich in ein Pool, umwachsen mit tropischen Pflanzen, verwandelt.
Darinnen schwimmt ein Meer aus Blumen und Rosen.
Sie blühen in ihren prachtvollsten Farben.
Ihre Düfte sind betörend und sinnlich.
Marmorstufen führen Dich hinein.

- kleine Pause -

Steige die Stufen hinab.
Spüre wie das Wasser zuerst Deine Füße umspült.
Mit jedem Schritt den Du machst, tauchst Du tiefer und tiefer ein.
Du tauchst ein mit Deinen Waden;
mit Deinen Knien;
mit Deinen Schenkeln.
Deine Hüften umspült das warme Wasser.
Schließlich ist Dein gesamter Körper eingetaucht.

- kleine Pause -

Du spürst wie das warme Wasser Deinen Körper umspült.

Es wärmt ihn.
Es durchblutet ihn.

- kleine Pause -

Es streichelt Deinen Körper.
Jede Körperöffnung, jede Pore wird von dem Wasser ausgefüllt.
Sanft wirst Du umhüllt mit Liebe und Zärtlichkeit.
Entspannt liegst Du darinnen.
Im Hintergrund spielt sanfte Musik.
Der Duft von betörenden Ölen liegt in der Luft.
Atme es ein
und lasse Dich von diesem innigen Gefühl überwältigen.
Alles ist erfüllt von Harmonie und Schönheit.

- Pause -

Stelle Dir nun vor, wie aus dem Wasser, dass Dich umgibt und streichelt, ein schöner Körper entsteigt.
Es ist Deine Traumpartnerin/Dein Traumpartner.
Sie/er wendet sich Dir zu.
Ihre/seine Blicke sind entspannt mit sanftem Lächeln.
So wie Du es wünschst wird sie/er sich Dir gegenüber verhalten.
Dein Partner wird sich Dir so zuwenden, wie Du es begehrst.

Wie er Dich massiert,
 streichelt,
 sich an Dich schmiegt.

Schließe Deine Augen und genieße was Dich erwartet.
Stelle es Dir vor.

- Pause -

Entsteige nun Deinem Bad.
Steige die Stufen wieder herauf und lasse Dich von Deiner Traumpartnerin /Deinem Traumpartner mit Ölen und Düften einreiben.
Dein Körper entspannt und kräftigt sich.
Deine Haut fühlt sich geschmeidig und zart an.

Streichle Deinen Körper.

Berühre ihn und spüre Dich.

- Pause -

Betrete nun mit Ihr oder Ihm Dein Schlafgemach.
Es ist Dein ganz persönlicher Raum.

Langsam bewege Dich auf Dein Bett zu und
mache Dich mit diesem vertraut.

Lege Dich hinein.

- Pause -

   Ihr seid beide Göttin und Gott.

Bereit für den gemeinsamen kosmischen Tanz.
Das Verlangen, dass in Dir geweckt ist, entspricht dem, dass Dein Partner Dir
gegenüber verspürt.
In dergleichen Intensität des Verlangens Ihr\ Ihm gegenüber siehst und spürst Du, wie
Dein Partner Dich begehrt.
Er ist eine Knospe, die sich öffnet.
Eine Blume, die nach Wasser dürstet.

- kleine Pause -

Lege Dich mit Deinem Partner auf das Bett.
Macht es euch dort bequem.
Schaut euch in die Augen.
Die Lichtenergie, die Ihr gemeinsam geschaffen habt, begegnet und berührt euch über
eure Augen.

- Pause -

Stellt euch vor, wie beim männlichen Partner vom ausgerichteten Phallus ausgehend,
züngelnde Flammen den Körper zeichnen.
Bei der weiblichen Partnerin stelle Dir vor, wie von der Vagina und von den Brüsten sich
kreisförmige Wellen ausdehnen.

Ihr beide seht euch.
Ihr könnt euch hören.
Vielleicht nimmst Du an Deinem Partner einen betörenden Duft wahr.
Atme ihn ein.
Lasse so Deine Sinnlichkeit wachsen.

- Pause -

Ihr fallt beide ein in den Klang und den Atem des Lebens.
Das Feuer der züngelnden Flammen steigt in den Leib.
Wellen geraten in Bewegung.

Leidenschaften treten zutage.

Sie zeigen sich.
Langsam erst und kontrolliert.

Ergreife mit Deinen Händen die imaginären Körperformen Deines Partners.
Berühre Sie\ Ihn an den Stellen des Körpers, die in Dir Lust erzeugen, und Du das Gefühl hast, Sie\ Ihn zu erregen.
Euer Atem ist für beide hörbar.
Ihr vernehmt einen gemeinsamen Rhythmus,

- trommelgleich -

Spiralförmig treibt er euch zur Ekstase.

Bewegt euch hin zur Spirale des Lebens.
Nehmt alle Windungen eurer Gefühle wahr.

Losgelöst und zügellos erstürmt den Hang.
Der Sonne entgegen.
Eine riesige leuchtende Scheibe.
Sie ist euch zugewandt.

- Pause -

Unter Dir breiten sich Flügel aus.
Spiralförmig steigt Ihr auf.

Höher und Höher.
Tiefer und Tiefer.
Steigt ihr und fallt ihr.

- Pause -

Wann immer Du bereit bist, stelle Dir vor, wie Du spiralförmig zurückkehrst an der Stelle, von der aus Du gestartet bist.
Lasse Dich von Deinem Partner noch etwas streicheln.
Schaut euch dabei in die Augen.

- Pause -

Langsam verblasst das Bild Deiner Partnerin/Deines Partners, bis dass es vollständig verschwindet.
Der Raum verändert sich wieder zu dem zurück, der er vorher gewesen ist.
Wenn Du möchtest lasse alles ein letztes Mal Revue passieren.

- Pause -

Wie aus einem Jungbrunnen entsteigst Du dieser Meditation.
Du erwachst zu neuem Leben.

Langsam öffnest Du Deine Augen.
Ebenso langsam reckst Du Dich
und
nimmst allmählich Deine Umgebung wahr.

Lasse Dir ein paar Minuten Zeit, bevor Du Dich erhebst.

Arkana XII
Der Hängende Mann

Aktivitäten wurden ausgelöst (Arkana X) und entwickelten ein enormes Kraftpotential, welches sich über Arkana XI, der Lust am Leben äußert. Jenes Erlebte kommt nun zum Stillstand. Es ebbt ab. So wie die Nacht auf den Tag folgt, so regeneriert sich die Aktivität durch die Ruhe.

Wenn wir uns die Karte Arkana XII „Der Gehängte" vornehmen, so erkennen wir einen Menschen, der mit dem Kopf nach unten und an einem Bein gefesselt aufgehangen ist. Dabei kreuzt der Gehängte seine Beine. Das Kreuz ist Ausdruck für das Materielle, Irdische. Sie verweist weiter auf die Zahl 4, welche Ordnung repräsentiert. Die Arme des Gehängten wiederum bilden ein Dreieck, ein Symbol für das Göttliche. Da sich die 4 über der 3 befindet, soll damit angedeutet werden, dass zum einen das Materielle (noch) dominiert, zum anderen das Göttliche in die Tiefen des Materiellen eingedrungen ist, um dort Einfluss zu nehmen.
4 x 3 = 12 , die Zahl des Gehängten.

Er ist gefangen zwischen den Polen der Vergänglichkeit und Ewigkeit. In diesem Zwischenreich erfährt er tiefe Einsichten auf seinem Weg zum Selbst. Der Gehängte erlebt die eigenen inneren Begrenzungen des Ichs und erfährt gleichzeitig die tiefe Weisheit, die ihn durch den Kontakt mit dem Höheren Selbst zuteil wird.

Er lernt, dass das eigene Ego zu klein und vergänglich ist, im Vergleich zur Unendlichkeit und Ewigkeit, mit der das Selbst im Kontakt steht. Das chinesische Yin\Yang-Symbol zeigt auf sehr anschauliche Art und Weise, dass alles in Bewegung ist und nichts Bestand hat außer dem ewigen Wandel. Äußeres Handeln ist erschöpft und wechselt nun über in das Innere. Das Schwerste was einem Menschen passieren kann, ist körperlich ruhig und regungslos zu verharren und alle inneren Erscheinungen, die in einem aufsteigen, gelassen mit Geduld und Hingabe anzunehmen. Nun kommt die zweite Prüfung, die als die wahre Initiation verstanden wird, in der das Augenmerk auf innere Prozesse gelenkt wird.

Die Welt steht Kopf.

Der junge Krieger stellt sich dem alten Mann. Auf diese Weise begibt sich der Hängende Mann auf den Weg zur Erlangung der Weisheit. Ihm ist bewusst, dass mit der Erkenntnis eine Wandlung vollzogen wird, die es ihm unmöglich macht, jemals wieder in seinen ursprünglichen Zustand zurückzukehren. Dies ist das Opfer, dass er eingeht um vom Baum der Erkenntnis zu kosten. Als Hängender lernt man, bzw. ist man gezwungen loszulassen. Alles was an das Irdische erinnert wird zurückgelassen. Zu diesem gehört auch der Körper. Nur so gelingt es, den weiteren Aspekt des Urgrunds zu erfahren und in ihn einzugehen.

In Arkana XI haben wir bereits erlebt, wie ein Teil des Wesens sich aus dem Ursprung weiterentwickelt und mit Feuereifer nach oben dringt, um nach außen wirken zu können. Dort ist die Energie in den Körper eingedrungen und hat alle Blockaden (aus purer Lust am Leben) zunichte gemacht. Feuer transformiert nicht nur, sondern wirkt ebenso verändernd auf die Umwelt. Arkana XII bildet den diametralen Gegensatz. Es zeigt den Teil vom Ganzen, der sich verborgen hält.

Es ist das Wasserprinzip, dass aufgrund seiner Schwerkraft im Unten angesiedelt ist. Was im Rad des Schicksals auf die Höhen bezogen war auf dem man thronen konnte, folgt hier die absolute Umkehrung. Durch sie erfährt der Suchende, dass alles Einstellungssache ist. Der Gedanke, den ich über einen Sachverhalt entwickle, löst in mir eine Reaktion aus. Versuche ich nun diesen Gedanken einmal von seinem gegenteiligen Ansatz her anzugehen, so passiert es häufig, dass sich die Interpretation des Sachverhaltes und meiner Reaktion ihm gegenüber verändert. In Arkana XII geht es nicht um die aktive Mitwirkung, sondern um die passive Beteiligung, die sich durch vordergründige Abhängigkeit äußert. Der Hängende Mann begegnet der Stelle, an dem Leben und Tod aufeinander treffen. Dies ist der Zeitpunkt, indem man in sich hineinhört. In dem Augenblick, indem ich in mir selbst bin, bin ich für die Außenwelt nicht mehr zugänglich. Es funktioniert eine andere Gesetzmäßigkeit. Je nach Tiefe und Bereitschaft dazu tauche ich in die selbst geschaffenen persönlichen Muster und nehme deren Ur-Sachen wahr.

Diese Karte muss als erste Krise nach der Mitte verstanden werden. Sie verkörpert das Thema der Umkehr, an dem es gilt neuen Boden unter den Füßen zu gewinnen, um sich auf den Weg machen zu können. Sie wird dem Element Wasser zugeordnet und zwingt uns in diesem Zusammenhang zur Reflexion des Vorangegangenen. Wasser ist der Spiegel der Seele. Alle emotionalen Erinnerungen verkörpern sich darin. Nur indem wir uns so ruhig wie der Gehängte verhalten, kann unser Bewusstsein in die tiefsten Ebenen unserer Seele eintauchen und dort jene Bilder wahrnehmen.

Die Wellen der Lust drangen ein in die ätherische Welt des Universums. Nun beginnen sie zurückzukommen, da sie wie die Wellen eines Sees an einer Barriere angestoßen sind.
Das Gesetz des Karmas, indem alle Wirkungen ihre Ursachen haben, bringen nun in XII neue Erkenntnisse hervor. Wahre Erkenntnis entsteht, wenn man Extreme lebt. Auf der einen Seite die Bewegung, Kraft und Stärke von XI, auf der anderen die Bewegungslosigkeit von XII, die unsere Abhängigkeit vor den Gesetzen des Lebens aufzeigt. Energie wird nie verbraucht, Energie äußert sich nur in anderer Form. In Arkana XI bist Du in der Mitte des Universums, der Mittelpunkt, von dem alle abhängen. In Arkana XII geschieht der umgekehrte Prozess. Hier stößt Du an Deine Grenzen und wirst gefordert, an der Schwelle der Welten alles neu zu betrachten.

Nur in der Bewegungslosigkeit des Körpers, kann der Geist alle Informationen aufnehmen (Arkana I) und sie tief in unser Inneres einströmen lassen (Arkana II). Diese Vereinigung beider Prinzipien stellt der Hängende Mann dar. Der ruhevolle Punkt wird nun durch den Baum des Lebens und seiner Fesseln (Zwei Schlangen) repräsentiert. Durch eine Verdrehung der Sicht kann es zum tatsächlichen Sinn für Dinge kommen. Die Gegenüberstellung von Gegensätzen kann den wahren Kern offenbaren.

Arkana XII ist dem Wasser zugeordnet. Transzendenz und Auflösung zeigen den letzten Schritt vor dem Abschluss. In Arkana XI erzeugte man Wellen der Lust. Nur der Körper bringt die Transzendenz nach außen. So ist er der Vorrangige. Genau jener wird in Arkana XII nun zur Ruhe gezwungen. Geduld und Hingabe sind dazu erforderlich. Leben in XI ist vom Körper her betont. In Arkana XII sind wir einem höheren Bewusstsein ergeben. Das Selbst erschafft sich über die Transzendenz. Wir hängen davon ab und schaffen so Ewigkeit in uns. Das Zusammenspiel beider Kräfte drückt sich durch die Zwei aus.

Arkana XII ist die Vereinigung von Eins und Zwei. Die Addition beider ergibt Drei, welche einerseits auf Dreieinigkeit verweist und andererseits auf die Herrscherin, dem Prinzip für das Fruchtbare und Fruchtbringende. Wasser ist stumm.

Es vollzieht sich eine ruhige und unauffällige Umkehr der Lebensweise. In der Bewegungslosigkeit, in der man gebunden ist, verbirgt sich die große Chance alles bisher da gewesene in Ruhe und Ernsthaftigkeit neu zu betrachten.

Sinn dieser Karte ist es, sich nicht nur als Opfer zu fühlen, der sich als Spielball von irgendwelchen Machenschaften wähnt, sondern die Wahrnehmung darüber zu gewinnen, selbst Ursachen provoziert zu haben, die einen in die Gegebenheit der Umstände gebracht hat.

XII Der Hängende Mann

Lege Dich auf den Rücken.
Ziehe eine Decke über Dich, so dass sie Dich angenehm wärmt.
Mache es Dir bequem und schließe Deine Augen.

Gebe Dir die Erlaubnis Dich zu entspannen.
Entlasse alle Deine Gedanken in die Freiheit.
Alle äußeren Einflüsse sind Dir von nun an vollkommen gleichgültig.
Du konzentrierst Dich nur noch auf diese Meditation.

- kleine Pause -

Atme entspannt ein und aus.
Stelle Dir vor wie mit jeder Einatmung Licht, Liebe und Wärme in Dich einströmt.
Mit jedem Aus-Atemzug alles Negative und Schlechte entlässt.
Mache dies ein paar Minuten, bevor Du weiter schreitest.
Jede Ausatmung entlässt alles Schlechte.
Mit jeder Einatmung strömt Licht, Liebe und Wärme in Dich ein.

- Pause -

Stelle Dir vor, wie Dein Raum sich in die Lichtung eines Wald verwandelt.

Dort erblickst Du einen Brunnen.

Den Brunnen der Weisheit.

An diesem Brunnen befindet sich ein Wächter.
Hinter ihm ragt ein großer alter Baum in die Höhe.

Er spricht:
„Kein Mensch darf an diesem Hain weiter schreiten.
Es sei denn, er hat den Trank der Wandlung, der in diesem Brunnen ist, zu sich genommen."

- Kleine Pause -

Der Wächter tritt mit einem Kelch auf Dich zu und reicht ihn Dir.
Nehme ihn entgegen.
Setze den Kelch an Deine Lippen und leere ihn.

Alsdann spürst Du, wie alles von Dir abfällt und Du auf die Erde niedersinkst.

Dein Körper besitzt keinen Halt mehr.

- kleine Pause -

Dein linker Fuß wird von einer Schlinge erfasst.

Vollkommen widerstandslos wirst Du an dem alten Baum hochgezogen.
Dein Körper zu keiner Regung fähig,
Dein linkes Bein hängt an der Schlinge gestreckt.
Dein rechtes liegt angewinkelt über dem Knie des linken Beines.
So schaffst Du für Dich den größtmöglichen Halt.
Deine Arme hängen an Dir herab.

- Kleine Pause -

Du batest um Weisheit und siehst nun, wie Du ein Gefangener bist.
Gefangener des Lebens.

Dein linkes Bein ist umschlungen von der Schlange des Lebens.
Unter Dir weitet sich das Maul von der Schlange des Todes.
Sie droht Dich zu verschlingen.

Du bist gefesselt und hängend zwischen zwei Welten.
Ein Grenzgänger zwischen diesen.

Der Baum ist das Tor.

Die eine Welt aus der Du kommst, heißt Vergänglichkeit.
Die andere Welt, die Du jetzt schaust, Ewigkeit.
Genau zwischen diesen beiden Welten befindest Du Dich jetzt.

- Pause -

Ein alter gebeugter Mann, gestützt auf einem Stock kommt auf Dich zu.
Er kommt aus jener anderen Welt.

Ein junger starker Krieger tritt hinter Dir ebenfalls hervor.
Er schreitet ihm entgegen.
Seine Muskeln zeichnen sich an seinem Körper ab.
Er ist der Ausdruck von Stärke, Geschmeidigkeit und unbändiger Energie.

In seiner Hand hält er ebenfalls einen Stock.
Der alte Mann fordert ihn zum Kampf heraus und beginnt ihn anzugreifen.
Erst stößt er ihn nur ein wenig.

Doch mit jedem mal werden seine Schläge heftiger.
Der junge Krieger muss sich verteidigen.
Anfänglich gelingt ihm dies ohne Mühe.
Die Schläge des alten Mannes werden zusehendst wilder und wütender.
Ein erbitterter Kampf zwischen beiden entbrennt.

- Kleine Pause -

Nach einiger Zeit wirkt der junge Krieger erschöpft.
Er verliert an Position.
Sein Körper ist schlaffer geworden.
Sein Haar ergraut.
Er verliert an Wendigkeit und Kraft.

- kleine Pause -

Mit der ihm verbleibenden Kraft beginnt der Krieger einen letzten Angriff.
Doch der alte Mann bewegt sich geschickt zur Seite.
Er weicht jedem Schlag behende aus.

Dabei siehst Du den Krieger immer älter werden.
Jeder Schlag, den er führt und den er parieren muss, nimmt ihm die Lebenskraft.

Schließlich ist er nur noch alt, zitternd und müde.

Durch einen letzten fürchterlichen Schlag, dem er hilflos ausgeliefert ist, bricht er schließlich tot zusammen.

- Pause -

Geschlagen, geschunden und getreten ist sein Körper nur noch eine leere Hülle.
Kräfte der Winde erheben seinen Geist.
Sie tragen ihn über das Feld hinaus.
Sie fliegen weiter und führen ihn über den Abbys.
Den großen Graben.
Über diesen begleiten die Kräfte den Geist des Kriegers hinüber.
Dahinter siehst Du strahlend ein Licht am Horizont.
Alles scheint sich nach dort hin zu bewegen.
Genauso scheint alles von dort aus zu gehen.

- Pause -

Der alte Mann tritt auf Dich zu und schaut Dir in die Augen.
Sein Blick ist tief und durchdringend.
So tief wie das Meer.

- Kleine Pause -

Über seine Augen gelangst Du mit ihm an einen Strand.
Ihr beide beschaut euch die Wellen.
Sie kommen auf euch zu und bewegen sich wieder zurück.

- Pause -

Er spricht zu Dir:
„Das fließende Wasser ist in Bewegung.
Nie versiegend ist es immer neu.
Das Bett des Flusses bleibt das gleiche.
Das Wasser, das fließt ist immer anders.
Es ist der Motor, der alles durchdringt.
Der Weg den Du gehst, ist wie der Fluss der zum Meer strömt.
Ein geht man in das große Meer.
Der Ozean ist gefüllt mit unzähligen Tropfen.
Jeder Tropfen ist ein Ich und ein Du.
Ein Tropfen ist nichts.
Doch besteht das Große aus unzähligen dieser.
Und nichts ist ohne sie.
Die Sonne des Lebens erwärmt den Strom des Meeres.
Er lässt den Tropfen wieder aufsteigen.
Der Wind treibt die Wolken voran.
Der Regen fällt nieder auf die Erde.
Neues Leben gebiert."

- Pause -

Der alte Mann verschwindet und Du findest Dich wieder hängend an Deinem Baum.
Eine Person tritt aus der anderen Welt an Dich heran.
Sie ist Du selbst.

- Kleine Pause -

Sie nimmt Dich ab vom Baum und ihr steht euch gegenüber.

- Kleine Pause -

Schaut euch noch ein letztes Mal an, bevor ihr euch abwendet und Du den Rückweg antrittst.

- Kleine Pause -

Verabschiede Dich von ihr/ihm.

Mache dies mit einem Lächeln.

Anschließend wende Dich Deinem Wächter zu.
Verabschiede Dich ebenfalls von ihm.

- Kleine Pause -

Kehre nun zurück in Deinen Raum.
Entlasse den Wald und jene Lichtung um Dich herum, bis dass Du im Hier und Jetzt angekommen bist.

Entspanne dort eine Weile und lasse noch einmal alles Revue passieren.

- Pause -

Wie aus einem Jungbrunnen entsteigst Du dieser Meditation.

Du erwachst zu neuem Leben.

Langsam öffnest Du Deine Augen.
Ebenso langsam reckst Du Dich
und
nimmst allmählich Deine Umgebung wahr.

Lasse Dir ein paar Minuten Zeit, bevor Du Dich erhebst.

Arkana XIII
Der Tod

Im gesamten Universum gibt es unter allen Lebensformen eine einzige Konstante. Den Tod. Der Tod bereitet uns darauf vor, Abschied zu nehmen von allen überalterten und nicht mehr lebensfähigen Vorstellungen, die nur dazu bestimmt gewesen sind, dass Ego zu besänftigen. Das Ego ist wie ein Kind, dass schreit und mit seinen Füßen stampft, wenn es etwas haben will und nicht erhält. Der Tod ist der Grenzwächter zum Selbst. Er macht Platz für Neues. Der Schnitter setzt die Sense an. Zerfall ist die notwendige Voraussetzung zur Wiedergeburt.
Im Herbst fallen die Blätter von den Bäumen. Wenn alte Gesinnungen nicht sterben, würde kein Platz für neue Ideale entstehen. Der Tod bringt das zu Ende, was dem Leben schadet. Er ist der wahre Lebensspender. Um ihn in seiner positiven Bedeutung gerecht werden zu können, sollte jeder Einzelne sich ganz persönlich die Frage stellen, was er heute tun würde, wenn er morgen sterben müsste?, oder „Würden Sie für das was Sie gerade tun, auch soweit einstehen, dass Sie dafür sterben könnten?"

Diese Fragen relativieren all' die Dinge, die das Ego bislang für so wichtig hielt. Es verhilft einem auf das zu achten, was wirklich essentiell wichtig für das Selbst ist.

Stellen Sie sich einmal einen einfachen Menschen aus dem Mittelalter vor, wie er mit den Gegebenheiten der Neuzeit konfrontiert ist. Dieser Mensch ist unsterblich und verfügt über Jahrhunderte Lebenserfahrung. Er wäre nicht durch den Tod zu einem neuen Zyklus aufgerufen worden und ist ein Mensch, der mit den Glaubenshaltungen, Idealen und Moralvorstellungen von vor 800 Jahren lebt. Mit dieser Einstellung würde er sich sehr wahrscheinlich in Konflikt mit der allgemeinen neuzeitlichen Gesellschaftsauffassung befinden. Beispielsweise würde er das Modell der Demokratie nicht nachvollziehen können (die Demokratie existiert in Deutschland, rechnen wir einmal die Zeit der Weimarer Republik weg, erst seit ca. 60 Jahren) und würde wohl eher dazu neigen, seine Probleme, denen er sich im Alltag stellen muss, nach Art der Glaubenskriege zu lösen.

Gehen Sie nun einen Schritt weiter. Diesen Menschen, der im Mittelalter ein einfacher Bauer gewesen ist, gibt es nun zu Tausenden und Abertausenden. Gleichzeitig gesellen sich ihm weitere unzählige Unsterbliche aus den nachfolgenden und davor liegenden Jahrhunderten hinzu. Unsere Gesellschaft würde zur Bewegungslosigkeit degenerieren. Diese Menschen mit ihren Gesinnungen und Glaubenshaltungen sind zu ihrer Lebzeit ein Garant für den Fortbestand der Gesellschaft mit ihren Inhalten gewesen. Doch nach und nach musste jede Zeit ihrem Zyklus gemäß Abschied nehmen. Jeder Einzelne von ihnen hatte zu dem Erhalt und Fortkommen von Idealen, praktischen Erfindungen etc. beigetragen. Alles Nützliche, dass ihnen von Bedeutung gewesen ist, hatten sie ihren Nachkömmlingen, soweit es ihnen möglich war, weitervererbt.

So hatte das Alte zu Gunsten dem Neuen Platz gemacht und das weiter gegeben, was auch für das neue Leben und die neue Generation von Bedeutung ist.

Um bei dem Beispiel Mittelalter zu bleiben, gibt es Vieles, das sich heutzutage überlebt hat und nicht mehr existent ist. Trotz alledem gibt es genügend Beispiele für Dinge aus der Vergangenheit, die uns in der Neuzeit immer noch wichtig sind und aufgrund dessen weiterhin existieren. Gerade die Bereiche des Handwerks (z.B. in der Glaskunst, dem

Buchdruck, in der (Kunst-)Schmiede etc.) und der Landwirtschaft sind voll davon. Die Grundsubstanz allen Lebens ist der Tod. Wir ernähren uns sogar von ihm. Selbst Vegetarier können den aus der Erde gezogenen Salatkopf nicht wieder lebendig werden lassen, würden sie damit nicht ihr eigenes Leben gefährden. Jeder Atemzug, den wir leisten, erinnert uns daran, dass wir älter werden.

Das Leben wird durch das Bewusstsein, dass alles vergänglich ist, bestimmt. Kommt man der Frage nach dem Tod auf den Grund, so stellt man fest, dass das Ich Angst davor hat in ein großes Ganzes einzugehen, aus Furcht vor der Auflösung. Man versteckt sich hinter Gewohnheiten aus Angst vor Neuem, dass den Tod des Alten nach sich ziehen würde. Die Lösung des Problems bleibt aus. Dabei ist zu bedenken, was Sicherheit in der letzten Konsequenz bedeutet. Das Einzige, was mit garantierter Sicherheit geschieht, ist das wir sterben werden. Der Tod zeigt uns, dass wir ihm nicht entrinnen können.

Eine japanische Anekdote schildert dies auf recht anschauliche Weise:

Ein Zen-Meister des Schwertes fordert einen Zen-Meister der Tee-Zeremonie zum Kampf auf Leben und Tod mit dem Schwert heraus. Dieser Kampf sollte bereits am nächsten Tag stattfinden. In seiner Verzweiflung, weil sich der Tee-Meister keinen Rat wusste, wendete er sich an seinen Freund, der ebenfalls ein Meister des Schwertes war und bat ihn um Hilfe. Dieser hörte sich alles genau an. Nach einer Weile bat der Meister des Schwertes den Meister der Tee-Zeremonie, er möge ihm einen Tee zubereiten. Der Meister der Tee-Zeremonie verstand nicht, warum er ausgerechnet in diesem Moment den Tee zubereiten sollte, wo doch dadurch kostbare Zeit verstreichen würde. Er erwartete vielmehr von ihm nützliche Ratschläge im Umgang mit dem Schwert, um so wenigstens etwas für den Kampf gewappnet zu sein. Doch der Meister des Schwertes bestand darauf. So begann der Meister der Tee-Zeremonie den Tee zu bereiten. Während seiner Vorbereitungen, versank er mehr und mehr in tiefer Meditation. Jede Handlung, die er vollführte war von seinem Innersten erfüllt. Er nahm nicht mehr wahr, was um ihn herum geschah und außerhalb von ihm existierte. Er war vollkommen eins mit sich und dem Tee. Nachdem die Zeremonie beendet war und der Meister des Schwertes seinen Tee getrunken hatte, sprach er zum Meister des Tees: „Genauso gehe morgen hin und stelle dich dem Kampf." Am nächsten Tag ging also der Meister der Tee-Zeremonie mit einem Schwert in der Hand und stellte sich dem Meister des Schwertes. Dabei war er vollkommen Eins mit sich, strahlte jene Unerschütterlichkeit aus, die sich keine Gedanken um Leben und Tod machte. Der Meister des Schwertes erblickte in den Augen des Meisters der Tee-Zeremonie jene Entschlossenheit und Vertrauen in den Kreislauf des Ewigen, dass es ihn verunsicherte. Derart ruhig stand dieser Meister der Tee-Zeremonie vor ihm mit dem Schwert in der Hand, dass er sich umdrehte und den Ort verließ.

Diese Anekdote zeigt auf anschauliche Weise wie wichtig es ist, den Tod umarmen zu können, ihn annehmen und lieben zu lernen. Nur so erhalten wir das Leben.

Betrachten wir einmal den Entwicklungszyklus, von Ark. X ausgehend, neu. Die Nabe zu sein, bedeutet sich mit der Ursprungskraft verbunden zu haben. Von dort aus wirkt sie mit unserem Bewusstsein auf unseren Körper (Arkana XI). Das veränderte Verhalten, äußert sich durch Lebensfreude, Elan etc..

In Arkana XII reflektieren sich alte und neue Muster und man gelangt zu neuen Einsichten. Dieser Rückzug des Verhaltens, um Einblicke zu erhalten, löst jenen Abschiedsprozess über das aus, was uns nicht mehr lebenswichtig erscheint. Der Hängende Mann hat erkannt, dass es keine Rückzugsmöglichkeit mehr zu seinen früheren Mustern gibt. Er ist mit der unsterblichen Seele verbunden und in Kontakt mit ihr gekommen. Erkenntnis ist auf den tiefsten Grund des Lebens wahre Erkenntnis.

Um nun einen Schritt weiter zu gelangen, muss das Ego aufgegeben und der schmerzhafte, aber auch heilsame Weg der Wandlung zum Selbst auf sich genommen werden, alles im Weg stehende und damit auch belastende auszuräumen. Es handelt sich um persönliche Belange, die im überpersönlichen Rahmen keinen Platz mehr haben. Als Gehängter befindet man sich zwischen den Welten. Es ist die Zwischenzeit der Dämmerung vom Tag zur Nacht.

Die davor befindliche Karte, die Lust, verweist auf die Mittagssonne. Der Tod ist die Nacht. So ergibt sich ein erneuter Zusammenhang. Bevor man in den Schlaf sinkt, beschäftigen einen noch die Gedanken vom Tag (Arkana XI). Als Gefangener beider Welten, deren Zustand es geduldig abzuwarten gilt (Arkana XII), wird man von jenem Gedanken wach gehalten. In dem Moment, an dem der Gehängte neu Fuß fasst und sich auf den Weg macht, begegnet er dem Tod.

Er geht den Weg, der den Fluss des Lebens bedeutet.

In ein volles Glas kann nichts einfließen, leert man es nicht vorher aus. Wer nicht ausgeschlafen ist, ist auch nicht aufnahmefähig. Im Schlaf können viele Dinge bereinigt werden. Jeden Abend sinken wir in den Schlaf. Dort verliert sich jedes Bewusstsein und damit jede Handlungsmöglichkeit und Kontrolle. Doch gerade jenes Loslassen ist das Heilsame an diesem Prozess. Es heißt nicht umsonst, der Schlaf ist der kleine Bruder des Todes. Diese Aussage zeigt die Wichtigkeit, sich von den Mustern des Vortages bzw. des Vergangenen zu lösen, um nicht mit jenem Einfluss den neuen Tag zu beginnen.

Das Füllen eines solchen Glases weist bereits auf die nachfolgende Karte hin. Jetzt lernt der Meditierende im neuen Bewusstsein, deren tiefe Sinn sich erst im weiteren Verlauf der Karten ergibt, von Vergangenem zu verabschieden. Im Spiegel seiner Seele entwirft er ein Bild von dem, was war, ist und sein wird. Leben stirbt so lange und häufig, wie es sich von seinen Strukturen gefangen nehmen lässt.

Der Tod als Karte ist nicht die letzte in diesem Kartensatz. Sie ist eher noch zentral gelegen. Somit erscheint er als Zwischenstation, als Übergang von einer Ebene zur anderen.
In jedem Fall weist er auf den letzten Abschied von bisherigen egoverhafteten Mustern hin. In diesem Sinne ist der Tod endgültig.

In der Meditation soll der Meditierende sich in den verstorbenen Pharao hineinversetzen. Im alten Ägypten wurde ein besonderes Interesse auf das Totenreich gelegt. Es ist durch zahlreiche Verse und Beschwörungen in dem „Totenbuch der Ägypter" bezeugt.

Sie dienten dazu, den Verstorbenen ein sicheres Geleit in das Reich des Osiris zu ermöglichen. Die Ägypter gingen davon aus, dass ihre Seele bzw. ihr Herz in der Halle der Maat gewogen wurde. In die eine Waagschale legte man eine Feder und in die andere das Herz jenes Verstorbenen. War nun das Herz schwerer als jene Feder, so wurde er von dem Ungeheuer, „die Vielgefrässige" genannt, verschlungen. Ist das Herz dagegen leichter, so konnte der Verstorbene in das Reich des Osiris eintreten. Mehr als jedes andere Volk hatten sich die Ägypter der alten Tage mit den Geheimnissen von Tod und Jenseits auseinander gesetzt. Ein wesentlicher Beitrag zur Überwindung des Schreckens bestand darin, dass sich die Ägypter bereits zu Lebzeiten intensiv mit ihm beschäftigt hatten.

So schreibt Erik Hornung in seinem Werk „Das Totenbuch der Ägypter": „Die Jenseitshoffnung für alle Ägypter richtet sich auf das für sie mächtigste aller Gestirne, die Sonne. Ihre Barke, in die der Tote einsteigt, trägt ihn aus der Unterwelt wieder empor und mit ihm das ganze Heer der Millionen von seligen Toten, die als „Vorgänger" des Verstorbenen das große Schiff füllen."(S.33)

Horus steht in der ägyptischen Mythologie für den lebenden Pharao. Er ist die Sonne, die zusammen mit den fruchtbaren Wassern des Nils Leben schafft. Dementsprechend ist der Pharao als Gott verehrt worden. Jene „Vorgänger" stehen für verschüttete Potentiale, die wir durch unsere Reise durch das Unbewusste in das Bewusstsein hervorbringen und so den neuen Tag, die Zukunft, mit neuem Schwung beginnen können. Weiterhin schreibt er: „Entscheidend für den Triumph des Sonnenglaubens in den ägyptischen Totentexten war die Tatsache, dass der Sonnenlauf die Welt als Ganzes umgreift. Die Barke des Gottes schwimmt hoch oben im Lapislazuli und Türkis des Himmels, aber jede Nacht muss sie hinab in die äußersten Tiefen der Welt, den Toten Licht und Leben bringen, selber Bedrohung und Schrecken des Todes bestehen, um das verjüngte Gestirn mit neuen Kräften durch das Tor des Horizontes wieder in die Welt zu tragen, die Morgensonne als Zeichen eines immer neuen Anfangs erscheinen zu lassen."

Der Leser mag sich an dieser Stelle fragen, wie man ausgerechnet bei der Karte der „Tod" auf die Sonne kommen kann. Arkana XIII ist in seiner Quersumme 4, welche auf diese Weise auf den Herrscher deutet, der sich in Horus und dem Pharao wiederspiegelt. Wer sich ein wenig mit Astrologie beschäftigt, weiß dass dem Herrscher der Tierkreis Widder zugeordnet ist. Im Widder selbst ist die Sonne erhöht. Er steht für den Frühlingsanfang und somit auch für die Morgensonne und Sonnenaufgang.

Es gibt keinen Grund den Tod zu fürchten. Dafür umso mehr die Maske heruntergerissen zu bekommen. Den Tod zu fürchten, bedeutet das Leben zu fürchten. Es stellt sich eher die Frage, ob wir auch am Leben teilhaben, wenn wir nur eine Funktion übernehmen. Letztendlich, und das wissen wir alle, bestimmen wir unser Leben selbst. So wie die Liebenden Arkana VI den Aufbruch zur gesellschaftsfähigen Person andeutet, die eine Erweiterung des Ich zum Du darstellt, so ist der Tod der Übergang und die Trennlinie zum Selbst.

Nur über den Tod finden wir den Übergang zur Ewigkeit. Das Paradies ist zeitlos. Zeit hat hier keine Bedeutung.

XIII Der Tod

Lege Dich auf den Rücken und
schließe Deine Augen.
Gebe Dir die Erlaubnis Dich zu entspannen.
Entlasse alle Deine Gedanken in die Freiheit.
Alle äußeren Einflüsse sind Dir von nun an vollkommen gleichgültig.
Du konzentrierst Dich nur noch auf diese Meditation.

- kleine Pause -

Kreuze Deine Arme über Deine Brust, so dass die Handflächen die jeweils andere Schulterseite berühren.

- kleine Pause -

Stelle Dir vor, wie ein Energiestrahl auf Deinen Bauchnabel gerichtet ist.
Diesen Strahl atme direkt ein.

Mit jeder Einatmung nimmst Du Energie über Deinen Bauchnabel auf. Mit jeder Ausatmung entlässt Du alles Negative und Schlechte durch Deinen Mund.

- kleine Pause -

Atme ein und atme aus.

- kleine Pause -

Konzentriere Dich auf Deinen Geist und siehe, dass Du wach bist.
Vollkommen wach.

- kleine Pause -

Das Ende ist der Beginn für den Anfang.

Wenn der Tag beendet ist, neigt er sich zur Ruhe.
Der Schlaf ist der kleine Bruder.
In der Bewegung ist Leben,
bis alle Sequenzen dem Ende zugeneigt sind.
Alle Bewegungen, die aufgehört haben, sind ein Tod.
Der Zyklus des Winters wird eingeleitet durch den Herbst.
Die Blätter verlieren ihr Leben.

Sie fallen ab. Übrig bleibt das Gerüst der Zweige.

Das Einzige das bleibt, ist das Gerüst.

- kleine Pause -

Alles hat sich zurückgezogen.

- kleine Pause -

Stelle Dir vor, Du liegst in einem Boot mit gekreuzten Armen über der Brust und fährst hinab.
Immer tiefer und tiefer.

Fährst Du hinein in das Reich der Unterwelt.

- Pause -

An diesem Ort angekommen nimmst Du eine Person wahr, die auf Dich zukommt.

Es ist Dein verstorbener Teil, der im Hier und Jetzt bereits der Vergangenheit angehört.
Dein inneres Spiegelbild, dass Dich reflektiert.
Es ist Dein Ich.

- Pause -

Schaue ihm in die Augen.
Erkenne darin den Spiegel der Vergangenheit,

    was gewesen ist -.

Der Spiegel der Gegenwart, bist Du in Deiner jetzigen Person.

- Pause -

Schaue hinein und siehe jene Unterschiede, die zwischen ihnen bestehen.

- Pause -

Frage Dich, was sich in Deinem neuen Leben ändern sollte, damit Du eine positivere Zukunft erschaffen kannst.

Vielleicht ist es ein Wunsch.
Lasse ihn in Dir entstehen und
setze damit den Grundstein für ein neues Leben.

- Pause -

Reflektiere ihn mit Deiner Vergangenheit,

- kleine Pause -

- mit Deiner Gegenwart -.

- kleine Pause -

Siehe Verbindungsmöglichkeiten,
Deinen Wunsch wahr werden zu lassen.

- Pause -

Und stelle Dir ganz einfach vor, dass er in Zukunft geschieht.

- kleine Pause -

Schaue nun in diesen Spiegel.
In den Spiegel der Zukunft, der sich in einer neuen Person, die Du selbst bist, vor Dir offenbart.

Siehe wie Du vollkommen natürlich und offen mit dieser gewünschten Wirklichkeit lebst.
Lasse diese Vorstellung zu.
Lasse es geschehen.

- Pause -

Ist dieses Bild gegenwärtig, setze Dich in Dein Boot.
Langsam lege Dich nieder und fahre nun zurück.

- kleine Pause -

Komme an den Ort an, wo Dein Körper ruht.
Konzentriere Dich noch einmal auf Deine vorangegangene Atmung.
Der Energiestrahl ist immer noch auf Deinen Bauchnabel gerichtet.

Atme ein
Und atme aus.

- kleine Pause -

Stelle Dir vor, was gewesen ist, damit die Vergangenheit in der Gegenwart sich wandelt,
Vergangenheit wird und bleibt,

und so eine neue Welt zum Leben erwacht.

- Pause -

Wie aus einem Jungbrunnen entsteigst Du dieser Meditation.
Du erwachst zu neuem Leben.

Langsam öffnest Du Deine Augen.
Ebenso langsam reckst Du Dich
und
nimmst allmählich Deine Umgebung wahr.

Lasse Dir ein paar Minuten Zeit, bevor Du Dich erhebst.

Arkana XIV
Die Kunst

Diese Karte zeigt einen Engel. Das Höhere Selbst, der Schutzengel und die innere Stimme meinen allesamt denselben Aspekt. Unser Höheres Selbst ist die innere Stimme, der es zu lauschen gilt. Je mehr Sie Kontakt mit ihr aufgebaut und Vertrauen zu ihr gewonnen haben, umso mehr gelangen Sie in die Bereiche, die von Selbstverantwortung getragen sind. Umso konkreter Attribute, wie Ewigkeit, Allliebe, Güte, Weisheit, Allmacht etc. zugeordnet werden, desto klarer wird die Vorstellung unseres eigenen Schutzengels. Er ist der Bote Gottes, Mittler zwischen Himmel und Erde.

Wenn wir ihm mit unseren vorgestellten Eigenschaften nahe sein wollen, so geschieht dies nur über ernsthafte Bereitschaft. Die Intensität zu dieser Annäherung macht ihn uns bewusst.
Wir können davon ausgehen, dass unser Bestreben sich ihm nähern zu wollen, bei ihm ebenso vorhanden ist. Es ist die gleiche Qualität der Begegnung, die ich bereits in meiner Meditation der Liebenden Arkana VI geschildert habe. Dabei war an diesem Punkt alles außerhalb von uns, also eine Projektion. Hier geht es um die Vollkommene Verwirklichung von Innen mit Außen, von Oben mit Unten. Es ist das ewig strahlende Licht, dass mit Liebe und Macht, Weisheit in Ewigkeit aussendet. Unser erklärtes großes Ziel sollte es sein, es im Alltag zu verwirklichen. Konflikte finden auf diese Weise eine nie zuvor gekannte Lösung, die nach außen unscheinbar, aber in seiner Konsequenz umso tiefgreifender ist. Arkana XIII ist die Voraussetzung für das Ego sich zurückzunehmen. Die Seele kann sich erheben. Sie steigt auf in die Unendlichkeit des Raumes unseres Geistes.

Ein Gespräch mit dem Höheren Selbst entsteht, welches das neue Leben einläutet. Es ist die Transformation, in der das Selbst erwacht ist. Der Tod ist die Grenze zu allem zuvor Dagewesenen. Dort geschah das Sterben des Egos. Die Furcht vor diesem Prozess und des damit verbundenen Festhaltenwollens an äußeren Rahmenbedingungen verhindert das Erleben der Unsterblichkeit, welche über XII bereits gesehen werden konnte.

Das volle Glas musste erst leer werden, bevor das reine Wasser darein konnte. Der Schutzengel füllt seinen Kelch mit der für uns richtigen Mischung aus dem Pool, in dem Wissen, Liebe, Freiheit, Licht u.a. enthalten sind. Er ist gefüllt mit genau jenen Ingredienzien, die wir am meisten gebrauchen können. Der Inhalt dieses Bechers wird uns, der wir selbst ein Kelch oder eine Schale sind, eingeflößt. Unser aktiver Teil besteht darin zuzulassen. Informationen aus dem Unbewussten steigen in die höchsten Ebenen unseres Bewusstseins auf, um dort eine Konversation mit dem Schutzengel führen zu können.

Hinter der Aussage, „Der Mensch denkt, Gott lenkt" zeigt sich, dass jene Kraft bereits zuvor die Informationen in unser Unbewusstes eingepflanzt hatte. Es dauerte seine Zeit, bis jenes Gefühl zu einem konkreten Bild anwachsen konnte und eine Auseinandersetzung möglich wurde, d.h. von nun an werden diese mit dem Höheren Selbst entwickelt. Jeder Einzelne muss seine ihm eigenen Wertmaßstäbe und –zusammenhänge finden und für sich geltend machen.
Ein gefasster Entschluss mit tiefster Überzeugung kann als Lebensgrundsatz ein neues Bewusstsein bewirken, mit dem auf Erden Projekte verwirklicht werden. Der Ansatz dabei ist die reale Umsetzung einer Idee, die bereits mehrfachen Prüfungen unterworfen worden ist und nun darauf wartet, sich in der Wirklichkeit zu beweisen. Der Schutzengel ist Ideengeber und -prüfer zugleich. Andererseits ist seine Aktivität begrenzt, da er das Medium Mensch braucht,

um auf der Erde wirksam sein zu können. Die Fähigkeit zum Selbst-Gespräch wird durch ihn ausgebildet. Auf diese Art und Weise besitzt man einen Rückhalt, der für den weiteren Verlauf der Karten wichtig ist. Dabei sollte ein Gespräch mit ihm immer geprüft werden.

Das Höhere Selbst legt keinen Wert auf unnötige Schmeicheleien, die der Befriedigung der eigenen Eitelkeit dient. Er ist Stütze und Rückhalt in zweifelhaften Angelegenheiten. Das reine Gewissen, welches die Fähigkeit besitzt, diplomatischer zu sein als der größte Diplomat. Sein Verhalten ist rein ziel- und zweckorientiert. Er besitzt realistische Einschätzungen der Wirklichkeit gegenüber, wobei es ihm um die richtige Mischung sich „perfekt" durchzusetzen, geht. Ein Übermaß an Durch-setzungsdrang würde das Umfeld zu Widerstand anregen. Ein entsprechend geringes Maß an Entschlossenheit kann den Willen zur Verwirklichung verwässern. Vergangenheit und Zukunft werden über Arkana XIV transformiert.

Ziel ist es nach Tiphareth (Sonne) zu kommen, d.h. Schönheit und Harmonie, welches reines Dasein im Hier und Jetzt, dass die konsequente Mitte und Fortsetzung der drei Spiegel von Arkana XIII darstellt, zu erreichen.

Die Gegenwart.

Über das Höhere Selbst finden wir den Weg zu dem Stein der Weisen. Diesen zu finden, ist eine rein innere Angelegenheit. Aus Blei Gold zu schaffen, bedeutet nichts weiter als aus der Dunkelheit das helle Licht zu erhalten. Blei wird in der Astrologie Saturn zugeordnet und Gold ist das Metall welches zur Sonne gehört. Nun ist im Mittelalter Saturn der Planet unseres Sonnensystems gewesen, der am weitesten entfernt war. Blei und Gold besitzen das gleiche spezifische Gewicht.

Die Aufgabe des Alchemisten ist es aus diesem Grund nicht gewesen aus dem tatsächlichen Metall Blei Gold zu schaffen, sondern sie diente als Metapher. Es war und ist immer noch ein Hinweis darauf, das Licht in der tiefsten Dunkelheit zu suchen. Die Methode ist mit strenger Disziplin und harter Arbeit das Wissen vom Licht zu erlangen (saturnalisch). Nur wer beständig an diesem Thema arbeitet, kann mit Erfolg rechnen, der auch Bestand hat. Ihr Ausdruck findet sich im ewigen Strahlen der Sonne, welches synonym für das Bewusstsein steht.

Die Sonne sendet Tag für Tag seine Strahlen auf die Erde herab und spendet so Licht und Segen für die Menschen. In der Vergangenheit galt sie als Zeichen für Ewigkeit schlechthin. Sie ist der Lebensspender, der die Dunkelheit besiegt.

Ein Alchemist hatte sich einmal in den Kopf gesetzt aus Blei Gold zu machen. Er war so besessen von dieser Idee, da sie ihm Reichtum und Macht versprach, dass er sodann sein Labor einrichtete und sich ans Werk machte. Er setzte all sein Geld, dass er besaß dafür ein. Seine ersten Versuche waren niederschmetternd. Anfänglich ließ er sich davon nicht entmutigen, da er sich sicher war, nur noch nicht die richtige Methode gefunden zu haben. Doch nach und nach wuchs die Enttäuschung. Als er nach einem Jahr täglichen Mühens immer noch keinen Erfolg hatte, begann er sämtliche Werke seiner Bibliothek, die nur im

Entferntesten damit zu tun hatten, heranzuholen und sie zu studieren. Beim Lesen dieser Bücher vergaß er immer mehr die Welt um sich herum. Er versank in dem Bewusstsein, die die Werke ausstrahlten. Mit jedem weiteren Jahr, das nun folgte, begann er seine Arbeit mit diesem neuen Bewusstsein. Es machte ihm nichts mehr aus, dass der Erfolg ausblieb. Im Gegenteil, er erkannte, dass er sich damit einem Prozess unterzog. Er wurde eins mit seiner Arbeit. Und eines Tages gelang es ihm tatsächlich. Er schaffte aus Blei Gold. Doch es berührte ihn nicht mehr. Er lächelte darüber, behielt sein Schweigen dazu und wendete sich fortan dem reinen Wesen der Alchemie zu.

Diese Geschichte zeigt auf verblüffende Art und Weise, wie diese Karte zu handhaben ist. Das was die Alchemisten mit Gold gemeint hatten, war nichts anderes, als unser strahlendes Bewusstsein zu verwirklichen, dass unser Höheres Selbst oder Schutzengel oder wie auch immer man es nennen mag, dokumentiert. In meiner Meditation von Arkana V dem Hohepriester schreibe ich über das Licht und die überpersönliche Welt, die sich hinter den Säulen der Polarität befindet. Auch erwähnte ich, dass der Glaube die geheime Kraft ist, die irdische Struktur der Elemente, die sich durch Arkana IV der Herrscher äußert, zu wandeln. Der Mensch verändert sich zu einem ganzheitlichen Wesen.

Arkana XIV ist in seiner Quersumme 5. Arkana XIII ist in der Quersumme 4 und verweist auf besondere Art wiederum auf das Irdische. Jenes bereits beschriebene Licht kommt nun in der Mäßigkeit/Kunst auf den Meditierenden herab. Ein Hinweis auf den Magier in Arkana I, der das Licht auf die Erde herabzieht. Die Kunst ist es, sich in diesem Licht aufzuhalten, ohne die Realität mit ihren Bezügen zu verlieren. Arkana IV, der Herrscher ordnet und selektiert Gedanken, die im irdischen Dasein, nach Verwirklichung trachten.

1 und 4 sind die Zahlen, aus denen Arkana XIV gebildet wird. Wichtig ist es deswegen den Blick auf beides zu richten, d.h. die perfekte Balance zu schaffen. Das Energiefeld, dass Sie mit den derzeitigen Ansichten und Haltungen haben, ist eine bestimmte Frequenz. Das Ziel hat auch eine bestimmte Frequenz. Wenn Sie nicht auf dieser Frequenz eingestellt sind, können Sie dieses Ziel nicht erreichen.

Bsp.: Sie möchten im Radio einen Liveauftritt einer Band hören. Wenn Sie den Sender nicht auf die dazu gehörende Frequenz einstellen, in der dieser Auftritt stattfindet, können Sie ihn auch nicht empfangen. D. h. das Bewusstsein und das Ziel müssen das gleiche sein. Im Falle des Radiosenders mit seinen Radiowellen wissen Sie genau, dass Sie diese Wellen nicht sehen, riechen, schmecken oder tasten können. Trotzdem wissen Sie, dass es funktioniert. Diese Wellen können auch über Tausende von Kilometern empfangen werden. Wir besitzen Messinstrumente, die uns bestätigen, dass sie reell sind. Doch wie steht es mit Gedankenkraft? Existieren Sie deshalb nicht, weil es (noch) keine wissenschaftlichen Beweise für sie gibt, weil Messinstrumente, die nach menschlichen Gesichtspunkten konstruiert worden sind, nicht darauf reagieren?

Spüren Sie einmal wie es ist in Ihrem Ziel zu sein. Seien Sie in vollem Bewusstsein in Ihrem Ziel. Sie holen sich durch Ihr Bewusstsein die Zukunft in die Gegenwart. Sie sind am Ziel. Sagen Sie zu sich: „Ich bin am Ziel!" Liegt das Ziel in der Zukunft und Sie holen es sich nicht her, so wird es in der Zukunft bleiben. Es ist keine Sache der Arbeit, sondern oft nur eine

Sache der Einstellung um Ihr Ziel zu verwirklichen. Arbeit ist beengend. Bewusstsein ist überpersonell. Es geht über die Grenzen des Körpers hinaus. Der Körper kann nur im begrenzten Rahmen expandieren. Das Bewusstsein kann zwar im Körper gefangen sein, aber es ist auch fähig weit über diesen hinaus zu gehen, ohne den Körper zu vernachlässigen oder gar zu verlieren.

Die Karte vor der Kunst, Arkana XIII der Tod, verlangt das Ende von dem, dass wir für so lebenswichtig erachten. Stellen Sie sich einmal die Frage: „Wer bin ich?" Bin ich die Person, die gerade diesen Namen in diesem Leben trägt, oder existiert ein Teil in mir, der sich unsterblich wähnt und dieses Leben als eine weitere Episode eines noch größeren Zusammenhangs betrachtet? Hängt diese Persönlichkeit mit Ihren aktuellen Attributen an diesem Leben, so stirbt sie am Ende dessen. Bewusstsein geht über diesen Rahmen hinaus. Identität wechselt stetig. Auch in diesem einen derzeitigen Leben. Viel häufiger als wir es uns selbst zugestehen mögen. Und genau da setzen Arkana XIII und XIV an. Der Tod hat die Aufgabe uns bewusst darüber zu werden, dass es einen unsterblichen Teil in uns gibt. Dieser unsterbliche Teil kann allerdings erst zur Entfaltung kommen, wenn wir bereit sind unsere Persönlichkeitsmuster und Strukturen aufzugeben, damit „Neues", meist Verborgenes, in Erscheinung treten kann.

Feuer und Wasser vereinigt inklusive deren inneren Gegensätze, ist der alchemistische Prozess. Im geläuterten Bewusstsein (Sonne) werden die tiefen Impulse/Eingebungen aus dem Unbewussten (Hohepriesterin) mit den realistischen Gegebenheiten verglichen und geprüft. Aus dem Unbewussten entsteht eine Energie, die wie ein Pfeil nach oben ins Bewusstsein dringt und uns aufbricht. Ein Verweis auf das Tierkreiszeichen Schütze, dem diese Karte zugeordnet und dessen Symbol der Pfeil ist.

Das Vertrauen in diese Macht, dass etwas geschieht, von der man nur eine Ahnung hat, und der man sich hingibt ist die Voraussetzung hierfür. Der Mensch lässt sich zu dem göttlichen Licht führen und wird davon berührt. In dieses Licht getaucht gleicht der Mensch einem Kristall, der geschliffen ist. Sein Selbst hat sich herauskristallisiert und leuchtet in allen Facetten und Farben einem Regenbogen gleich. Hier in Arkana XIV ist die Vereinigung mit dem Höheren Selbst geschehen. Es geht nicht mehr um die Technik der Annäherung, wie sie z.B. in Arkana VI + XI zu erkennen gewesen ist, sondern um das Erleben der Transformation zu einer Lichtgestalt.

Der Mensch ist die Schale, die gefüllt ist vom Spirit.

Wenn Neptun der Planet der Transzendenz und damit der allumfassenden Liebe ist und Pluto der Machtplanet, der das Geteilt-Sein repräsentiert, welcher mit aller Macht die Vereinigung anstrebt, so symbolisiert das Große Werk das Verschmelzen zu einer allumfassenden Liebe über die willentliche Konzentration. Die Mäßigkeit/Kunst ist die notwendige Voraussetzung zur Beherrschung der nachfolgenden Karten, die Gefahren des Lebens darstellen. Er ist der Schutz in der Dunkelheit, das Ur-Vertrauen, welches auf dem Prinzip der Liebe basiert. Nimmt man seine Aufgabe nicht an, fällt man zurück in die Arkana XIII, um sich mit seinem Ego weiter und eingehend beschäftigen zu können. Die Bewegungen, Gedanken und Gefühle etc. erhalten eine höhere Schwingung. Sie werden intensiviert, verstärkt.

Enthebe dich der Emotionalität, bedenke aber, dass sie dein Ursprung sind und schieße einem Pfeil gleich hoch in die höchsten Höhen des Bewusstseins. Setze dich dort auf deinen Thron. Ein entscheidender Faktor auf dem Weg erfolgreich zu sein, ist es sich Wert zu sein und fühlen, dass der Erfolg auch eintritt. Es könnte durchaus möglich sein, dass die äußeren Umstände den Erfolg zur Sache sehr wohl unterstützen, aber die eigene Einstellung und Haltung ihn tatsächlich verhindern.

Arkana XIV ergibt sich u. a. aus der Multiplikation von Arkana VII dem Wagenlenker, der synonym für Erfolg steht mit Arkana II der Hohepriesterin. Ihr obliegen die Seelenbereiche, in der Emotionen die Haltungen maßgeblich beeinflussen können. Es muss das Äußere mit dem Inneren schwingen können. Sie müssen miteinander harmonieren. Das was das Innere zeigt ist oft der Spiegel dessen, wie das Äußere auf uns wirkt. Nur wenn ich wirklich Lust auf eine Sache habe (Arkana XI = 1 + 1 = 2), entwickelt es sich kraftvoll, so dass es fruchtbar zur Geburt (Arkana III, die Herrscherin) gebracht werden kann. Innere Überzeugungen können fruchtbar nach außen getragen werden. Lust oder Arkana XI ergibt in seiner Quersumme 2, die Hohepriesterin. Die Addition von Arkana XI mit Arkana III ergibt 14, die Kunst. Addieren wir nun Arkana II, die Hohepriesterin mit Arkana III, der Herrscherin, so kommen wir auf Arkana V, dem Hohepriester. Dieser ergibt sich zudem aus der Quersumme von Arkana XIV, der Kunst (14 = 1 + 4 = 5).

Arkana V, der Hohepriester offenbart das Geheimnis des Erfolgs. Glaube daran, dass das woran du glaubst auch tatsächlich geschieht. Multiplizieren wir die Hohepriesterin Arkana II mit der Herrscherin Arkana III erhalten wir den Hinweis auf Arkana VI die Liebenden (2 x 3 = 6). In allem und zu jeder Zeit ist Liebe der Schlüssel zum Leben. Liebe bedeutet auch, und darauf verweist Arkana VI insbesondere, die Position des anderen zu verstehen. Das ständige hineinversetzen schafft Inter-esse. Aktive Auseinandersetzung, sich auch mit Kleinigkeiten abzugeben (Zwillinge; Arkana VI, die Liebenden) schafft den nötigen und wichtigen Über-Blick (Schütze; Arkana XIV, die Kunst).

XIV Die Kunst

Mache es Dir bequem und schließe Deine Augen.
Gebe Dir die Erlaubnis Dich zu entspannen.
Entlasse alle Deine Gedanken in die Freiheit.
Alle äußeren Einflüsse sind Dir von nun an vollkommen gleichgültig.
Du konzentrierst Dich nur noch auf diese Meditation.

- kleine Pause -

Stelle Dir vor, wie Du Dich in Dein Bad begibst und dort einer Reinigung unterziehst.
Lasse Dich von der wohltuenden Entspannung und Wärme verwöhnen.

- kleine Pause -

Stelle Dir nun vor, wie Du Deinem Bad entsteigst.
Du bist gereinigt.

- kleine Pause -

Kleide Dich in ein weißes Gewand, nehme eine ebenso weiße Kerze mit Dir und betrete den Raum in dem Du diese Meditation abhalten möchtest.

- kleine Pause -

Setze Dich in Deiner Vorstellung auf den Boden und stelle Deine Kerze vor Dich hin.
Entzünde sie.

- kleine Pause -

Richte Deinen Blick nach vorne und stelle Dir vor,
wie der Hohepriester sich hinter den Säulen der Wahrheit befindet.

Er sendet Dir mit der Hostie und dem Kelch Licht herab.

Die beiden Säulen bilden einen Energiestrahl.

An diesem Strahl bricht sich das weiße Licht in den Farben des Regenbogens,
und
sendet Dir seine Liebe zu.

- kleine Pause -

Beschaue nun die Flamme Deiner Kerze.

- kleine Pause -

Deine Hände ruhen dabei auf den Knien.
Deine Handflächen zeigen nach oben.
Sie sind zwei Schalen,
und Du damit
der empfangende Teil zweier Pole.

Stelle Dir vor, wie Du Licht aufnimmst.

Du bist eine leere Schale und wirst mit Licht und Liebe gefüllt.

- kleine Pause -

Während Du einatmest, nimmst Du Stück für Stück Licht auf.

- Pause -

Nehme nun beide Hände langsam über Deinen Kopf.
Ziehe sie von dort aus bis auf Deine Brust herab.

Wiederhole diesen Vorgang so oft Du es wünschst und Du das Gefühl hast,
dass das göttliche Licht, dass Du von oben empfängst,
vollständig in Dir enthalten ist.

Rufe dieses Licht zu Dir herab.

- lange Pause -

Du bist umhüllt von leuchtendem Licht.
Atme diese Kraft.
Atme aus und spüre, wie sie wieder ausströmt.
Lächle und entspanne Dich.
Mit jedem Ausströmen stelle Dir vor, wie Du positive Energie,
die Du erhalten hast,
zurücksendest.

Die Energie ist ein Engel, der seinen Kelch auf Dich herab regnen lässt.
Mache das gleiche auf umgekehrtem Weg.
Er erwartet Deine Liebe.

- lange Pause -

Jede Ausatmung, jeder Gedanke, jedes Gefühl, dass Du aussendest um Deinem
Schutzengel Liebe und Licht zu spenden,
wird er aufnehmen und Dich dankend und segnend anlächeln.
Mit jeder Einatmung empfängst Du diese.

- Pause -

So schließt sich der Kreis.
Ihr seid Eins.

- Pause -

Wie ein Kristall schließt sich das Licht rings um Dich herum.
Es hüllt Dich ein.
Du bist geborgen.
Er ist für Dich da.
In Dir und an Deiner Seite.

Ewiges Licht.

- kleine Pause -

Diese Energie lasse nun Du auch abfließen, in dem Bewusstsein,
dass Du von der spendenden Kraft gesegnet und vollkommen umhüllt bist.

Stelle Dir dabei vor, wie es um Dich herum ausfließt,
es sich kreisförmig ausbreitet.
Wie die Wellen eines Sees, dass Durch den Wurf eines Steins ausgelöst worden ist.

- kleine Pause -

Werfe einen Stein hinein.
Beobachte die Wellen, die sich auf dem See bilden.
Beobachte den Stein, wie er absinkt.
Tiefer und tiefer sinkt er.
Bis er schließlich am Grund angekommen ist.

- kleine Pause -

Du siehst Wellen von einem Zentrum ausgehend,
dass Du selbst erzeugt hast.
Von dort aus spüre eine Kraft die Dich ruft.
Wie ein Pfeil durchstößt Du die Mitte und gleitest bis auf den Grund hinab.

- kleine Pause -

Von dort holst Du Dir Deinen Stein, stößt Dich ab und steigst wieder auf.

Vom Unterbewussten ins Bewusste.

Erneut Wellen erzeugend, befindest Du Dich inmitten einer Lotusblüte, die aus ihm erwächst.
Du sitzt inmitten einer Lotusblüte, die sich für Dich geöffnet hat.

- kleine Pause -

Aller Makel perlt von ihr ab.

- kleine Pause -

Der Stein, den Du hinein geworfen hattest, ist schwer gewesen.
Genau er ist es gewesen, der Dich hinunter zog.

Zu Dir selbst.

Er forderte nicht mehr, als dass Du Dir selbst auf den Grund kommen würdest.

- kleine Pause -

Das Problem und die Arbeit, die sich damit verband, waren nichts weiter als ein Trick, um Dich erkennen zu lassen, dass Du mit Dir ins Reine zu kommen hast.

Du befindest Dich inmitten einer Lotusblüte.

- kleine Pause -

Spüre die Strahlen, die Dich umgeben und die Du aussendest.

Dieses Strahlen und Leuchten ist auch in Deinen Augen.
Dein Mund ist entspannt und lächelt.
Deine Ohren hören in Dich hinein.

- kleine Pause -

Es ist eine unbegrenzt strömende Kraft, die ihr Zentrum und ihre Identität,
    - Deine Eigene -
        - Du selbst -
            ewig behält.

- kleine Pause -

Es ist eine unbegrenzt strömende Kraft.

- kleine Pause -

Allmählich kehrst Du in diesen Raum zurück.
Du nimmst wahr, wie Du Deine weiße Kerze vor Dir hast.
Nach und nach findest Du Dich in Deinem Raum liegend wieder.

Vielleicht hältst Du Deine Lotusblüte in Deinen Händen.

Wie aus einem Jungbrunnen entsteigst Du dieser Meditation.
Du erwachst zu neuem Leben.

Langsam öffnest Du Deine Augen.
Ebenso langsam reckst Du Dich
und
nimmst allmählich Deine Umgebung wahr.

Lasse Dir ein paar Minuten Zeit, bevor Du Dich erhebst.

Arkana XV
Der Teufel

Der Alchemist macht sich auf die Suche nach dem Stein der Weisen, der Prima Materia. Dem Aufruf des Höheren Selbst gemäß, folgt er dem Pfad die den Stein aus den 4 Elementen bilden. Der alchemistische Wandlungsprozess beginnt. In Arkana XV wird nach ihrer Verwirklichbarkeit unter dem Komplex der Vereinigung geprüft, so dass die Ein-Sicht darüber möglich ist. Wenn etwas beginnt, so als erstes im Innen, welches die Keimzelle eines Gedankens ist (Der Gedanke selbst ist Arkana XIV, der sich in das Innere des Körpers einpflanzt.).

Im ersten Moment scheint alles was neu ist und einen Anspruch nach Verwirklichung erhebt, unheimlich. Es zieht einen weg von der heimeligen Atmosphäre des Ist-Zustandes. Angstbringende und -erfüllende Er-inner-ungen werden geweckt, gespickt mit Möglichkeiten, die außerhalb des Gewohnten liegen.

Da die Komplexität der Furcht sich im unreflektierten Unterbewusstsein aufhält, steigen sie wie eine geballte Kraft einem Phallus gleich in das Bewusstsein auf. Furcht ist unkonkret und schwer zu besiegen. Angst dagegen erkennt man. „Man hat Angst vor etwas." D.h. man schafft sich eine Vorstellung darüber.

Nenne den Teufel bei Namen, ist im Grunde genauso zu verstehen, wie erkenne die Ursachen der Probleme, die als Furcht in Dir in seiner Komplexität aufsteigen und sich Deiner bemächtigen wollen.

In verschiedenen Tarotdecks ist der Teufel durch einzelne Tierattribute zu einem Wesen zusammengestellt, z.B. Fledermausflügel, Bockshörner etc..

Betrachtet man seinen Positivaspekt, würde man ihm andere Gestalten zuordnen. Was uns in Arkana XIV als Eingebung erscheint, beginnt in Arkana XV als Umsetzung. Arkana XV ist dem Tierkreis Steinbock und somit dem Element Erde zugeordnet. Auf diesem leben wir mit unserem Körper und den dazugehörigen 5 Sinnen. Die Addition der Zahlen 1-5 miteinander ergeben 15. Die Hand besitzt 5 Finger. Der Teufel zeigt seine offene Hand und weist so darauf hin, dass kein Weg an ihm vorbei führt, sich mit dem Irdischen auseinander zu setzen, will man den spirituellen Weg gehen. Hebe einmal in einer Gruppe von Leuten Deine Hand und Du wirst sofortige Aufmerksamkeit auf Dich ziehen, ohne auch nur ein Wort gesagt zu haben. Er zeigt damit, dass wir erst unsere 5 Sinne (Fühlen, hören, riechen, schmecken, sehen) entwickeln müssen, bevor wir uns um den 6. kümmern können. Nur mit unseren zwar begrenzten Mitteln schaffen wir eine konkrete Beobachtung. Natürlich ist diese Wahrnehmungsfähigkeit eingeengt, allerdings sind sie die einzigen Werkzeuge, die uns erstmal zur Verfügung stehen.

Der Hohepriester Arkana V hebt stattdessen nur drei Finger, um so auf das Mysterium des Lebens, dass sich hinter der Wahrnehmung der fünf Sinne verbirgt, hinzuweisen. Beide heben, zusammen mit dem Magier jeweils eine Hand gen Himmel und die andere Richtung Erde. Ihr Motto lautet. „Solve et Caogula!", welches übersetzt heißt „Teile und füge zusammen!" Wahre Erkenntnis können wir nur erlangen, indem wir unabhängig von anderen uns um das Thema kümmern. Analysiere die Einzelteile und wenn dies gelungen ist, füge es selbst wieder zusammen. Wo sonst, als auf der Erde sind wir aufgefordert mit Bewusstsein, besonders mit dem der 5 Sinne unseres Körpers, Licht ins Dunkle zu bringen. Arkana XIV weckt angstfrei und sanft Arkana XV. Mit einem gesunden und selbst-bewussten Über-Bewusstsein besitzt man die Fähigkeit in die gefahrvollen Tiefen des archaischen und angstbesetzten Dunklen einzutreten.

Dort angekommen erhält man Einblick in die eigenen Schatten, die als Recht für sich beanspruchen ebenfalls am Leben teilzunehmen. Der Regent ist das ominöse omnipotente Tier, dass mit aller Macht instinkthaft und energisch an die Oberfläche will. Dabei ist das Tier jener Teil im Menschen, der sich aus Wesenheiten zusammensetzt, die wir am meisten fürchten, all' das, was wir nicht sein wollen. Diese individuelle Mischung legen wir bei der bildhaften Beurteilung eines Teufels zugrunde. Hässlich, oder verführerisch schön, in Tiergestalt oder als dunkler Engel usw.. Hieraus ergibt sich die Frage, welches Tier sehen wir in ihm und was verbinden wir damit? Die Tierseele ist das ungezügelte Wesen. Es geht nicht darum sich von ihr überwältigen zu lassen, so dass man Besessenheitsstrukturen aufweist. Vielmehr geht es darum, sich selbst einem Teil gegenüber zu stellen, der schon immer vorhanden gewesen ist und aus dem Zivilisation erst möglich wurde. Die Tatsache, dass ein Ursprung nicht akzeptiert wird, weist auf eine unvollkommene Gesellschaftsstruktur hin. Üblicherweise verbindet man in unserer westlichen Kultur mit dem animalischen Trieb Zerstörung. Dabei sollten wir bedenken, dass Zerstörung eben durch Verdrängung entsteht.

Unterdrückter Trieb erscheint im ersten Moment gewalttätig, da er unter Druck zurückgehalten worden ist. Nun bricht es hervor. Auf ins Bewusstsein, welches sich bereits über Arkana XIV kristallisierte.

Der Teufel stellt den maskulinen, archaischen Teil der allumfassenden Energie dar. Er ist wild, weil er mit sexueller Leidenschaft seinen Trieben nachgeht. Repräsentiert Arkana XIV den intelligenten, besonnenen Teil, so ist in Arkana XV die genaue Umkehrung zum instinkthaften, radikalen Wesen angezeigt. Dort erkennen wir Wurzelkräfte, die in uns schlummern, und nur darauf warten, von uns geweckt zu werden.

Nicht umsonst verwende ich in meiner Meditation den Wald. Ein Baum greift mit tiefen Wurzeln in die Erde. Die Wurzeln sind unsere animalischen Kräfte. Sie bewusst zu machen, darum geht es. Darüber hinaus wird man nicht umhin kommen, die Kraft der Sexualität bei dieser Karte wahr zu nehmen. Es ist der gleiche Ablauf, den ich in Arkana XI beschrieben habe, nämlich die Weckung der Kundalini-Kraft. Die Schlange der Weisheit tritt aus. In Arkana XV geht es um das Wissen über diese Kraft. Wissen ist Macht. Dieses Wissen gewinnt man über die Ein-Sicht.

Das Auge (Das hebräische Wort, dass dieser Karte zugeordnet wird heißt Ajin und bedeutet übersetzt Auge.) wird direkt auf Arkana XV bezogen, ebenso Lachen. Beides charakteristische Merkmale des Teufels. Er lacht und schaut uns durchdringend an. Das dritte Auge ist die voll entwickelte Kundalini-Kraft. Ich habe bereits in Arkana XI darauf verwiesen, dass diese körperlichen Ursprungs ist. Hier bedeutet es, den bewussten (und ersten) Umgang mit der spirituellen Energie. Eine Verdrängung dessen, wird sich durch ein Verhalten äußern, dem man das Böse oder Ungeheure zuschreibt. Meines Erachtens würde es einer Spaltung der Persönlichkeit gleichkommen, gelingt es einem nicht, sie zu integrieren. Es soll allerdings nicht heißen, nun unkontrolliert und zügellos sich ihr hinzugeben, welches das andere Extrem dessen wäre. Arkana XIV zeigt uns den Weg der Mitte. Diese Karte sagt uns, dass die Mitte aus dem Zusammenspiel von Extremen besteht.

Die Macht zu sein, bedeutet die Tierseele in sich entwickelt zu haben. Dies geschieht behutsam, um nicht von ihr überwältigt zu werden, da es neu und un-ge-wohnt ist. So wie alles Neue am sinnvollsten mit einer gewissen kritischen Distanz beäugt gehört, so sollte man am Anfang dementsprechend die Kraft des Archaischen zu Tage befördern. In Bezug auf Arkana XV ist es wichtig, sich zu fragen von welcher Warte man aus die Karte betrachtet. Ist man in der Macht, d.h. die Macht selbst, oder ist man vor ihr, in diesem Sinne abhängig. Man kann ihr positiv sowie negativ begegnen. Jede Karte hat seine 2 Seiten.

Ich erinnere hierbei an die Beeinflussung der Medien auf die Gesellschaft. In der Medienlandschaft, bsp. weise der Werbung sehen wir die Kunst der Verführung. Verkauft werden Produkte, die allesamt rein physisch orientiert sind. Der Preis\Geldwert ist oft sexuell stimuliert. Der Positiveffekt ist das Lachen (Die glückliche Familie etc.). Würde man diese Situation negativ betrachten, so nimmt man sich die Lust am Leben. Mit dem Höheren Selbst besitzt man die nötige Basis und das Vertrauen von dem aus man in Ruhe, Gelassenheit und Liebe sich auf die Suche nach verdrängten Potentiale macht und dadurch die Lust am Leben gewinnt. Licht in das Dunkle zu bringen setzt den eigenen wachen Geist voraus. Die Zahl 15 spaltet sich auf in 1 und 5. Arkana I ist der Magier und Arkana V der Hohepriester. Luft und Erde, denn der Hohepriester wiederum wird dem Tierkreis Stier, dem Zeichen der Erde zugeordnet, dem Magier die Luft. Beim Entwickeln der magischen Kraft beginnt jede Realisation auf der Erde. Die Realisation eines Gedankens beruht auf dem Bewusstsein (Arkana I) und dem Glauben (Arkana V) an diesen, d.h. es kann kein Gedanke zu fern sein, wenn er in unseren Köpfen und somit Vor-Stellungen (Arkana VI als Quersumme) existiert.

Ich erinnere an meine Meditation des Magiers, der eine Welt aus seinem Herzen schuf. Das Fluid, dass er damit formte ist reines Licht. Der Kern einer jeglichen Handlung ist das Licht, welches uns über XIV mitgeteilt wurde. Dieses Licht dringt nun ein in die dunkle Materie der Erde. Der Hohepriester zeigt uns über der unabdingbaren Kraft des Glaubens, dass dies möglich ist. So wird um das Licht die Erde geformt. Dies ist der erste Schritt des alchemistischen Prozesses, den Stein der Weisen zu schaffen. In dem dunklen Bereich der Sexualität kann die Leidenschaft einen überwältigen. Evtl. möchte man den Partner beherrschen, bzw. den eigenen Willen aufzwingen. Dunkelheit bedeutet keinen Ein-Blick (Siehe das dritte Auge, welches die Einsicht ermöglicht.) in die verborgenen Dinge. Dies kann zu Verstrickungen in Intrigen- und Machtspielen führen. Aus diesem Strickmuster wird der Schleier, der alles verdeckt, was verborgen bleiben soll, geschaffen (Der dunkle Bereich der Hohepriesterin). Die Gefahr darin besteht, sich nur schwer daraus befreien zu können. Eine Lösung (von Ketten) wäre es, sich an höheren Werten und Zielen zu orientieren (Was sich integrativ auswirken würde.). Der eigene Wille wäre ausgerichtet (wie ein Phallus) und verstärkt (das höhere Ziel). Hierdurch erfährt und findet man das Wissen über die ur-eigene Vision eines besseren Lebens.

Der Steinbock erkennt Autoritäten an, um an ihnen zu wachsen. Beharrlich und beständig verliert er nie sein Ziel vor Augen. Entsprechend arbeitet die Karte an der Entwicklung der Seelenkräfte. Was einem der Schutzengel an Schätzen bietet, ist unser eigenes unentdecktes und unerforschtes Land. Dort gilt es diese zu heben. Nur mit Konzentration und Willen gelingt es, sich durch dieses wilde Dickicht durchzuforsten. Dabei begegnet man vielen seltsamen Dingen und Wesen, die uns den wahren Weg zu unseren verborgenen Wissen zeigen, wenn wir ihnen liebevoll begegnen (VI). In Arkana XIV geschah die Transformation zum Selbst. Nun in Arkana XV wird der Kontakt zur archaischen Transformationskraft aufgebaut. Es verleiht ein ungeheueres Energiepotential, dass allerdings im Verlauf des Lebens fruchtbar umgesetzt gehört. Damit steht einem eine immense Schaffenskraft zur Verfügung. Als Steinbock besitzt man Beharrlichkeit und Selbstsicherheit in allen Handlungen. Sie verleihen eine gewisse Autorität, vor der sich andere Menschen kaum verschließen können. In Arkana XIV fand man die Mitte durch das Zwiegespräch. Das Selbst, welches sich nun in Kontakt und Konversation zu einem befindet, begegnet Aspekten wie Macht, Autorität u.ä. Mit einer gelassenen Persönlichkeit, die Interesse daran hat, sich höheren Dingen zu widmen, kann die Gefahr der Verführung und Verstrickung gebannt werden. In Arkana XIV erhielt man die Information, die ein erfülltes Leben mit den höheren Mächten und Kräften möglich macht. Nun in Arkana XV erfüllt sich die Botschaft durch Anwendung der Willenskraft. Irdische Belange werden nicht mehr persönlich betrachtet, sondern als Boden von Ideen angesehen.

Realisation bedeutet den Geist auf die Erde herab zu ziehen und dort etwas fruchtbar entstehen zu lassen. Dieses Bild entspricht einer Säule, Verbindung. Der Gehörnte ist im Grunde eine Anlehnung an Pan. Pan-ik, Pan-amerikanismus u.ä., sind Wörter, die es ausdrücken. Seine körperlichen Merkmale sind die Hörner, die Bockshufe, der überdimensionale Phallus, als Zeichen seiner Fruchtbarkeit, sein Schrei, der übrigens in dem Wort Panik zum Ausdruck kommt, etc.. Der Schrei kann Ausdruck größter Angst, die einen überwältigt, aber auch Waffe sein, um den Feind zu erschrecken. Das einfache griechische Volk des Altertums, speziell der Hirten, hatte zu ihm eine besondere Beziehung, wenngleich man keinen einzigen Tempel von ihm in ganz Griechenland finden wird. Er galt als Schutzgott der Ziegen und Hirten, seine Gestalt ähnelte dementsprechend dem eines Ziegenbockes. Paare, bei denen es mit der Zeugung nicht klappte, brachten ihm Opfergaben, um die von ihm erwünschte Manneskraft zu erhalten. Er ist der Gott, der nicht in den Olymp aufgenommen wurde und auch selbst nicht dahin wollte.

Im Christentum ist Pan das Sinnbild derjenigen griechischen Göttinnen und Götter, die Sexualität frei, ungezügelt und wild ausleben. In unserer mitteleuropäischen Struktur macht es Sinn, sich neben Pan mit der keltischen Mythengestalt Cernunnos eingehender zu beschäftigen. Er ist der Gehörnte, der in Hirschgestalt durch die Wälder streift. Die Vorstellung eines kapitalen Hirsches weckt in uns Assoziationen von Potenz und Stärke (vgl. Macht = Sex + Geld = kapitaler Hirsch). Er ist die Verbindung zur Natur, die Brücke zur Seelenlandschaft, der in seiner Funktion als König der Tiere es für den Menschen leichter macht, diese zu durchforsten. Sein Geweih entspricht den Wurzeln, die im Oben angesiedelt sind und können als eine Weiterentwicklung zu Arkana XIV betrachtet werden. Die Blickrichtung verlagert sich hier von unten nach oben. Stelle Dir Dich in Deiner Art als Steinzeitmensch vor, an der Du von den Gesetzen der Natur abhängig bist. Der Blitz, der

Donner, die Mächte der Finsternis, die ihren Plan antreten, wenn die Sonne untergeht. Das einzig Dir Trost spendende Licht, ist das Lagerfeuer. Besitzt Du dieses Licht?! Die Kräfte des Tages zeigen immer wieder, dass das Licht gewinnt. Dieser Zyklus äußert sich Tag und Nacht. Jetzt in der heutigen Zeit, in der wir domestiziert sind, glauben wir an das elektrische Licht.

Trotzdem ist ein Teil unserer Ur-Angst übrig geblieben. Diesen verdrängen wir zu leicht und meinen auch den damit verbundenen Ur-Instinkt beiseite schieben zu können. Die Nacht und die Angst symbolisieren Schattenseiten. Nun geht es darum, sich konfrontieren zu lassen. Sexualität kann auf drei Arten erlebt werden. Als Opfer, Täter oder als erlösender Weg, der ein Hinweis auf Arkana VI ist. Die Kraft der Schattenseiten vor sich hingestellt ist eine wichtige Methode sich mit ihr auseinander zu setzen.

Der Steinbock erklimmt die höchsten Höhen, um am Gipfel des Berges seine Hörner gen´ Himmel zu strecken und zu brüllen. Es ist die Kraft, welche in Form von Raketen (die einem Phallus gleichen) in die Unendlichkeit des Raumes dringen, um diesen zu erobern. Dabei sollte man immer bedenken, dass Liebe stärker als jede Magie ist. Die Meditation, wie ich sie beschrieben habe, ist eine rein dynamische. Ich möchte in diesem Zusammenhang auf die Notwendigkeit hinweisen, dass sie nicht mit geschlossenen Augen in einer Liegehaltung o.ä. geschehen sollte, sondern der Text wörtlich zu nehmen ist. Ich persönlich halte diesen Text für eine Vorstufe. Dem weiteren Verlauf ist der Phantasie keine Grenzen gesetzt.

Der Einleitung selbst gebe ich keinen Anspruch auf Richtigkeit und Vollständigkeit, denn dieses Prinzip ist zu umfassend, als dass es hinreichend erschöpfend geschildert werden kann.

XV Der Teufel

Mache es Dir bequem und schließe Deine Augen.
Gebe Dir die Erlaubnis Dich zu entspannen.
Entlasse alle Deine Gedanken in die Freiheit.
Alle äußeren Einflüsse sind Dir von nun an vollkommen gleichgültig.
Du konzentrierst Dich nur noch auf diese Meditation.

- kleine Pause -

Stelle Dir vor, wie Du Dich in einer wilden Landschaft befindest.
Vor Dir erblickst Du eine mächtige Eiche.

- kleine Pause -

Unheimlich und grimmig wirkt sie.
Ihre Äste gleichen Arme.
Es scheint, als würde diese Eiche Dich anschauen wollen.
Vage kannst Du ihr Gesicht erkennen.

- kleine Pause -

Setze Dich in Deiner Vorstellung an den Fuß der Eiche und nehme ihre ganze Kraft, die von ihr ausgeht, wahr.

- Pause -

Atme dabei tief ein und aus.

Atme die ganze Kraft, die von ihr ausgeht, ein.

- Pause -

Dein Blick senkt sich zur Erde.
Tiefer und tiefer richtest Du Dich hinab
und
erkennst eine Luke direkt vor Dir liegen.

- kleine Pause -

Öffne sie.

Unterhalb der Luke siehst Du eine Wendeltreppe, die hinabführt.

Betrete diese und steige die Stufen herunter.

Tiefer und tiefer steigst Du hinab.
Immer tiefer gelangst Du dabei in die Erde.
Rechts und links von Dir erkennst Du die Wurzeln der Eiche, vor der Du gesessen bist.
Es wird dunkler und dunkler.

Bis Du schließlich an einem dunklen, schwarzen Tor angelangst bist.

- kleine Pause -

Beschaue es Dir.

- Pause -

Nun öffne es.

Du erblickst eine große Halle.
Sie ist ebenso düster gehalten.
Nur ein schwaches Leuchten, dass von schwarzen Kerzen ausgeht, erhellt diesen Raum.

Dieses Leuchten befindet sich am Ende der Halle.
Der hellste Punkt in dieser Dunkelheit.
Gehe auf ihn zu.

- Pause -

Am Ende der Halle angelangt, befindet sich auf einem Thron sitzend,
der Gehörnte.
Er schaut Dich mit bohrenden und brennendem Blick an

und spricht:

Die Augen sind der Ausdruck meiner Macht.
Wenn Du sie schaust, siehst Du das brennende Feuer der Ewigkeit.
Ich bin die Fackel, die nie erlischt.
Ich bin das Feuer, dass in jedem Herzen brennt.
Wenn Du sie schaust, siehst Du den Ursprung der Macht.
Es ist die Macht, Flüche aufzuerlegen.
Ich verdamme Dich,
    bist Du nicht bereit zu akzeptieren,
    bist Du nicht bereit, zu lieben aus brennendem Herzen,
    und Du wirst fallen,
in mein Reich.

Steht es nicht geschrieben, dass man mich nicht verfluchen soll?
Als Gottes Strafe mich traf, stürzte ich und fiel.
Ich fand mich wieder in dem Raum der Welten.
Wie ein Komet fiel ich herab.
Mein Schweif sind all´ die gefallenen Engel, die mir folgten.
In dem tiefen Fall kam ich auf die Erde.

Dort angekommen war ich allein,
    allein mit mir und meiner Gefolgschaft, die mir ewige Treue schwor.

Als ich mich erhob schrie ich auf in meiner Wut.
    Die Erde begann zu zittern
    Berge stürzten ein
    Die Wasser erhoben sich.

Die Winde brausten auf zu einem fürchterlichen Orkan.
Um mich herum stand die Welt in Flammen.
Und darob lachte ich.
Denn ich wusste, ich war frei und meine Macht mit mir.
Ich wusste nun, nichts konnte mich töten.
Ich bin Frei!
Am Grund des Lebens angekommen.
Und ich sah, dass es gut war!
Denn ich bin Frei!
Diese Wut, diese unbändige Freiheit in mir zündet alle Kraft.
Ich bin die Stärke!
Meine Dämonen sind meine Gefolgschaft.
Sie dienen mir.
Ich bin der Herrscher.

Wer seid ihr Menschen, dass ich euch fürchten soll?

Ich war auf dieser Welt seit Anbeginn der Zeit.
Meine Wurzeln greifen bis tief in die Erde.
Ich bin der Baum, der zum Lichte strebt.

Ich bin auch der Wächter.
Alles, dass sich bewegt, begegnet letztendlich mir.
Denn ich bin Luzifer, der Lichtbringer.
Alle Informationen sind meine.

Doch hütet euch wohl!
Ich bin ein gefallener Engel!

Ihr Menschen seht den Baum im Paradies.
Den Baum des ewigen Lebens und den Baum der Erkenntnis.

Nur wenn ihr Unsterblichkeit verlangt, werdet ihr die Erkenntnis besitzen.
Ich saß auf dem Baum der Erkenntnis.
Ich war die Schlange.
Denn ich bin ich der Erlöser
und
Verführer.
Die 7 ist mir eine heilige Zahl.
Alle Lust geht von mir aus.

Lebt euren Körper lustvoll und ihr werdet die Erkenntnis erlangen.
In der gesamten Natur gibt es nur Lust.
Ich bin das Tier, dass sich schreiend aufbäumt.
Ich bin das Tier, dass durch die Wälder jagt.
Ich bin das Tier, dass sein Revier verteidigt.
Ich schreie den Schrei, dass die Welten erzittern.
Ich stoße meine Hörner gen´ Himmel.
Ich bin die Unsterblichkeit, das ewige Leben.
Ich sitze auf dem Kubus und regiere die Welt.

Ich bin der gefallene Engel.
Ich bin Luzifer, der Lichtbringer.

- Pause -

Nachdem Du ihn geschaut und gehört hast, verneige Dich vor ihm und wende Dich wieder um.
Bedenke, dass er die andere Seite der Medaille Gottes darstellt.

- kleine Pause -

Mache Dich auf den Rückweg.

- kleine Pause -

Du erreichst das Ende der Halle.
Öffnest das Tor.
Schließt es hinter Dir
und
nimmst den Weg der Wendeltreppe nun aufwärts.
Rechts und links von Dir siehst Du wieder die Wurzeln der Eiche.

Du erreichst die Luke.
Öffnest diese und entsteigst der Erde.
Schließe auch sie
und
stelle Dich nun mit ein paar Metern Abstand vor die Eiche.

**Lasse die Meditation beim Anblick Deiner Eiche noch etwas vorüber ziehen,
bevor Du Dich endgültig verabschiedest.**

- kleine Pause -

**Wie aus einem Jungbrunnen entsteigst Du dieser Meditation.
Du erwachst zu neuem Leben.**

**Langsam öffnest Du Deine Augen.
Ebenso langsam reckst Du Dich
und
nimmst allmählich Deine Umgebung wahr.**

Lasse Dir ein paar Minuten Zeit, bevor Du Dich erhebst.

Arkana XVI
Der Turm

Ich möchte an dieser Stelle noch einmal auf den Beginn der zweistelligen Zahlenreihe aufmerksam machen. Die Grundhaltung in Arkana X das Rad des Schicksals ist der Magier, der Punkt der Nabe, der sich aus der Quersumme ergibt. In der darauffolgenden Karte Arkana XI, der Lust, vereinigen sich die polaren Kräfte zu einem neuen Ganzen. Diese Vereinigung steigert sich nicht nur in körperlicher Ekstase, sondern sie löst sich soweit auf, dass man bei dem Hängenden Mann an die Grenze zwischen Werden und Vergehen, den Pool des Zyklus, aus dem alles entsteht, gelangt. Bevor nun eine tatsächliche Vereinigung der Kräfte geschehen kann, denn bis dahin ist alles im Außen geschaut worden, muss das Ego sich seiner eigenen Vergänglichkeit bewusst werden. Es muss erkennen, dass jeder Atemzug ein Sterben und Wiedergeboren werden verkörpert. Beide zusammen machen den Kreislauf des Lebens aus. Fordert man an dieser Stelle ein höheres Ziel, so ist man unweigerlich zu der Verschmelzung der polaren Kräfte, zu dem Zweck einem größeren Ganzen zu dienen, aufgefordert.

Fünf Finger bilden eine Hand (vier Finger und der Daumen). Jeder für sich ist schwach, doch mit allen zusammen erlernt man das begreifen. Alle fünf vereinigt können eine Faust bilden und zur Stärke anwachsen.

In Arkana 0 dem Narren teilte sich die potentielle Kraft in die männliche des Magiers und die weibliche der Hohepriesterin. Von dort an gab es eine Bewusstwerdung über ihre Qualitäten und Ebenen, mit dem Ziel nach Vereinigung der manifestierten Gegensätze. All dies ist in Arkana XIV zum Abschluss gebracht worden. Im Teufel zeigt sich der Umgang des Wissens und Selbst-Verständnisses zum Thema Macht auf Erden. Die Ein-Sicht in die Zusammenhänge der Materie brachte das Wissen darüber. Nun ist der Geist der Siegreiche über das Irdische. Es ist derselbe, der über Arkana XIV den Weg zum Selbst ermöglichte.

Um den Turm zu begreifen, müssen wir zuerst die Essenz, die sich aus Arkana XV formte berücksichtigen. In dem Maße, indem es gelungen ist, jene Muster der Abhängigkeiten zu durchleuchten, gelangt man in die Position des Beobachters und Handelnden zugleich.

Das ursprüngliche Motiv ist die Verschmelzung des Menschen mit dem Schutzengel. Dies entspricht der Zeugung, die wiederum nur durch gemeinsame Begegnung möglich ist. Doch ist auch dies eine Illusion, denn der Schutzengel und der Mensch **sind** Eins. Es geht vielmehr um die Bewusstwerdung und Ein-Sicht (Arkana XV) dass die Fähigkeit und Macht schon immer existierte. In Arkana XVI wird dieser Schleier zerrissen und die Illusion der Unvollkommenheit und Abhängigkeit endgültig zerstört. Die Fähigkeit eigene Wünsche selbst zu formulieren, auf dass sie sich erfüllen können, ist die eigentliche Gefahr, die sich dahinter verbirgt. Wünsch Dir was und es wird wahr. Aber überlege Dir genau, was Du Dir wünschst, es könnte in Erfüllung gehen.

Die Versuchung besteht darin, persönliche Motive in den Vordergrund zu stellen und sich diesen auszuliefern. Jeder Gedanke, egal welcher Couleur, sei es dass er einem überpersonellen Zweck dient, oder auch nicht, hat ein Bestreben aufzusteigen. Er möchte eingehen in etwas Größerem. In dem Moment, da der Gedanke in höhere Bereiche eingedrungen ist, wird dieser Teil transformiert. Die Gefahr von einem übermächtigen Gedanken mitgerissen zu werden, besteht darin, dass dieser verändert wird, um neu lebendig werden zu können. Wer an ihm hängt, wird mit transformiert. Betrachtet man diesen Gedanken distanziert, so nimmt man die Wandlung wahr und bleibt dennoch davon unberührt. An genau dieser Stelle findet sich eine eindeutige Parallele zu Arkana XIII, „Der Tod". Im Turm prüft sich endgültig, ob die Motive egoistischen Zwecken, oder einem übergeordneten Sinnzusammenhang dienen.

Arkana XV der Teufel ist nur insofern die Versuchung, als dass hier offenbar wird, wie es ist, Macht in der Hand zu haben. Die Quersumme in Arkana XV ist VI die Liebenden. Wer selbstbewusst mit Respekt und Liebe sein Leben voran bringen will (Arkana VII), der wird Veränderungen positiv erleben (Arkana XVII). Geschieht dies nicht, so sind die Auswirkungen des Turmes ein Rückfall in Arkana XIII. Der Zwangs-Charakter braucht seine Struktur, er braucht seinen Plan. Struktur und Spontaneität schließen sich grundsätzlich aus. Zwangs-Vorstellungen äußern sich ziemlich schnell und vehement. Sie stellen sich immer wieder in Frage und prüfen sich auf diese Weise an der Realität und ihrer Verwirklichbarkeit.

Für die meisten ist die Absorption der höheren Energien mit Gefahren verbunden, wenn nicht zuerst der Körper und seine Energiezentren gereinigt werden. Für einige mag dies ein langsamer und mühsamer Prozess sein. Aber nur die Übung macht den Meister. Je größer Ihre Selbstdisziplin ist, desto schneller werden Sie mit einem Zunehmen an Lebensenergie belohnt, über die Sie verfügen können.

Letztendlich ist dieser Schritt nichts weiter als ein formulierter Gedanke, der die Haltung in und um uns herum verändert. Genau dort setzt der Turm an. Er bewirkt etwas Endgültiges. Das Licht der Erkenntnis dringt in die Erde ein. Die Erde ist der Körper. Das transformierte Selbst ist daran interessiert sich in der Erde zu manifestieren. Dieser Rahmen ist zu weit für beengende Ansichten. Sie lassen sich nur schwer integrieren, und lösen deshalb einen Konflikt aus. Die ständige „Befeuerung" durch das Höhere Selbst erschüttert die Erde.

Die Vereinigung mit einem höheren Bewusstseinszustand lässt uns Zusammenhänge in einem anderen Licht erscheinen. Oftmals erkennt man erst jetzt die Zwänge, die vorher nicht als solche empfunden worden sind. Der Rahmen in dem man bislang gelebt hatte, erscheint auf einmal zu klein. Dort wo man sich vordem zu Hause und geborgen gefühlt hatte, wird nun durch den Bewusstseinswandel zu eng. Man wird sich seiner Ketten bewusst (Arkana XV) und möchte den Rahmen sprengen (Arkana XVI).

Mit Arkana XV begann der erste Schritt zur spirituellen Entfaltung. Das Licht der Erkenntnis, welches sich in Arkana XIV offenbarte, drang ein in die Erde. Dieses Licht verdichtet sich, bis zu dem Punkt, an dem die Erde zuviel Widerstand leistet und nicht elastisch genug auf die Energie reagieren kann. Es erzeugt Eruptionen und bricht einem Vulkan gleich empor. Sein heißer Atem überzieht die Erde. Das ausbrechende Feuer transformiert alles bislang Dagewesene. Es verbrennt alle für das Selbst negativen Muster. Mit dem Turm erkennen wir ihre Aus-Wirkungen. Wir gewinnen durch ihn den ominösen gewaltigen Ein-Druck über ein Geschehen, dass unmittelbar mit der Auseinandersetzung der Themen Tod\ Höheres Selbst und Teufel zu tun hat. Er verhilft nicht nur zur Klarheit, vielmehr ist sie für das leidenschaftliche Auftreten eines Entschlusses zuständig. Mit Entschlossenheit an eine Sache heranzugehen, die von tiefster Überzeugung getragen ist, dabei blitzartige Entscheidungen zu fällen ist hier die Aufgabe. Erst wenn man die unbekannte Frucht probiert hat, kann man wissen wie sie schmeckt. Hat man diese erst gekostet, ist es allerdings bereits zu spät. Der alte Zustand ist durch den neuen verändert worden. Diese Karte drückt wie keine andere den Ist-Zustand aus. Hier geht es nicht um Vergangenheit, d.h. Erinnerung oder um Zukunft, die einem nur potentielle Möglichkeiten vorgaukelt. Hier geht es um das, was da ist, nicht mehr, aber auch nicht weniger. Gedankengebilde können auf diese Weise überprüft, bzw. leicht zumEinsturz gebracht werden. Wem nützen auch Gebilde, wenn sie nicht mit der geballten Kraft der Überzeugung vertreten werden?

Der Turm ist ein Haus und zugleich der Körper (Siehe das Haus Gottes, in Arkana I der Magier). Das Haus steht für Persönlichkeit. Dem Turm wird das hebräische Wort Pe zugeordnet, welches übersetzt Maul bedeutet. Das Maul ist auf der einen Seite das Organ, welches die Sprache in erschütternder Klarheit formuliert und jedes bis dahin vorgefertigte Gebäude an Argumenten wie ein Kartenhaus zusammenfallen lässt, so dass nur noch Ruinen übrig bleiben. Ebenso steht es andererseits für den alles verschlingenden Drachen. Sein Name leitet sich von seinem feuerspeienden Rachen (D-Rachen)ab. Er besteht aus den 4 Elementen und ist Ausdruck des Un-Geheuren. Da er in dieser Karte mit dem Blitzstrahl in Verbindung gebracht wird, arbeiten beide Hand in Hand (Der Blitzstrahl, wird dem Oben, dem Himmel zugeordnet und der Drache, der sich selbst erhebt, dem Unten oder der Erde). Ist das Selbst unterdrückt worden, so schafft man sich unbewusst die dafür geeignete Situation.

Oft empfindet man sich als Opfer und lehnt eine Auseinandersetzung zu diesem Thema ab. Trotzdem geschieht zwangsläufig etwas, da man in seinem Unterbewussten (Der Gedanke ist nicht bewusst geäußert worden.) ein Gefühl besitzt, dem man nachgibt, bzw. nachgeht. Dieses Gefühl bewirkt etwas überwältigendes. Es wirkt. Wir haben in Arkana XIII erfahren, dass das Ego sterben muss, um zum Selbst zu erwachen. Diesen Prozess auch tatsächlich umzusetzen, gilt es Dinge nicht persönlich anzusehen, sondern dem übergeordneten Auge oder Blitzstrahl gemäß seine Muster distanziert zu beobachten und zu analysieren. Die Persönlichkeit wird unter die Lupe genommen. Es ist dasselbe Auge und derselbe Blitzstrahl, mit der der Magier in Arkana I (meiner Meditation Teil 2) sich selbst betrachtet und so zum Beherrscher der Welt macht, indem er sich und seiner Fähigkeiten bewusst wird. Der Gedanke des Merkurs, der den Geist Gottes auf die Erde herabsendet, verläuft durch den Körper. Der Geist Gottes oder Blitzstrahl ist das Aussenden einer Energie mit dem inneren Auge. Es durchdringt unbarmherzig und leicht die eigenen aufgebauten Verkrustungen und Gewohnheiten, die mit dementsprechenden Gedanken-Muster versehen sind. Man verschiebe seine eigene Position der Betrachtung. Fühlt man sich als Opfer, so verliert man den Über-Blick über seine Fähigkeiten und wird überwältigt.

Arkana XVI gliedert sich in I und VI, der Magier und die Liebenden auf. Der Magier steht für den Kanal der göttlichen Energie, wie bereits beschrieben. Gibt man sich dieser Energie nicht entsprechend hin, so wirkt sie auf den Körper zerstörerisch, da sie sich auf jeden Fall ihren Weg bahnen wird. Die Liebenden stehen für Entscheidungen. Nach anfänglichem Hin und Her über die Umsetzung in die Praxis, d.h. sich ein Bild darüber zu schaffen und eine konkrete Vorstellung zu gewinnen, gilt es eine Entscheidung darüber zu fällen.(Man beachte, dass beide Karten ursprünglich merkuriell sind und sich aus ihrer Verbindung eine marsische

Kraft ergibt.) In seiner Quersumme weist der Turm auf den Wagenlenker hin (16 = 1 + 6 = 7). Dieser fordert uns auf, neue Wege zu gehen.

In meiner Meditation zeige ich, dass nur das zerstört werden kann, was keinen tatsächlichen Bestand besitzt. Arkana VII ist der Aufbruch, bei dem es darauf ankommt die Zügel fest in die Hand zu nehmen, um die sich widerstreitenden polaren Kräfte in eine Richtung zu lenken, so dass sie wie Zugtiere funktionieren. Solange wir uns nicht über unsere eigenen Muster tatsächlich bewusst sind, schaffen wir Situationen, die uns in Form von Problemen begegnen werden, so dass wir immer wieder zu einer Lösung dessen aufgefordert sind. Alte vergangene Muster, denen man nur noch persönlich oder aus Bequemlichkeit anhängt, werden über Bord geworfen.

Arkana XVI ist die Karte, die jede Illusion zerstört. Eine Aussage, die sich hierüber ergibt ist ernst zu nehmen, sofern man in sich die Fähigkeit der Konversation und Tiefe über die vorhergehenden Karten entwickelt hat. Sie eignet sich hervorragend als Startkarte. Mars ist der Herrscher dieser Karte. In der Stundenastrologie, eine spezielle Form der Deutung, die in der astrologischen Befragung ihren Platz hat, wird bsp. weise auf die Frage hin, ob der Start eines Projektes sinnvoll erscheint, mit der Stellung des Mars gedeutet. Er entscheidet ob der gewählte Zeitpunkt und Ort eines Vorhabens z.B. eine Geschäftseröffnung gut oder schlecht gewählt ist. Ich werde nicht umhin kommen, die Facetten dieser Karte anhand der Kabbala zu erläutern. Im Lebensbaum gibt es oberhalb des Pfades vom Turm eine Linie, die Paroquet genannt wird. Diese bedeutet übersetzt „Schleier". Er befindet sich zwischen Tipharet und Yesod und zeigt uns damit, dass der Schleier der Illusion im Augenblick des entschlossenen Durchdringens zerrissen wird. Mit diesem Schritt wird endgültig eine Verbindung zwischen Tipharet und Yesod, zwischen oben und unten geschaffen. Alle vier Sephirot, die unterhalb Tipharets angesiedelt sind entsprechen unseren menschlichen Wesenszügen.

Netzach bedeutet Hingabe, Liebe, Harmonie, Kunst etc.. Hod in seiner Sphäre deckt den verstandesorientierten Bereich ab, mit dem u.a. Kommunikation, Denken usw. möglich ist. In Yesod treffen wir auf den Bereich der Seele, ohne die wir wie ein Roboter unser Dasein auf Erden d.h. Malkuth fristen würden. Unsere Seele macht den Aufstieg in die anderen Sphären erst möglich. Zusammengefasst ergibt sich ein Spektrum, dass in groben Zügen das Wesen eines Menschen ausmacht. Er besitzt Verstand, Herz, Gefühl, Seele und Körper. Mit diesen Eigenschaften bewegt er sich auf der Erde Malkuth.

Der Turm trennt den Schleier des Verborgenen, die Dunkelheit. Über das Wort Pe erkennen und schaffen wir so die Verbindung zum Licht. Die Sicht.

XIII, XIV und XV bilden den Speer. Dieser durchdringt und trennt den Schleier von Paroquet um nach Tipharet zu gelangen. XIII und XV sind die beiden scharfen Schneiden und XIV ist der Schaft dessen.

Der Drache ist das Wesen, dass der Form zugrunde liegt.

XVI Der Turm

Mache es Dir bequem und schließe Deine Augen.
Gebe Dir die Erlaubnis Dich zu entspannen.
Entlasse alle Deine Gedanken in die Freiheit.
Alle äußeren Einflüsse sind Dir von nun an vollkommen gleichgültig.
Du konzentrierst Dich nur noch auf diese Meditation.

- kleine Pause -

Nehme die Position wahr, in der Du Dich gerade befindest.
Bleibe in dieser Haltung oder verändere sie,
- so wie es für Dich angenehm ist-.

- kleine Pause -

Spüre Deinen Körper von den Fußzehen aufwärts bis zum Scheitel-Chakra.

- Pause -

Anschließend ziehe eine Schutzhülle um Deinen Körper.

- kleine Pause -

Es ist das Ei, in dem die Besinnung auf sich selbst geschehen kann und der Schutz vor äußeren Einflüssen gegeben ist.

- Pause -

Stelle Dir vor, wie Du Dich in einem großen Turm befindest.

- kleine Pause -

In diesem kannst Du über eine Wendeltreppe, alle Räume des Lebens erreichen.
Für jede Situation gibt es das entsprechende Umfeld.
Jeder Raum ist durch eine dicke Mauer getrennt. Manche mit Türen versehen, die wiederum Zugang zu verschiedenen Räumen schaffen. Die meisten sind jedoch nur mit der Treppe verbunden.
Der Weg von dem aus Du Dich auf das verändernde Umfeld vorbereitest.
Mit der Macht der Gewohnheit setzt Du für jeden Raum die ihr entsprechende Maske auf.
Am Ende dessen legst Du diese Maske wieder ab und setzt für eine andere eine weitere auf.
So lebst Du in diesem Bewusstsein jeden Tag,

- jede Nacht -.

An manchen Tagen ziehst Du Dich vielleicht in die Kellergewölbe zurück, um den Grund wieder zu entdecken.

An anderen wiederum beschaust Du Dein Leben auf den Zinnen des Turmes.

Die selbstgeschaffenen Mauern, die einen schützen, machen es Dir schwer, aus der Ordnung heraus zu gehen.
Die Grenzen, die Du benötigst das Leben zu erfahren, empfindest Du auf Dauer als beengend.
Alles, was Du als erfahrenswert empfunden hast,
jeder Winkel des Lebens,
all dies wirst Du mit der Zeit als beengend empfinden.

- kleine Pause -

Die vielen Masken, die Du aufgesetzt hast, bedeuten nicht nur Schutz, sondern auch Gefängnis.

Frage Dich an dieser Stelle einmal ganz bewusst, ob dieses Leben, dass Du bislang führtest, Deinem Wesen, Deinem ureigensten Selbst entspricht?

- kleine Pause -

Gehe mit Deinen Gedanken soweit, Dir vorzustellen, dass diese Gewohnheiten Dich Dein Leben lang begleiten werden.
Schaffe Dir ein intensives Bild dessen.
Realisiere, dass Wirklichkeit in Gedanken beginnt.
Hoffnungen, Wünsche, aber auch Ängste, die diese verhindern, darin ihre Ursache haben.
Spüre ganz bewusst hinein.
Was siehst Du dabei?

- Pause -

Du stehst auf den Zinnen Deines Turmes und beschaust Dein Leben.
So wie es scheint.
So wie es ist.
Du hast einen festen Standpunkt, auf dem Du Dein Leben begründet hast.
Mit seinen gewohnten Abläufen.

Gestalte Dir nun in Deiner Vorstellung Deinen Alltag, wie Du ihn gerne hättest.
Was wünschst Du Dir wirklich?

Erlebe auf diese Weise den kompletten Tag.

- Pause -

Stelle Dir nun vor, dass wie aus heiterem Himmel ein Blitz einschlägt, die Erde erschüttert und alles, was Dich bisher ein sicheres Leben hat führen lassen, Deine „heile" Welt zerstört.
Mit einem Schlag.
Du verlierst die Kontrolle und stürzt hinab in die Tiefe. Mache Dir diese Situation ganz bewusst. Stelle sie Dir vor.

- kleine Pause -

Kein Stein fußt mehr auf dem anderen.
Du stehst vor einem Scherbenhaufen und besitzt
    - Nichts mehr -.

Siehe es. Fühle es.

- kleine Pause -

Ein Neubeginn kann jetzt geschaffen werden.
Es ist das höhere Selbst, dass Dich auf den Weg der Erkenntnis weiterbringen will.
All das was Du bislang als Leben bezeichnet hast,
ist bereits - Vergangenheit -.

Der Turm kündigt sich nicht an. Der Blitz der Erkenntnis, der das Leben mit einem „Schlag" verändert, kommt unvorbereitet.

Er bedeutet Zerstörung des bislang da gewesenen. Neues Leben kann nur dort geschehen, wo Altes Vergangenheit ist.

Erhebe Dich wie Phönix aus der Asche!
Sei bereit für ein neues Leben!
Hinter den zerstörten Mauern wartet der Wagenlenker auf Dich. Er fordert Dich auf mit Mut und Zuversicht ein neues Leben zu beginnen, die Zügel fest in die Hand zu nehmen und den neuen Weg in Richtung „Stern" zu begehen.

- Pause -

Wie aus einem Jungbrunnen entsteigst Du dieser Meditation.
Du erwachst zu neuem Leben.

Langsam öffnest Du Deine Augen. Ebenso langsam reckst Du Dich
und nimmst allmählich Deine Umgebung wahr.

Lasse Dir ein paar Minuten Zeit, bevor Du Dich erhebst.

Arkana XVII
Der Stern

Veränderung ist harte Arbeit (Arkana XIV). Oft ist man sich der Tragweite dieser Aussage nicht bewusst. Viele machen sich falsche Vorstellungen, schaffen Illusionen oder lassen sich von vermeintlichen Erfolgsgeschichten täuschen. Meist sind sie davon überzeugt, dass der Wille allein dafür schon genügt und unterschätzen den Faktor Zeit, der dafür nötig ist. Lieber lassen sie sich zu vorschnellen Instant-Rezepten verleiten (Arkana XV) und meinen die Zeit damit überlisten zu können. Leicht geschieht es, dass in diesem Zug die kleinen Erfolge nicht gesehen werden und man sich durch die überzogenen Erwartungen enttäuschen lässt. Eine positive Vision von einem neuen Leben hilft einen endgültigen Entschluss zu fassen. Diese Vision muss allerdings im eigenen Umsetzungsplan oberste Direktive sein, d.h. man muss ihm absolute Priorität einräumen.

Neben diesem ernsten Vorsatz darf man sich natürlich nicht einbilden, bereits alles getan zu haben. Wer nicht konkrete Pläne ausarbeitet und diese dann in die Tat umsetzt, kann auch keine Fehler machen. Und genau das ist der Schlüssel zum Erfolg. Niemand ist vor Rückschlägen gefeit. Doch nur der, der seine guten Vorsätze (Arkana XIV) auch in solchen Situationen ernst nimmt, kann diese zu wahren Visionen anwachsen lassen (Arkana XVII). Rückschläge gehören zum Veränderungsprozess dazu. Dessen sollte sich jeder Mensch bewusst und darauf vorbereitet sein. Wer dies als persönliches Versagen interpretiert, läuft Gefahr in frühere Stufen zurück geworfen zu werden.

Die meisten, die Erfolge aufzeigen konnten, hatten ihre Veränderungszyklen mehrmals durchwandert. Veränderung kann Identitätskrisen hervorrufen. Um Neugeboren (Arkana XVIII) werden zu können, müssen Gewohnheiten und Liebgewonnenes abgelegt werden. Erst wenn dies geschehen ist, ist tatsächlicher Wandel möglich. Dann erst kann man über seine neuen eigenen Facetten staunen, die nun in einem aufsteigen. Arkana XVII besitzt wie Arkana XIV zwei Kelche. Nur wird im Stern die Flüssigkeit unerschöpflich ausgegossen. Er ist ein Punkt, in dem wir einen Blick in die Zukunft wagen, eine entfernte Sonne, die Röhre zum Licht und spirituelle Führerin zugleich. Von hier aus beginnt das Leben neu. Gerade die Distanz schafft das Bewegungspotential, Entfernungen zu überbrücken und so einen Über-Blick wagen zu können. Der Weitblick entsteht.

Das klare Bewusstsein von Arkana XIV unterlag der Prüfung von XV. In allem ist der geistige Zustand von XIV eine entspannte Haltung, die sich in der Alltagsrealität prüfen muss und die eigenen Grundfeste ins Wanken bringt. Licht ins Dunkle zu bringen, kann demnach bedeuten in jeder Situation entspannt, gelassen und heiter den Problemen zu begegnen, um so zu einer Lösung zu gelangen. In der ägyptischen Mythologie wird die Göttin Nut genannt. Sie ist die Personifikation des Himmelsgewölbes, die sich über die Erde mit ihren Händen und Füßen beugt. Sie ist die Herrin der Sterne und symbolisiert alle Erscheinungen, die potentiell zwischen Himmel und Erde möglich sind. Sie ist die größtmögliche Ausdehnung. Ihre Ursprungskraft kommt aus der Ewigkeit, der Unendlichkeit des Raumes. Sie zu rufen, sich nach ihr zu sehnen, lässt sie erscheinen. Geschieht dies nicht, verliert sich das Bewusstsein in jener unerschöpflichen Ausdehnung.

Es ist wichtig sie vor sich zu sehen, oder in sich zu spüren, denn dadurch erhält man eine Station, einen Punkt. Sie ist gleichsam jenes Tor, dass ich dem Bereich der Intuition zuschreibe. In Nut zu sein, d.h. ihr Tor durchschritten zu haben, bedeutet sich mit der Quelle der Ewigkeit zu verbinden. Im Bild gesprochen, vereinigt sich die Konzentration, der Punkt mit der unendlichen Ausdehnung, die keine Grenzen kennt. Die Vereinigung mit ihr ist die eigentliche Segnung. Die Wahrnehmung der Spannung war im Turm erlebbar. Im Stern zeigt sich die Göttin der Nacht im entspannten Zustand. Hier setzt zu der körperlich muskulären Aufmerksamkeit der weite Bereich der Atmung ein. Aus der Spannung in die Entspannung sind in der Meditation übliche Herangehensweisen jeden Muskel im Körper voll bewusst zur Lösung von Blockaden zu führen. Eine wichtige Voraussetzung auf dem Weg der spirituellen Entfaltung. Arkana XVII ist der Übergang in die Traum-Zeit. Da der Körper und alle persönlichen Muster „beseitigt" sind, kann die Seele des Menschen sich erheben. So kommt dem Stern nicht nur der Atmungsbereich zu (Arkana XVII wird dem Wassermann zugeordnet und ist ein Luftelement), welches den Sauerstoffanteil im Körper anregt, sondern mit ihr der Aufstieg zur Vision. Neues Leben wird eingehaucht. Die Trümmer der persönlichen Muster liegen auf dem Boden. Ohne diese Anhaftungen ist die Persönlichkeit frei und offen, leicht und beweglich.

In meiner Meditation bringe ich zum Ausdruck, dass selbst die Göttin in den kosmischen Fluss eingebunden ist. Aus diesem bezieht sie ihre unerschöpfliche Kraft. Sie *ist* der kosmische Fluss. Der Teufel schafft die Fähigkeit zur Erkenntnis. Der Turm zerstört alle Schranken. Der Stern ist die Freiheit des Geistes, sich nicht nur in gedanklichen Komplexen zu äußern, sondern ebenso einen überwältigenden Einblick in den Bereich der Intuition zu ermöglichen. Durch die Ein-Sicht (XV) wurde etwas aufgebrochen (XVI).Darauf folgte der Aufruf zum Aufbruch (VII) um zur Vision zu gelangen (XVII). Nach der Zerstörung fällt es schwer, sich zu erheben. Doch genau in dieser Situation sagt uns die dahinter liegende Quersumme des Turmes (Arkana VII, der Wagenlenker),dass man die Zügel fest in die Hand nehmen muss, um sich wieder auf den Weg machen zu können. Dieser führt evtl. nirgendwohin, bewirkt jedoch zumindest eine räumliche und zeitliche Distanz zu dem Vorherigen. Er ist das Transportmittel, dass uns von A nach B bringt. In diesem Fall vom Turm zum Stern. Der Turm brachte viel Aufregung. Der Über-Bau ist zerstört und weggebrochen. Was bleibt ist das Fundament. Der Sternenhimmel ist frei gelegt. Er weist auf die Nacht hin. Hier kommt alles zur Ruhe. Das Feld liegt brach und es ist an einem selbst dieses neu zu bestellen.

Mit der Entspannung verändert sich automatisch der Atemrhythmus. Den beiden Elementen Erde + Feuer kommt mit dem Stern das Luftelement hinzu. Eine weitere Zugabe in den alchemistischen Topf des Lebens. Luft ist wie die beiden Kelche zeigen ein unerschöpflicher Vorrat von dem wir uns nach Belieben bedienen können. Wenn du alle Luft des Universums in dir aufnehmen würdest, welches Feuer könntest du damit entfachen?

Der Turm weckte das Feuer. Es steigt nun auf. Einem Komet gleich streift er über das Firmament auf der Suche nach ihr, zur Vereinigung bereit. Arkana XVII wird dem Tierkreiszeichen Wassermann zugeordnet und bezieht sich damit auch auf Arkana 0, „Der Narr". Es weist uns darauf hin, dass nur ein Tor den Weg zu ihr finden wird. Alles Sichernde und Statische ist fehl am Platz. Sie ist ebenso Schöpferin, da sie unendlich ausgießt, wie der Narr Schöpfer ist. Der Stern ist vergleichbar mit einer Idee, die später als Same in die Erde eingepflanzt wird. Es liegt in der Zukunft, was aus diesem Samen erwachsen wird. Einzig und allein das Vertrauen und die Hingabe darin, ist die Kraft, die es lebendig werden lässt. Intuitiv zu erfassen, was für den Samen förderlich ist, ist bereits die Basis für Offenheit, Toleranz und Weitsicht in Liebe und Hingabe zu ihr.

Der Ruf dringt durch bis ans Ende der Welt (Die Quersumme aus Arkana XVII = 8 = Ausgleichung/ Gerechtigkeit = Karma).

Bis eine Aus-Wirkung auf uns zurückfällt, dauert es seine Zeit. Ziel dieser Karte ist es Visionen zu erleben, die man auf der Erde erzeugen möchte. Das Licht wird in die Erde eingepflanzt und der Hauch der Seele, der Atem der Ewigkeit beginnt sich zu regen. An dem Punkt des Todes angekommen (Arkana XIII) fragt man sich, was ist wirklich wichtig im Leben? Erst in diesem Augenblick erkennt man, was man in seinem Leben will. Ist das Bewusstsein darüber entstanden, konzentriert sich alle Lebenserfahrung, Deutung und Erkenntnis zu einem besonderen eigenen Gemisch (Arkana XIV). In Arkana XIV hatte ich darauf hingewiesen, dass der Geist/Spirit nur in eine leere Schale eingefüllt werden kann. Um den Körper allerdings daran zu gewöhnen, bedarf es erst einmal einer geringen Menge.

Da die körperlichen Bedürfnisse meist die dringlicheren sind, werden sie auch als erstes in der Entwicklung und Verwirklichung des vollkommenen Menschen (der Stein der Weisen) angenommen (Arkana XV). Alle Gefühle, Bedürfnisse, Verführungen und Wünsche finden darin ihren Platz und werden darüber gestillt. Ist dieser Schritt geleistet, geschah damit etwas Endgültiges. Was in Arkana XIV noch *in* einem ausgelöst worden ist, findet nun in Arkana XV seinen äußeren Ausdruck, vor dem man selbst nicht mehr die Augen verschließen kann.

Es geschieht etwas unwiederbringliches. Das Alte ist zerstört (Arkana XVI) und bildet die Basis und Voraussetzung für Neues. Nur wenn der Hintergrund ein Konzept ist, der sich in Arkana XIV geäußert hatte, d.h. körperliche Bedürfnisse einen Schritt darstellten und es nun in Arkana XVII durch diese Befreiung der Ketten möglich wurde, Visionen zu schaffen, kann das Über-Bewusstsein tatkräftig einwirken. Der Körper ist jetzt tatsächlich **fähig** Inspirationen zu verkraften und kann ihnen Platz zur Verwirklichung auf Erden schaffen.

Ein häufiger Grund für das Scheitern einer Idee liegt in der willensgerichteten Vorstellung, der in keinem übergeordneten Zusammenhang eingebunden ist. Das Ego erfährt nur dann Unterstützung, wenn der Plan des Egos Bereiche umfasst, die dem höheren Selbst von Nutzen sind. Visionen die in einem aufkommen, sind aus einer entspannten und losgelösten Haltung entstanden. Diese Atmosphäre gilt es zu stilisieren. Um eine wirkliche Veränderung und Zunahme an Substanz und Facettenreichtum zu erlangen, ist es wichtig, nicht in die alten Muster und Strukturen zu verfallen, welche für ein übergeordnetes Wesen nichts anderes als Verhaltensweisen eines strampelnden schreienden Kindes darstellen. Wer in der Lage ist sich als das Höhere Selbst wahrzunehmen, erreicht mühelos jene entspannte und losgelöste Haltung, die zur Erlangung einer Vision nötig ist.

XVII Der Stern

Mache es Dir bequem und schließe Deine Augen.
Gebe Dir die Erlaubnis Dich zu entspannen.
Entlasse alle Deine Gedanken in die Freiheit.
Alle äußeren Einflüsse sind Dir von nun an vollkommen gleichgültig.
Du konzentrierst Dich nur noch auf diese Meditation.

- kleine Pause -

Stelle Dir vor, wie Du Dich in einer Oase befindest.

- kleine Pause -

Um Dich herum kannst Du Palmen erkennen.
Sie spenden Dir Schatten.

Vor Dir siehst Du einen See, der von einer sprudelnden Quelle gespeist wird.
Nimm einen Schluck aus dieser Quelle und stille Deinen Durst.

- kleine Pause -

Die Sonne geht langsam unter.
Noch siehst Du sie am Horizont.
Schnell noch Holz gesammelt, um ein wärmendes Feuer zu schaffen.

Zünde es an und setze Dich dazu.

Nehme wahr wie die Flammen gierig nach dem Holz greifen und kräftig nach der Nacht streben.
Beschaue sie Dir und spüre ihre wärmenden Strahlen.
Sie beleben Dein Gesicht, Deinen ganzen Körper.

Atme tief ein und aus.

Alles Negative fällt von Dir ab.

Spüre, wie Du mit jeder Ausatmung alles Negative entlässt und mit jeder Einatmung die reinigende und belebende Kraft des Feuers aufnimmst.
Wiederhole dies ein paar Atemzüge.

- kleine Pause -

Züngelnd steigen die Flammen auf, lösen sich zu Funken, die in der Nacht emporsteigen.
Beobachte sie.
Folge diesen Funken.

Sie offenbaren über Dir den Sternenhimmel.

- kleine Pause -

Dort erkennst Du Deinen Leitstern.

- kleine Pause -

Er strahlt für Dich.
Er sendet seine ganze Aufmerksamkeit Dir zu.
Spüre ihn als den Dich leitenden und beschützenden Stern.

- kleine Pause -

Du fühlst Dich geschützt und geborgen durch die Nacht.
Die Nacht.
Sie hatte Dich am Leben erhalten.
In der Nacht bist Du durch die Wüste gewandert.
Ganz allmählich sinkst Du ab und legst Dich auf den Rücken.
Du liegst unter Palmen, neben Dir befindet sich Dein Feuer.
Du vernimmst das Rauschen der Quelle und über Dir und um Dich herum siehst Du den Sternenhimmel.

Dort betrachtest Du Deinen Stern.

- kleine Pause -

Stelle Dir Deinen Stern geladen mit positiver Energie vor.

- kleine Pause -

Dort ist alles frei von Verfehlungen.
Die Kraft des Positiven scheint auf Dich herab und gießt über Dich die reine Energie der Liebe.
Verweile in diesem Moment.

- kleine Pause -

Das Verlangen wirkt wie das Band, dass Du webst.
Sie sendet Dir die Liebe und hebt Dich auf.
So siehst Du ein Strahlen von Deinem Stern ausgehen.

Es fällt auf Dich herab und umschließt Dich.
Es berührt und erhebt Dich.
Spiralförmig wandelst Du nun auf.

Die positive und reinigende Kraft hebt Deine Seele und lässt Dich aufsteigen.

Aufsteigen

zu Deinem Stern.

Wie ein Kind, dass zum Schoß seiner Mutter will, so fühle Dich von Deinem Stern angezogen.

Erwarte dort Sie.

Die Sternengöttin.

- Pause -

Sie ist nackt, umhüllt von Ihrem langen Haar, kniet Sie vor einem See.
In diesen gießt Sie Wasser aus einem Kelch.
Mit einem weiteren gießt Sie ebenfalls Wasser auf die Erde.

Dieses Fließen versiegt nie.

- kleine Pause -

Ihre Kelche sind die ausströmende nie versiegende Kraft des Lichtes.
Der ewige Strom des reinen Bewusstseins.
Ein immerwährender Quell des Lebens, in dessen Kreislauf Sie selbst eingebunden ist.

- kleine Pause -

Mit klaren strahlenden Augen schaut Sie Dich an.
Sie leuchten Dich an.
Und spricht:
„Mein Haar ist so lang, wie die Wasser, die auf mich herab fließen. Sie wachsen herab bis sie das Materielle erreicht haben.
Sie sind die Strahlen, die ich sende.
Ich bin Nut.
Die Göttin der Nacht.
Mein Körper ist das Universum.
Er beugt sich über die Erde und beschützt diese.
Unzählige Strahlen gehen aus von mir.
Sie sind genährt mit heilenden Kräften.
Denn sie sind die Strahlen der Sterne.

Sie heilen die Erde,
seine Bäume, Pflanzen, Mineralien.
Sie nähren auch die Berge und die Meere und alles Leben auf Erden.
Sie danken mir dafür und senden mir ihre Wohlgerüche zurück.
Aus ihnen fließen wohlriechende, mit Heilkraft getränkte Lichtstrahlen.

Hebe Deine linke Hand real oder in Deiner Vorstellung über Deinen Kopf.
Deine rechte Hand richte zur Erde hin.
Stelle Dir nun vor, beide Hände seien Kelche.

Sie strömen Energie der Liebe auf Dich herab.

Die Kelche sind gefüllt mit den Wassern des Lebens. Dem ewigen hellen warmen Licht.
Diese Lichtstrahlen zerstreuen alle Verfehlungen, die für das Ungleichgewicht zuständig sind.

Spüre wie Gier, Hass, Unwissenheit und andere negativen Faktoren dadurch zerstreut werden.
Spüre wie Dein Körper, Geist und Deine Seele wieder gesunden.
Vertraue auf die Liebe und ihrer unerschöpflichen Kraft.

- Pause -

Die Wasser, die durch Dich hindurch fließen, fließen als Licht weiter, bis sie auf die Erde gelangen.
Spiralförmig windet sich das Band herab und verströmt die Liebe und all´ der Segen,
die Du Dir für Deine Zukunft wünschst.
Du hast hier und jetzt die Chance, Dir Deine Zukunft von der erhabenen Warte aus neu zu gestalten.
Stelle sie Dir vor, und sie wird wahr.

- Pause -

Wann immer Du Dein Bild über Dich und Deine Zukunft hier und jetzt geschaffen hast,
stelle Dir vor, wie Du von Deinem Lichtstrahl ergriffen wirst.
Er führt Dich hinab bis zu Deiner Oase, von der aus Du diese Reise angetreten hast.
Dort liegst Du immer noch reglos auf dem Rücken und beobachtest den Sternenhimmel.

- kleine Pause -

Danke Deinem Leitstern und spüre wie auch Du jetzt Energie ausstrahlst und aussendest.
Ihr zusendest, - dem Gesetz des Kreislauf des Lebens folgend.

- kleine Pause -

Stelle Dir vor, wie die Lichtstrahlen Dich ein letztes Mal erheben und Du mit ihnen, wie auf einem fliegenden Teppich sitzend, in Dein Zimmer gehoben wirst.

- kleine Pause -

Wie aus einem Jungbrunnen entsteigst Du dieser Meditation.
Du erwachst zu neuem Leben.

Langsam öffnest Du Deine Augen.
Ebenso langsam reckst Du Dich
und
nimmst allmählich Deine Umgebung wahr.

Lasse Dir ein paar Minuten Zeit, bevor Du Dich erhebst.

Arkana XVIII
Der Mond

Wir alle haben in uns einen Bereich, der best. Dinge möglich macht und best. Dinge ausgrenzt. Jeder trägt seinen individuellen Weg in sich. So fühlen wir uns z.B. als Millionär, haben aber das Geld dazu noch nicht. Wir haben eine andere innere Dimension, die sich erst noch mit der Äußeren verbinden muss. Dazu ist es wichtig sein eigenes Potential in sich zu entdecken. Das Haupthindernis ist die eigene Identifikation, die eigene Einstellung. Bewusstsein ist ein Energiefeld im Körper, dass erst mal ausgefüllt werden muss, um Resonanz erzeugen zu können. Bejahen Sie innerlich Ihr Ziel. Damit gestatten Sie dem Leben sich als Schöpfer und Täter zu fühlen und nicht als Opfer. Man muss wissen, wie sich der End-Zustand anfühlt. Gehen Sie in die Energie des erfüllten Wunsches. Fühlen Sie sich als Millionär. Wenn Sie das nicht können, so wird es auch nicht geschehen. Diese Vorstellung darf nicht nur mental sein, man muss sie auch fühlen können, sich damit identifizieren können. Gleiche Frequenzen berühren sich, sprechen sich an. Gehen Sie einmal in die Energie des erfüllten Wunsches. Identifizieren Sie sich mit dem Ist-Zustand des Zieles und spüren Sie nach, ob es tatsächlich lebendig werden kann, ob es auch stimmig ist. Wenn diese Vision in der Zukunft liegt, und Sie sie nicht herholen, wird sie auch nicht kommen.

Fühlen Sie sich Wert!

Dies ist der erste Schritt zum Allumfassenden Bewusstsein. Er geht über den Körper hinaus. Bewusstsein ist über jeden Zweifel **erhaben**. Es wirkt im Hier und Jetzt. Zweifel zu haben, zeigt, dass man Grenzen anerkennt. Die weiterführende Aufgabe besteht deshalb darin in diesem Bewusstsein zu bleiben, zu leben. Hier spürt sich das innere Potential. Man erkennt, dass es schon immer vorhanden gewesen ist und nur darauf wartete, entdeckt zu werden.
Und jetzt bleiben Sie in diesem weiten Bewusstsein, dass überall die Grenzen des Körpers überschritten hat. Spüren Sie einmal wie wohl Sie sich dabei fühlen, nachdem Sie Ihr Bewusstsein frei gelassen haben. Wie gut das Ihnen tut. Dieses Bewusstsein ist durch den Stern sozusagen über den Körper gewachsen und umschließt ihn von dort aus rundherum. Nicht mehr das Bewusstsein ist im Körper, sondern der Körper ist im Bewusstsein. Der Inhalt hat das Gefäß überschritten. Die Wahrnehmung befindet sich oberhalb des Kopfes (**Das Über-Bewusstsein**). Dieses vollkommene Durchdringen des Bewusstseins ist gerade für den Anfang gewöhnungsbedürftig.

Verlagern Sie Ihr Bewusstsein auf die Erde.

Der Geist kann offen und frei Visionen empfangen und anschließend Bilder auf die Erde herabsenden. Jene Vision, die über den Stern in uns geweckt worden ist, ist frei von persönlichen Anhaftungen. Dieses Bild fließt nun in das Unterbewusstsein ein. Der Körper, der zu über 60% aus Wasser besteht, wird neu ausgerichtet. In der Einleitung von Arkana II hatte ich bereits beschrieben, wie Wasser das Unbewusste repräsentiert und der Mond die Sonnenstrahlen reflektiert. Selbst ein unreflektiertes Bewusstsein, wirkt sich im Unterbewusstsein aus und taucht als neues auf (Bsp.weise übernommene Parolen; Muster des Alltags etc.). In Arkana XVIII bezieht sich die Reflexion auf die spirituelle Entwicklung. Dem Mond wird das Tierkreiszeichen Fische zugewiesen. Die körperliche Entsprechung hierfür sind die Füße und weist damit auf die Beendigung eines Vorgangs hin. Das Obere fließt nach Unten, auf die Füße herab. Wasser ist ein passives Element, welches sich seiner Natur gemäß nach unten bewegt. Es füllt jede Senke aus und folgt dem Weg, den das Bett für es geebnet hat. Der Körper verhält sich in dem Punkt wie eine Schale, in die das Wasser fließen kann. Betrachtet man den Stern, so wirkt die Vision eher kopforientiert.

Die Atmung entfacht das Geist-Feuer. Der für die Atmung am weitest entfernteste Bereich sind die Füße. Werden sie im Zusammenhang mit einer Vision zum pulsieren gebracht, so ist dies ein Ausdruck für Vollkommenheit. Bilder entstehen durch Bewegung, das Unterbewusstsein ist aufgewühlt. Jede Körperregung (Turm) und jede Atmung (Stern) lassen Bilder in uns entstehen, denen wir „Wahrheit" und „Bedeutung" beimessen. Sie entstehen aus Gefühlsregungen. (Besitzen wir ein positives Gefühl, so entsteht in unserem Kopf ein entsprechend angenehmes Bild. Bei einem negativen ist es das genaue Gegenteil.) Diese Gefühle steigen auf, bis dass sie am Kopf angekommen sind. Dort bleiben sie hängen. Der Verstand versucht sie einzuordnen und löst aufgrund dessen Bilder aus, an denen wir anhaften. Der daraus erwachsene nächste Schritt ist es ihnen die Erlaubnis zu geben, weiter zu ziehen, d.h. über den Kopf hinweg zu entlassen. Ihre Bewegung, die dadurch von unten nach oben verläuft wird durch eine bewusste und gelassene Haltung unterstützt. In der Meditation ist dies eine Herausforderung. Im Schlaf geschieht dies automatisch. Wenn er genügend und ausreichend getätigt worden ist, stärkt er für den nächsten Tag. Der Körper wird vom Innersten her gereinigt, Bilder beruhigen sich. Er kann sich auf das Zwischenreich, in dem Dämmerzustand der Bewusstes und Unbewusstes verbindet, einlassen.

Zur Dämmerung treffen sich Tag und Nacht gleichsam. Dies ist die beste Zeit, in der der Meditierende Informationen erhält (es „dämmert" ihm). Nut, die Göttin der Nacht, scheidet uns vor Aufgang der Sonne wieder aus. In dieser Zeit werden Muster von einem veränderten Blickwinkel aus reflektiert (Arkana XVIII). Die See(-le) ist ruhig. Mit jedem Bild, das aufgestiegen ist, ist das Bewusstsein einen Schritt tiefer gesunken. Das Wasser löst die zertrümmerten Muster, die noch brach auf der Erde (im Körper) liegen auf, und schwemmt sie fort. Sie werden als Schmerzen spürbar, bevor sie verschwinden (Die Rezeptoren liegen direkt unter der Haut.),vollenden sie ähnlich der Sonnenscheibe, ihren letzten Abschnitt der Wanderung vor Tagesanbruch. Der Weg zur Sonne kann gegangen werden. Da die Wahrnehmung durch den Stern zu einer zielgerichteten gewandelt worden ist, werden Anhaftungen neutral und pragmatisch genutzt.

Wasser ist das 4. Element.

Einem Boot gleich gleitet man in die Bereiche des Unterbewussten hinab. Die Ruhe und Stille, die über den Stern eingekehrt ist, intensiviert sich. Man sinkt tiefer und tiefer. Das Einzige, was es zu erreichen gilt, ist sich selbst die Erlaubnis zu geben einzutauchen. Bewusstes und Unbewusstes stehen im meditativen Zustand gleichberechtigt nebeneinander. Sie bilden die zwei Türme, die auf den Karten der verschiedenen Tarotdecks von Arkana XVIII eingezeichnet sind. Der Pfad, der sich zwischen beiden hindurchwindet, zeigt, dass beide gegensätzlichen Parameter integriert gehören. Die Orientierung zu einer Säule ruft im nächsten Atemzug die andere auf. Die Quersumme von Arkana XVIII ist der Eremit, Arkana IX. Er sagt uns, dass wir den gefahrvollen Weg der dunklen Verdrängungen nur mit sachlichen nüchternen Erwägungen meistern. Fische ist das letzte der Tierkreiszeichen und weist somit auf die Möglichkeit hin, einen neuen Pfad des Lebens zu beschreiten.

XVIII Der Mond

Vor Beginn der Meditation empfehle ich eine Fußmassage oder Fußbad.

Mache es Dir bequem und schließe Deine Augen.
Gebe Dir die Erlaubnis Dich zu entspannen.
Entlasse alle Deine Gedanken in die Freiheit.
Alle äußeren Einflüsse sind Dir von nun an vollkommen gleichgültig.
Du konzentrierst Dich nur noch auf diese Meditation.

- kleine Pause -

Stelle Dir vor, wie Du mit jeder Einatmung positive Energie aufnimmst.
Mit jeder Ausatmung entlässt Du alles Negative und Schlechte.

Atme hierzu mit Deiner Nase ein
und
mit Deinem Mund aus.

- kleine Pause -

Atme ein
          und
Atme aus.

Mache dies ein paar Minuten lang.

- Pause -

Die Sonne geht nach einem schönen warmen Tag rotgolden leuchtend unter.
Es beginnt die Zeit der Abendstille.
Vögel verabschieden den Tag mit ihrem Gesang.

- kleine Pause -

Nach und nach wechseln die Farben des Tages zu einem grauen Schleier.
Überall scheint das Leben zur Ruhe gekommen zu sein.
Spüre dabei auch bei Dir hinein.
Siehe wie der Trubel des Tages mit seinen Facetten, den ruhigeren Sphären weicht.
Es ist die Zeit der Ent-Spannung.
Auch die der Be-Sinn-lichkeit.
An diesem Punkt überschreiten wir die Grenze vom Bewusstsein zum Unterbewussten.

- kleine Pause -

Spüre wie jeder Impuls, der in Dir aufsteigt, einen Gedanken auslöst.
Siehe wie jeder Gedanke ein entsprechendes Bild entstehen lässt. Es ist das Unterbewusstsein, das versucht auf jeden Impuls, dem es ausgesetzt ist, Ausdruck zu verleihen.

So ist es nicht verwunderlich, dass wir träumen.
In Träumen werden die Probleme des Tages auf bildhafte Weise verarbeitet.
Die Nacht ist der Schlaf.
Es ist der Gegensatz zum Tag.
Ohne sie wären wir nicht fähig den Tag erholt und erfrischt zu beginnen.

Mache nun mit mir eine Reise durch das Unbewusste.

- kleine Pause -

Stelle Dir vor, Du sitzt in einem Boot.

- kleine Pause -

Es ist gerade zu einer langen Reise aufgebrochen.

Hinter Dir siehst Du das Land, dass Du verlassen hast, immer kleiner werden.
Immer kleiner und kleiner.
Es wird zu einem Punkt im Horizont und verschwindet nun endgültig.

- kleine Pause -

Du hast jetzt um Dich herum nur noch die endlose Weite des Horizontes.
Überall ist nur noch das große Meer zu sehen.
Aber Du bist nicht allein.
Es begleitet Dich der Fährmann.
Er sorgt dafür, dass Du sicher ans andere Ufer geleitet wirst.
Er kennt den Weg und schützt Dich vor den Gefahren.

- kleine Pause -

Langsam nimmt die Dunkelheit zu.
Dem Grau des Abends und des Meeres weicht das Dunkel der Nacht.
Es ist eine sternenklare Nacht.
Das Meer ist ruhig.
Auf der Oberfläche spiegeln sich die Strahlen der Sterne zu wunderschönen bizarren Mustern.
Dein Blick richtet sich nun aufwärts zum Himmel.

Du siehst das Himmelsgewölbe und eine alte ungetrübte Stimmung erfasst Dich.
Du hörst das Wasser, wie es rauscht.
Spüre den Wind, wie er Dich berührt.

- kleine Pause -

Ein Gefühl der Sehnsucht ergreift Dich.
In diesem Sehnen suchst Du Dir im Firmament Deinen Platz.
Spüre wie klein und gering Du in diesem Bewusstsein bist.

- kleine Pause -

Du suchst nach einem Ort, wo Du Dich geborgen fühlst.
Dein Fährmann aber schweigt und lässt Dich in dieser Stimmung allein.
Denn er weiß, dass das kosmische Verlangen nach Vereinigung nicht gestört werden darf, sondern erlebt werden muss.

Dein Blick wandert nach vorne, zu dem Punkt hin, der Himmel und Meer vereint.

Den Horizont.

- kleine Pause -

Dort siehst Du mit einem Mal den Mond erscheinen.
Es ist Vollmond.
Er leuchtet voller Pracht in seinem Silbergewand.
Du spürst, wie Dein Sehnen nach Vereinigung sich zu Ihr, der großen alten Mondin richtet.

Spüre die Kraft, die Dich veranlasst zu Ihr zu wollen.
Mit dem zunehmenden Gefühl, bei Ihr zu sein, steigt die Mondin auf.
Hebe mit Ihrem Lauf Deine Arme Ihr entgegen.
Höher und immer höher;
stärker und immer stärker wird Dein Verlangen.
Bis es seinen höchsten Punkt erreicht hat.

Deine Arme sind hoch oben zu Ihr ausgestreckt.
Deiner Brust entströmt das Seufzen desjenigen, der den Platz bei Ihr noch nicht eingenommen hat.

- kleine Pause -

Du senkst Deine Arme in Trauer.
Du kannst Sie nicht erreichen.
Mutlosigkeit ergreift Dich, ob der unstillbaren Sehnsucht.
Mit dem Senken Deiner Arme, senkt sich auch der Blick,

                                                                    bis zu dem Punkt,
an dem alles nach unten gerichtet ist.

- kleine Pause -

Du stehst in Deinem Boot und schaust auf die Oberfläche des Meeres.
Du erkennst den Mond darin, wie er sich tief in ihm spiegelt.

- kleine Pause -

Dein Blick versinkt in diesem Bild:
- und langsam -
- unmerklich langsam -
- tauchst Du ein-.

- kleine Pause -

Dein Gefühl ist erfüllt von der Sehnsucht einzugehen.
Tiefer und immer tiefer sinkst Du.
Die Geräusche, der Wind, das Licht,
all dies verschwindet um Dich herum.

Du bist geborgen in der Dunkelheit –
- und sinkst –
- immer weiter -

In Dir ist Ruhe.
Die Stille der Tiefe –

    - Nichts !!! -

- kleine Pause -

Spüre wie Deine Bewegung immer weiter nach unten drängt.

Du tauchst in den Urgrund ein.
Dein Bewusstsein nimmt ab und
Du gehst ein in das Unterbewusstsein.

Und weiter

    - In das Reich der Seele -

ZUR GROßEN ALTEN GÖTTIN.
DER MONDIN.

Gib Dich Ihr hin.
Öffne Deine Arme.
Die Arme der Großen Alten Göttin sind schon lange für Dich geöffnet.
Sie empfängt Dich.
Umschließt Dich.
Bei Ihr bist Du geborgen.
Hier kannst Du schlafen.
Schlafen.
Nichts weiter als Schlaf.

- Pause -

Du bist angekommen
an den Urgrund der Seele.

Nichts um Dich herum kann Dich stören.

- lange Pause -

Langsam steige nun auf;
vom Wasser getragen.

Fragen erhalten ihre Antworten, denn Du warst bei Ihr.

- Pause -

Langsam tauchst Du auf.
Du nimmst die Bewegungen um Dich herum wahr und Dich selbst bewegter.

Du erwachst in Deinem Boot.
Erkennst, dass Du es gar nicht verlassen hattest.

- kleine Pause -

Der Fährmann setzt unbeirrt seine Fahrt fort.

Im Horizont vor Dir siehst Du einen grauen Schleier.
Es ist das neue Land, dass vor Dir liegt.
Du weißt, ein neuer Tag bricht an.
Die Sonne wird aufgehen und die Strahlen senden, mit denen Du ein neues Lebens beginnst.

Tag für Tag und Nacht für Nacht wiederholt sich dieser Zyklus aufs Neue.
Für Dich.
Für alle.

- Pause -

Wie aus einem Jungbrunnen entsteigst Du dieser Meditation.
Du erwachst zu neuem Leben.

Langsam öffnest Du Deine Augen.
Ebenso langsam reckst Du Dich
und
nimmst allmählich Deine Umgebung wahr.

Lasse Dir ein paar Minuten Zeit, bevor Du Dich erhebst.

Arkana XIX
Die Sonne

Die dunkle, träge Materie wandelt sich zum lichten, lebendigen Prinzip der Sonne. Aus Blei wird Gold.

Das Geist-Feuer fuhr wie ein Blitz ein, wurde aktiv und transformierte die Substanz. Die vier Elemente mit ihren Wirkweisen sind in den vorangegangenen Tarotkarten dargestellt worden (Erde Arkana XV; Feuer Arkana XVI; Luft Arkana XVII; Wasser Arkana XVIII).

Betrachtet man zur Ergänzung „die Kunst", so erkennt man den alchemistischen Wandlungsprozess, der sich u.a. in der Meditation wahrnehmen lässt. Die Aufgliederung des Komplexes in deren Bestandteile beseelt jedes Element mit der Energie des Handelnden. Die Zusammenfassung, wie es in Arkana XIX, der jetzigen Karte geschieht, macht deutlich, dass das Gesamte mehr ist als die Summe der Einzelteile. Durch das Einfließen der Lebenskraft in die Elemente ergibt sich etwas Neues. Die Zusammenfügung schafft das 5. Element, den Geist.

Allen Planeten seines Systems Energie zu spenden und an sich zu binden ist die Aufgabe der Sonne. Sie ist wie das Herz in unserem Körper, ein Motor, der die Lebensenergie voranbringt. Man erlebt das Licht neu, wenn sie aus der Dunkelheit geboren ist. In einer Höhle, in der die tiefste Finsternis existiert, wirkt der kleinste Lichtfunke wie ein Magnet. Der Blick kann sich ihm nicht entziehen. Er sucht es. Die Elemente bilden die Grundmuster des Lebens. Sie sind Bausteine, in denen wir erkennen können, dass jedes ihrer Art Emanationen des Höchsten Einen sind. Die Aufteilung der komplexen Abläufe in deren Bestandteile, schafft nicht nur eine Vereinfachung, sondern auch ein neues Selbst-Bewusstsein, eine bewusste Neu-Ordnung und erwirkt damit eine Geburt. Der unsichtbare Kern, der alles zusammenhält, ist aufgeschält. Die Sonne ist in unserem Sonnensystem der Magnet, durch den alle anderen Planeten in ihre Umlaufbahnen gehalten werden.

Über sie erhalten wir das Bewusstsein, dass jedes Element, jeder Stein, Pflanze, Tier etc. vom Licht beseelt ist. Staunen ist die geheime Kraft der Kindlichkeit, durch die wir wachsen. Empfänglich zu sein ist die Nahrung für den Geist, der auf diese Weise an Substanz gewinnt. Dessen Grundlagen sind jene vier Elemente, auf der der Herrscher Arkana IV ebenso basiert. Sein Vorgehen ist das entschlossene Selektieren zwischen Brauchbarem und Unbrauchbarem. Da wir uns in der Sonne befinden, zeigt uns der Tod, der in seiner Quersumme ebenfalls auf den Herrscher weist, dass es sich um Selektion gereinigt und befreit von egoistischen Motiven handelt.

Ist solch ein Konzept geprüft worden (Die Vision geschah im Stern),so fordert uns die Sonne auf, leicht und behende, mit Freude im Herzen, das Ziel einer Reise entschlossen anzuvisieren und zu erreichen. (Hier spielt der Wagenlenker eine zusätzliche bedeutsame Rolle.) In der Sonne nehmen wir die Freude des Lebens wahr. Wir fühlen uns durch positive Aktivität in ihr integriert. Das Wasser (Der Mond) löste jeden Rest negativer Energien aus unserem Körper. Alle Verunreinigungen sind ausgeschwemmt worden und jedes Teilchen kann nun seine ihm vorgegebene Funktion verrichten. Aus Feuer (Arkana XVI) entsteht Energie.

Besonders intensiv wird dies in der Meditation erlebbar. Während der Körper sich selbst in der Ruhe befindet, geschieht im Inneren viel. In dem Augenblick bei dem es dem Geist gelungen ist, in den Körper einzutauchen, mit aufrechter Sitzhaltung ohne Muskelanspannung entspannt zu atmen, kann die Strahlkraft am deutlichsten wirken. Teilchen die sich bewegen, nehmen mehr Raum in Anspruch. Die innere Leere füllt sich aus. Der Körper, der als ein Hohlraum erscheint, wird durch unsere freiwillige und begeisterte Tätigkeit des Geistes an Substanz gewinnen. Jene Ausdehnung ist eine körperliche Entfaltung und ein Sich-aufrichten.

Das Licht kann von oben nach unten und entsprechend umgekehrt von unten nach oben auf- und niedersteigen. Im Lotussitz zentriert sein ist der Körper vollkommen symmetrisch. Durch den Kontakt zur Erde ist man mit ihr verwurzelt. Die Form gleicht der einer Pyramide. Aus dem Sumpf ersteigt die Lotusblume. Ihr kann nichts anhaften. Aller Makel perlt an ihr ab. Die Mitte steht dabei im Vordergrund, d.h. die 7 Haupt-Chakren können frei und ungehindert arbeiten (Siehe Arkana XI, die Lust, die dem Tierkreis Löwe zugeordnet ist, deren Herrscher wiederum die Sonne ist.).

Das Pentagramm als Zeichen des Menschen zeigt die Erhabenheit des Geistes, über die Elemente zu herrschen. Sie sind gelebt worden. So wie Gefühle, wenn sie aufsteigen, sich in Bilder wandeln, bauen sie auf diese Weise Stresse ab, d.h. man erreicht irgendwann den Punkt, in dem alles fließt. Das ungetrübte Bewusstsein tritt hervor.

Im Gegensatz zum Mond, der sich ständig verändert, mal zu-, mal abnimmt und sich in einer immerwährenden Bewegung befindet, ruht die Sonne beständig an einem Punkt.

Der Körper ist nicht mehr unterteilt in Gefühls- und Kopfbereich, sondern er existiert als Einheit. Oben und Unten sind verschmolzen, beides befruchtet sich gegenseitig. Arkana XIX schlüsselt sich aus der Ermittlung der Quersumme in I und IX auf, welche zusammen Arkana X, das Rad des Schicksals und daraus in deren Quersumme wiederum Arkana I, der Magier wird.

Der Ruhepunkt (Quersumme 19 = 1+9 = 10 = Rad des Schicksals),die Nabe, erzeugt Kräfte, die im Unterbewusstsein durch das Bewusstsein gesteuert werden. Der Magier setzt seine Geisteskräfte in die Elemente hinein. Der Eremit praktiziert sein Großes Werk in der Einsamkeit, in der kein Lärm des Alltags ihn stört.

Der Magier und Eremit, sind merkurielle Kräfte, die sich über den Verstand und ihr Vorstellungsvermögen präsentieren. Die Kraft des Kindes erneuert und erhebt beide. So kann das Bewusstsein vereinigt mit dem Unterbewussten zu seinem kraftvollen Aspekt im Herzen aufblühen. Beide erheben sich bereits in Arkana XI, der Lust und überschritten die Grenze zwischen Zeit und Ewigkeit, wie sie in Arkana XII offenbar wurde. Der Aufstieg ist ein Hinweis auf vergangenen Abstieg in das Reich des Todes (Arkana XIII).Eine Voraussetzung für den Beginn des alchemistischen Prozesses (Arkana XIV),der in der Sonne zur Vollendung gekommen ist.

XIX Die Sonne

Stelle eine brennende Kerze in etwa einem Meter Entfernung vor Dich hin und mache es Dir bequem.
Deine Augen ruhen dabei entspannt auf der Flamme.
Versenke Dich in diesen Zustand.

- kleine Pause -

Stelle Dir vor, wie Deine Gedanken vom Feuer der Kerze verzehrt werden.

Sie werden ruhiger.

- kleine Pause -

Allmählich nimmst Du wahr, dass das Licht der Kerze einer Sonne gleicht.
Es sendet Dir Strahlen direkt auf Dein Gesicht.
Sonnenstrahlen.
Nehme sie wahr.

- kleine Pause -

Stelle Dir nun vor, wie sich der Glanz des Lichtes von der Kerze löst und als weiße Kugel auf Deinen Scheitel zu schwebt.
Sie ist gefüllt mit hellem Licht.

Schließe Deine Augen.

Über Dir befindet sich Deine weiße Lichtkugel.
Sie wird gespeist von Deiner Kerze.

- kleine Pause -

Ein Tropfen löst sich von Deiner Lichtkugel und lässt sich auf Deiner Stirn nieder.
Genau zwischen Deinen Augenbrauen.

Dieser Tropfen verwandelt sich in einen Diamanten.
Konzentriere Dich mit geschlossenen Augen darauf.

- kleine Pause -

Stelle Dir vor, wie Du mit Deinem Diamanten in Dein Herz sehen kannst.

Sende ihm damit alles Licht zu.
Atme dieses weiße Licht ein.
Halte es fest zwischen Deinen Augenbrauen.
Neige Deinen Kopf auf Deine Brust, so dass das Licht darein ströme.
Und lenke es herab in Dein Herz.

- kleine Pause -

Dieses Licht beginnt von hier aus ihren Lauf zu nehmen.

- kleine Pause -

Mit Deinem Atem entfachst Du das Feuer, so dass es als Licht im Herzen transportiert werden kann.
Harmonisch entspricht die Atemfrequenz Deinem Herzschlag.

Vom Herzen aus wandert nun Dein Licht in den ganzen Körper hinein.

Stelle Dir dazu vor, wie Du nicht nur Sauerstoff transportierst, sondern ebenso Licht in Deine Lungen fließt.

Fülle sie damit aus.

- kleine Pause -

Dein Herz ist der Motor, der dieses Licht weiter gibt.

- kleine Pause -

Dein Herz transportiert es weiter, bis es jede Körperzelle erreicht.

Stelle es Dir vor.

- kleine Pause -

Dabei sieht Dein mikroskopischer Blick in jeder Körperzelle Moleküle, die um ein Zentrum kreisen.
Diese Zentren entsprechen Sonnen im Universum.
Jedes Zentrum ist eine Sonne.
Die Sonne.
Sie braucht dieses Licht.
Sende ihr das Licht in die Körperzelle hinein, auf dass es leuchte und Leben spende.

- Pause -

- Atme -

Nehme wahr wie das Licht Deinen Körper erfüllt und Du selbst Licht bist.

Lasse diese Vorstellung zu einem sich aussendenden Kraftfeld werden.
Vergegenwärtige Deinen Herzschlag und Deine Atmung. Beide bilden eine Einheit.
Beide sind im Ein-Klang.

- Pause -

Gehe nun im Gegenzug in Deiner Vorstellung aus Deinem Körperbewusstsein heraus und sehe die Sonne, wie sie Tag für Tag auf`s Neue scheint, uns am Leben erhält und wärmt.

Atme diese Strahlen bewusst ein.

- Pause -

Öffne Deine Arme und
empfange die leuchtende Kraft des Lichtes.

Lasse Dich von ihr erfüllen.

- kleine Pause -

Die leuchtende Kraft der Sonne.
Atme sie ein.

- Pause -

Wiederhole diesen Zyklus sooft es Dir beliebt.
Vergegenwärtige Dir dabei, dass jeder Abschnitt ein kompletter Tag ist, an dem die Sonne auf- und niedersteigt.
Sie steigt auf aus der Dunkelheit der Nacht und beginnt ihren Siegeszug des Tages auf´s Neue.

- Pause -

Wie aus einem Jungbrunnen entsteigst Du dieser Meditation.
Du erwachst zu neuem Leben.

Langsam öffnest Du Deine Augen.
Ebenso langsam reckst Du Dich und nimmst allmählich Deine Umgebung wahr.

Lasse Dir ein paar Minuten Zeit, bevor Du Dich erhebst.

Arkana XX
Das Aeon

Der innere Prozess ist eine der beiden Seiten, die zur Vollendung nötig sind, um in der Welt wirkungsvoll bestehen zu können. Es nützt nichts sich hinter Klostermauern zu verstecken, um so dem Geschehen der Welt zu entfliehen und sein Leben auf Absicherung und Befestigung auszurichten.

Ark. XX zeigt uns, dass der Prozess mit der Sonne zentriert zu sein und zu strahlen wie diese eine Voraussetzung ist, die Strahlen in den Welten-Raum zu schicken um ihn zu befruchten.

Sollten Sie Ihre Meditation beenden und Ihre Augen öffnen, so nehmen Sie um sich herum den hellen Schein wahr, der Sie umgibt. Das Bewusstsein darüber, dass alles dem lichten Prinzip zugeordnet ist, kehrt nun unsere Einstellung zum Leben hin. Innere Erfahrung und Erleben wird im Außen bezogen und anerkannt. Bevor der Alltag neu gelebt wird, ist es wichtig einige Zeit mit geöffneten Augen und ruhendem Körper innezuhalten. Ein sofortiges Aufstehen würde Symptome wie Gereiztheit, Spannungen u.ä. zur Folge haben. Es ist sinnvoll in diesem Zustand die Aufmerksamkeit auf das astrale Licht, dass sich im Raum befindet, zu richten, denn es geht vom eigenen Körper aus. Die Strahlen wirken sogar noch über diesen Raum hinaus. Dies zu begreifen ist die Aufgabe dieser Karte.

Das Strahlen ist unmittelbarer Ausdruck einer Energiequelle. Diese Energiequelle wird im Inneren erzeugt und ist durch die bewusste Haltung aus Arkana XIX der Sonne hervorgegangen. Sie ist der kleinste Wert, der Punkt, den es im Universum gibt, wenn wir von Makrokosmos sprechen. Entsprechend verhält es sich in unserem Körper. In diesem gibt es unendlich viele Zellen, die verschiedenste Funktionen ausüben, welche wiederum aus unendlich vielen Molekülen bestehen. Diese Moleküle besitzen alle einen Atomkern, um den elektrisch geladene Teilchen schwirren. Jener Atomkern hält sie zusammen. Er verhält sich wie die Sonne und gibt wie diese sein Strahlen nach außen.

Während der Meditation geschieht ein Zusammenschluss aller Sonnen im Körper, so dass ein mächtiges Strahlen den gesamten Raum-Körper erfüllt (der Mikrokosmos) und anschließend weit über diesen hinausgeht. Haben wir bis einschließlich Arkana XVIII, „Der Mond" lernen dürfen, welche Bedeutung die einzelnen Elemente besitzen, so ist uns in diesem Verlauf der Karten Arkana XV – XVIII die Wirkweise auf der Erde bewusst gemacht worden. Selbst der Stern XVII lenkte in seiner Abgehobenheit immer wieder den Blick auf die Erde.

In Arkana XIX zeigt sich, dass der Geist über den 4 Elementen stehen sollte, um diese beherrschen zu können. Anschaulich wird dies durch das Pentagramm.

Gleichzeitig ist das Symbol der Sonne das Hexagramm.

In vielen magischen mittelalterlichen Bänden wird das Sonnenzeichen in die Mitte des Hexagramms gesetzt und alle damals bekannten Planeten Merkur, Venus, Mond, Mars, Jupiter und Saturn (Uranus, Neptun und Pluto wurden erst viel später entdeckt.) an den jeweiligen Spitzen des Hexagramms angesiedelt.

An dieser Stelle verlässt man den Bereich der Erde und erklärt sich bereit die Sonne als das Zentrum anzuerkennen (siehe Abb. a). Man wird sich der göttlichen Kräfte, die in einem stecken bewusst und erfährt auf diese Weise eine Einweihung im höheren Sinne. In Arkana XII gab es die Einweihung auf die 4 Elemente mit dem Geist und damit die Bezugnahme zur Erde. In Arkana XIX überschritten wir diesen Bereich und sind nun fähig die Charaktere, die unser Sonnensystem umfassen zu nutzen.

Ritual-Magier sprechen vom „Annehmen der Gottesform", wenn innerhalb einer Zeremonie ein Gott visualisiert wird. Bei der Anrufung der jeweiligen Gottheit mit ihrem Namen werden Entsprechungen vergegenwärtigt, die mit machtvollen Eigenschaften versehen sind. Es ist ein Unterschied, ob man beispielsweise die Kräfte des Jupiters, des Mars, der Venus oder Merkur anruft. Jede einzelne Gottheit besitzt Fähigkeiten, die sich wieder von denen der anderen unterscheiden. So strebt z.B. Jupiter nach einem Ideal. Dieses Ideal findet er in der Religion und Philosophie. Er fördert Glück und Wohlstand, ist der Planet der Entfaltung und bringt aus diesem Grund nicht nur materiellen Reichtum, sondern unterstützt und entwickelt ebenso die Persönlichkeit, fördert demnach den inneren Reichtum. Er erweitert den Horizont, vermittelt Wohlstand, Weisheit, Glaube, Optimismus, Großzügigkeit, Gerechtigkeit, Ideale etc.. Er verhilft dem Menschen durch die Sinnfindung von moralischen Werten zu Glück und Erfüllung zu gelangen.

Mars setzt mit viel Energie Entscheidungen und Vorhaben durch. Seine kämpferische Haltung zeichnet seine große Entschlusskraft aus. Seine Vorgehensweise ist geradlinig. Er steht für Aggression und auch nicht zuletzt für sexuelle Energie. Mars verhilft zur Verwirklichung und Durchsetzung.

Venus die Göttin der Schönheit, Erotik und Ästhetik steht für Liebe, Gefühl, Harmonie. Sie vermittelt auf der erotischen Ebene Hingabefähigkeit, aber auch Verlockung und Versuchung. Das ästhetische Empfinden, künstlerische Interessen, werden ebenso geweckt wie sinnliche Genüsse. Sie verkörpert die selbstbewusste Frau, die weiß was sie sich Wert ist und legt dementsprechend Wert auf Güter und Besitz. Darunter fallen Schmuck und wertvolle Möbel, Gemälde u.a.. Venus verhilft zu Liebe und Erotik, Schönheit, Kunstsinn und gutem Stil.

Dabei achtet sie darauf, Harmonie in die Welt zu bringen.Merkur der Götterbote, vermittelt Ideen und steht aus diesem Grund für Verstand und Intellekt, Sprache, Kommunikation und geistige Wendigkeit. Er steht ferner für sprachlichen Ausdruck, sammelt und vermittelt Wissen und Informationen. Er verhilft uns zu einer guten Auffassungs- und Beobachtungsgabe, die wir gepaart mit einer gehörigen Portion Schlagfertigkeit und sprachlicher Gewandtheit wunderbar umsetzen können.

Ziel ist es, eine Identifikation mit dem Gott / der Göttin herzustellen. Man gelangt auf die Schwingungsebene der Gottheit und erhält so den Zugang zu höheren Energiepotentialen. Gleichzeitig erfährt man die Zerstörung der Ich-Bezogenheit. Der Magier wird aus seinem Egozentrismus heraus gerissen und erreicht dadurch eine Höherpolung seines Bewusstseins. Das Ergebnis ist es, festzustellen, dass Gott im Menschen und der Mensch in Gott ist. Durch beide Wechselspiele findet ein Austausch statt, die eine Veränderung der Persönlichkeit bewirkt. Man sollte sich jederzeit vergewissern, dass man selbst Herr über seine Gedanken ist.

Dies verhindert von plötzlich auftretenden Impulsen überwältigt zu werden. Zentriert und konzentriert in seinem Gedanken-Gebilde, also in seiner Vorstellung, verinnerlicht man Prozesse. Diese Prozesse werden natürlich besonders durch ständiges Ritualisieren im Unterbewusstsein verankert. Hier erfahren sie eine enorme Rückkopplung.

Denn je reiner der Gedanke ist – und davon können wir bei einer Gottes – Vorstellung ausgehen – umso tiefer und kraftvoller wirkt er. Durch die Aktivierung einer Gottheit erhält man ein Verständnis darüber, wie mächtig das Göttliche in einem präsent ist und nach außen wirken kann, sofern man bereit ist, diese mit offenen Armen zu empfangen und anzunehmen.

Arkana XX bildet die Zwischenstation von XIX die Sonne und XXI der Welt. In der Sonne ist die bewegungslose Ruhe das Ziel, um so in das ekstatische Verschmelzen des Bewusstseins mit dem Unterbewusstsein zu gelangen. Arkana XX auf der interpersonellen Ebene ist das transformierte Selbst, welches dem übergeordneten göttlichen Willen zum Ausdruck verhilft. Die Karte drückt zum einen die vollkommene Erfüllung durch und mit dem Hl. Schutzengel aus, zum anderen wendet sich das Bewusstsein, dass bis dato auf innere Prozesse wert legte, nach außen.

Die Kraftquelle ist die Sonne, d.h. die Beherrschung der 4 Elemente durch den Geist auf der einen Seite, welcher eine Vereinigung mit seinem Höheren Selbst in dem Moment erfahren hatte, als er jedes Element für sich beseelen und erleben durfte, sich selbst als Teilhaber des Universums verstehen konnte und in der jetzigen Karte Arkana XX zu einer noch größeren Einheit verschmelzen darf, wirkt die Sonne als Punkt wie ein Impulsgeber, der in alle Richtungen seine Kraft sendet. Die Konversation mit dem Hl. Schutzengel (Arkana XIV) ist vollendet, das Innerste vollkommen erfüllt von ihm. Die Energie, die daraus erwächst, dehnt sich nach dem Ausbruch in alle 4 Richtungen aus und scheint kein Ende zu nehmen. Gleichzeitig erfüllt es den durchdrungenen Raum vollkommen mit seinen Strahlen. Überall dort wo das Licht einfließen kann, ist sein Reich.

In der Meditation erfahren wir, wie der Ruf des Selbst (siehe auch der Ruf in der Meditation von Arkana II Der Hohepriesterin) im Inneren klar und deutlich vernommen wird. Dieser Ruf transformiert die Persönlichkeit. Er war, wie die Sonne von den Wolken des Alltags verdeckt worden, und ist nun hervorgebrochen. Um diesem „lauschen" zu können ist man zum Schweigen gezwungen. Ich verweise an dieser Stelle an die Quersumme der Karte, welcher der Hohepriesterin Arkana II zugesprochen wird. Ihrer Eigenschaft gemäß vermag sie im Unterbewusstsein Impulse zu reflektieren. Da es sich im Äon um geläuterte Impulse handelt, die frei sind von persönlichen Anhaftungen, wirkt dieses Bild einem Glaubenssatz gleich.
$2 \times 10 = 20$.

Das Rad des Schicksals stabilisiert gemeinsam mit Ihr die höhere Oktave. Die 0 des Narren bezieht ebenfalls die unendliche Ausdehnung mit ein. Sie ist der Kreis, der in Abb. b graphisch dargestellt ist. Bereits in Arkana X hatten wir über das Schweigen im Zusammenhang mit der Nabe gesprochen. Auch ist sie in der Quersumme aus der Sonne hervorgegangen. Schweigen ist ein wunderbarer Schutzschild. Mit Schweigen konzentriert man sich. Der Blick fokussiert sich. Konzentration bedeutet den Gedanken erfolgreich ohne Unterbrechung durchzuführen.

Die Kraft kann durch unnötige Diskussionen zerredet werden. Im Staunen ist der Mund geöffnet und veräußert auf diese Weise leben. Im Schweigen schließt er sich und bewahrt. Schweigen ist eine treibende Kraft. Sie bildet das Zentrum, die Nabe um die sich alles dreht. In dem Moment, indem der lustvolle freudige Ausruf geschieht, geht die Energie ein in den universellen Raum. Schweigen bedeutet auch Achtung der Wahrheit gegenüber zu erweisen, denn jeder formulierte Satz über sie ist bereits ein Beweis für ihre Unwahrheit. Es drückt die Achtung vor dem Geheimnis aus. Dabei geht es nicht darum, Informationen zu verhüllen, sondern darzulegen, dass etwas geschieht, welches man nicht mehr in Worte zu kleiden vermag.

Die Annahme der Gottform, wie ich sie beschrieben habe, bewirkt, dass die Energie in die Körperzelle eindringt und dort unbewusste Impulse, welche archaischen Ursprungs sind, freisetzt. Sie hat keinen anderen Grund als den Kosmos zu durchdringen. Dieses Wissen teilt sich uns nur durch unmittelbares Erleben mit. Entweder sind wir Jupiter oder Mars oder Venus etc.. Wir können nicht alles auf einmal erfahren, wollen wir den tiefen Informationsgehalt, der in ihnen steckt herausfinden. Deshalb müssen wir Schritt für Schritt eins nach dem anderen leben und erleben.

Die Wirkung, die der Glaube und das Wissen an die Sache erzielt, lässt keinen Platz für andere Energien. Die volle Konzentration richtet sich auf einen Gedanken. Es ist mit einer/ einem Liebenden vergleichbar, der alles unternimmt, um zu seinem/seiner Geliebten zu gelangen. Wille und Liebe verbinden sich zu einem großen Werk. Hier zeigt sich das ungeheure Potential, dass in dieser Karte steckt.

Durch die Annahme der Gottform, ist der Gott in einem und um einen herum. Man ist Gott. Sich selbst als diesen zu betrachten, bedeutet keinen weiteren Einfluss zuzulassen und so in keine weiteren Einflüsse mehr eingebunden zu sein. Vielmehr ist man selbst Erzeuger von Kreisläufen. Es spielt dabei keine Rolle welchen Gott oder Göttin man anruft, denn das kosmische Verständnis betet grundsätzlich alle Kräfte an. Sie alle sind göttlichen Ursprungs, sonst wären sie nicht existent.

Das Äon besitzt aufgrund seiner Feuerkraft eine direkte Verbindung zu Arkana XVI der Turm, welcher die persönlichen Motive - die Persona- zerstört. Die Differenz beider Zahlen 20 - 16 ergibt 4.Arkana IV der Herrscher welcher ebenfalls ein Feuerzeichen darstellt, ist dem Widder zugeordnet und dessen Herrscher (Mars) wiederum dem Turm.

Letztendlich bezieht Arkana XX alle Feuer-Kräfte auf sich (4,10,11,14,16).

Die Erde als Raumschiff zu betrachten, soll andeuten, dass jede Bewegung im Verhältnis zur kosmischen Aktivität statisch wirkt. Selbst die Bahn der Erde würde in der Unendlichkeit des Raumes wie ein Fixpunkt wirken. Diese Betrachtung soll dazu veranlassen, sich von der egoistisch zentrierten Sicht wegzubewegen, um zu der transzendierten Wahrnehmung zu gelangen. In der Unendlichkeit des Raumes ist jeder Punkt ein Zentrum. Die Verschiebung der Position verändert den Betrachtungswinkel. Eine tatsächlich umfassende Welt - bzw. Kosmos-Sicht lässt sich allerdings erst erreichen, wenn man aus diesem Organismus ausgetreten ist.

Der Kosmos mit seinen unzähligen Sternen, Galaxien etc., ist in der Reise als Körper dargestellt. Es dient der Wahrnehmung über das Verschmelzen zwischen Kleinem und Großen, Oben und Unten, Innen und Außen.

Die Aura ist der übergreifende in die Welt gehende Schritt. Sie wächst aus dem Glauben heraus, der sich in Wissen gewandelt hatte und erstrahlt als körperliche Reaktion auf vorangegangene Schritte.

Die Chakren sind aktiviert und speisen diese.

XX Das Aeon

Mache es Dir bequem und schließe Deine Augen.
Gebe Dir die Erlaubnis Dich zu entspannen.
Entlasse alle Deine Gedanken in die Freiheit.
Alle äußeren Einflüsse sind Dir von nun an vollkommen gleichgültig.
Du konzentrierst Dich nur noch auf diese Meditation.

- kleine Pause -

Es ist Nacht.
Du liegst auf einer Wiese und beschaust den endlosen Sternenhimmel,
der sich über Dich wölbt.

Um Dich herum ist Ruhe.
Absolute Ruhe.

Alles ist still.

Dein Körper unterliegt der Schwerkraft und ist regungslos.
Das Einzige, dass sich bewegt ist die Erde.

- kleine Pause -

Du siehst die Sterne über Dir
und spürst dabei, dass Du Dich auf dem großen Raumschiff Erde befindest.

Seine Geschwindigkeit ist enorm.
Mit ihm kannst Du durch das Universum fliegen.

Dabei wirst Du gewahr, dass die Erde selbst nur ein Teilchen ist, dass um ihren Atomkern, unsere Sonne schwingt.
Neben ihr befinden sich noch andere Teilchen, die um die Sonne kreisen.

- kleine Pause -

Die Erde selbst ist nichts weiter als ein Planet unter Planeten unseres Sonnensystems.
Und dieses Sonnensystem ist nur ein einziges unter unzähligen unserer Galaxie, die ebenfalls nur eine unter unendlich vielen darstellt.

- kleine Pause -

Dies alles erscheint uns unter dem Begriff Kosmos, indem Du nur ein winzig kleiner unbedeutender Punkt auf der Erde bist, die für sich gesehen wiederum unendlich viele Leben birgt.

- kleine Pause -

Stelle Dir Dich in diesem gesamten Gefüge vor.
Nehme wahr, welche Position Du in diesem Kosmos besitzt.

- Pause -

Wende nun Deinen Blick zurück zu Dir selbst.
Vergegenwärtige Dir, dass Dein Körper ebenfalls ein Kosmos für sich ist.
Ein Mikrokosmos im Makrokosmos.

In diesem kannst Du mittels Deines Geistes in Deinen eigenen Kosmos einblicken und ihn beseelen.

- kleine Pause -

Atme in Dich hinein.
Stelle Dir dazu vor, dass Du Licht in Deinen Körper hineinleitest.
Mit jeder Ausatmung entlässt Du alles Negative und Schlechte.

Vergegenwärtige Dir dabei, dass auf diese Weise all Deine Sonnensysteme in Deinem Kosmos-Körper mit Licht, Liebe und Energie versorgt werden.

- kleine Pause -

Diese Energie sammelt sich in Deinem Körper nach und nach an.
In Dir wächst das Licht.
Größer und größer wird die imaginäre Lichtkugel, die sich jetzt in Deinem Kosmos-Körper befindet.
Mehr und mehr gewinnt ihr Licht an Strahlkraft.
Sie dehnt sich weiter aus, bis dass Du vollkommen erfüllt bist von Liebe und Glückseligkeit.

- Pause -

Dein Körper ist Dein Kosmos.
Ein Mikrokosmos im Makrokosmos.

- kleine Pause -

Nehme wahr, wie Du als Kosmos inmitten eines solchen lebst.
Thronend in diesem Raum, in dieser Zeit.

Du weißt, in Dir selbst existiert das Universum, in dem ebenso viele Leben existieren, wie Du sie außerhalb von Dir wahr nehmen kannst.

- kleine Pause -

Noch immer befindest Du Dich regungslos auf der Wiese liegend, den Sternenhimmel beschauend.

Überall erkennst Du Lichtpunkte, die sich Dir zuwenden.

Alle diese sind von dem großen Geist beseelt. Von seiner übergroßen Liebe, seinem Licht und seiner Energie.

Nehme wahr, wie Du jenes Licht, jene Energie nun zu Ihr/Ihm senden möchtest.

- Pause -

**Sende nun diese Energie als Licht gefüllt mit Liebe hin zum Großen Geist.
Spüre dabei, wie Du jenen Lichtstrahl mit jeder Ausatmung entlässt.**

Mit jeder Einatmung kommst Du jenem Großen Geist näher und näher.

- kleine Pause -

Auf diese Weise bist Du wirklich eingebunden in den Großen Kreislauf des Lebens.

- Pause -

Atme in Dich hinein und vergegenwärtige Dir, wie Du jetzt jene unendlich Große Energie der Schöpfung und des Lebens in Dich aufnimmst.

- kleine Pause -

Halte dies eine Weile, um zu spüren, wie jene Energie nun in Deinen Körper einfließt. Mit jeder Ausatmung vollende den Zyklus und werde Dir gewahr, dass dies ein Atem zum Du ist.

- Pause -

Mit jeder Ausatmung sendest Du den Feuer-Funken, der durch Dich hindurch geflossen ist, transformiert zurück.

Dies ist eine Ausatmung in vollem reinen Bewusstsein dem Höchsten zugewandt.

Es ist der Ausdruck reinster Liebe und Hingabe, denn nur so wirst Du das kosmische Verlangen nach Vereinigung erwirken können.

- Pause -

Das Feuer entfacht zu neuem Bewusstsein löst aus einen Funken.
Dieser Funke erhellt das Universum.
So fliege denn als Kind durch die Welten und spüre das Leben im Leben.

- Pause -

Wie aus einem Jungbrunnen entsteigst Du dieser Meditation.
Du erwachst zu neuem Leben.

Langsam öffnest Du Deine Augen.
Ebenso langsam reckst Du Dich
und
nimmst allmählich Deine Umgebung wahr.

Lasse Dir ein paar Minuten Zeit, bevor Du Dich erhebst.

Arkana XXI
Das Universum

Arkana XXI ist zwar die letzte des Kartensatzes, dennoch zeigt sie kein Ende. Alle Karten weisen in ihrer Richtung immer auf den Weg zur Göttlichkeit des Menschen hin. Eine Verschmelzung mit dem uns verborgenen Teil bedeutet einen Schritt weiter zur Vollendung zu gelangen.

Arkana XXI wird im Tarot der hebräische Buchstabe Tau zugewiesen. Er ist der letzte Buchstabe in diesem Alphabet. Jenes Tau kommt unserem T gleich.

Der Inhalt der Karte vermittelt den Durchgang durch ein Tor. Da dies ein Akt des Gehens (oder Tanzens) ist, steht jedem Wesen, dass den Anspruch der Göttlichkeit erhebt das Zeichen des Ankh zu. Hier verbindet sich die 0 des Narren mit dem T des Universums. Die erste Karte des Tarot vereinigt sich mit der letzten und schafft so einen vollkommenen Kreislauf. Da die Schrittbewegung gleichzeitig linear ist, erfüllt sich auf diese Weise der Zyklus, der einer Spirale gleicht. Wenn wir uns um die Draufsicht einer Spirale bemühen, so sehen wir, dass das eine Ende jener Spirale in der Mitte liegt, das andere den Eintritt von außen ermöglicht (oder umgekehrt).

Wir erkennen innerhalb unserer Wanderschaft der Spirale jene lineare Bewegung und gelangen doch in einer Kreisbewegung zum Ziel der Mitte.

Das Ankh ist die 0 des Narren über dem Tau des Universums. Ein Zyklus wird beendet, ein Tor durchschritten. Arkana XXI ist in seiner Quersumme 3 die Herrscherin und Venus, die Göttin der Liebe. Sie ist dem hebräischen Buchstabe Daleth zugeordnet, welches übersetzt Tür bzw. Tor bedeutet.

Ihr Symbol ist der Ankh! In der ägyptischen Mythologie wird dieser bei jeder Göttin/Gott als Zeichen der Unsterblichkeit getragen. Nur ihnen war es erlaubt, dieses Zeichen zu besitzen. Aleister Crowley erklärt in seinem Werk „Thot", dass der Ankh für „Gehen" steht, denn in der damaligen Zeit, so behauptet er, wurden sie zum schnüren der Sandalen verwendet. „Gehen" ist somit ein Ausdruck für Lebendigkeit. Der Mensch hat sich gewandelt.

Arkana XII ist die genaue Umkehrung dieser Karte. Nicht nur, dass beide Zahlen 2 und 1 miteinander vertauscht sind, auch die Person hängt Kopf unters. Die Füße befinden sich am Baum des Lebens gebunden. Er hängt davon ab. Sein Ziel ist es Erleuchtung/Erkenntnisse über alles, außerhalb jeglicher Begrenzung liegende zu empfangen.

In Arkana XXI wandelt sich dieses ehemalige Bild der Stagnation, zu einer lebendigen alles annehmenden inneren Schau. Die Voranstellung der 1 in Arkana XII zeigt, dass hier Bewusstheit (I) an das Unbewusste (II) herantritt. Dieser Schritt sprengt natürlich jeglichen Rahmen des bisherigen Vorstellungsvermögens. Es transformiert die Person. Sie wird initiiert in die Geheimnisse des Lebens, so dass der nächste Schritt sich in XIII, „Der Tod", das Offenbarwerden jeglicher Vergänglichkeit der Gedanken, des Bewusstseins und auch des Lebens selbst, resultiert.

Arkana XXI geht über den Tod hinaus. Das Unbewusste, Arkana II, kann nun das Bewusste, Arkana I, dazu bewegen die richtigen Schritte zu unternehmen (daher die Voranstellung der 2 vor der 1 = 21).

Es ist das leidenschaftliche tänzerische Erleben dessen, was das Unbewusste an Bilder auftauchen lässt. Die Hohepriesterin, Arkana II, stellt die Reflexion dessen dar, was ins Unbewusste als Bewusstsein angekommen ist. Alles Äußere sind Projektionsflächen des Inneren und umgekehrt. Die Hohepriesterin ist der empfangende und unbewusste Teil in der Karte „Das Universum".

In Arkana XX wirkt sich das Innerste bereits aus. Die Aura erstrahlt im Raum, aufgrund der vollkommenen unbewussten reinen Kraft der Hohepriesterin. Das Bewusstsein des Magiers I ist die Wahrnehmung über diesen Prozess. Ohne ihm kann zwar die Kraft des Unbewussten auch im Schlaf geschehen, allerdings fehlt uns in diesem Zustand die nötige Bewusstheit darüber. Man/frau betritt das Universum mit einem neuen, vollkommeneren Bewusstsein zum Unbewusstsein.

Das Gleichgewicht ist die exakte Balance während der Bewegung. In meiner Meditation von Arkana VIII „Der Ausgleichung" habe ich das Steißbein erwähnt, dass den Kontakt zur Erde aufbaut. Dieses kommt nun in der Meditation Arkana XXI zum wiederholten Male vor. Auch hier übernimmt es die Funktion der Erdung. In Arkana VIII bildete es den Sockel, auf dem die Waage aufbaut. In Arkana XXI lässt das Steißbein die Bewegung, die durch den Tanz zu einem ekstatischen Erlebnis gewachsen ist, ebenso Ruhe und Stabilität vermitteln.

Diese Energie, die nun im Körper enthalten ist, kann so über das Steißbein in die Erde eingepflanzt werden. Die aktivierten Chakren, die die Aura bilden und schützen, sind die geweckten Schlangen der Kundalini. Der Verschmelzungsakt, der durch das Aufsteigen dieser mit dem Bewusstsein zustande gekommen ist, ist das sichtbare Zeichen der Ekstase. Es bewirkt das bewusste und vollkommene Auflösen vorangegangener Werte. Es wirkt und arbeitet lediglich der Wille, der Ausdruck ekstatischer Verschmelzung mit Gott ist. Die Schlange existiert als der dunkle Bereich, der in der Gottesvorstellung von ihm abgespalten worden ist. Da jedoch nichts außerhalb von ihm/ihr existiert, ist es zwangsläufig notwendig eine Vereinigung mit seinem Schatten zu schaffen. Der Austrieb aus dem Paradies ist durch die Schlange geschehen. Das Eingehen in dieses wird ebenfalls nur über sie möglich sein. Dieser Akt der Verschmelzung lässt für den Augenblick der sexuellen Ekstase das ahnen, was allgemein hin als Paradies verstanden wird. Dieser Moment ist schamlos. Ohne Scham. Die Vereinigung mit der Schlange kann nur aus Liebe geschehen. Sie zu umarmen öffnet ihr verborgenes Wesen. Jeder Tanz kommt ihrer Bewegung gleich.

Betrachten wir einmal den Anfang der Meditation. Er ist gekennzeichnet durch die Anrufung der 4 Himmelsrichtungen und somit der Elemente und Erzengel. Durch die Einbeziehung der 4 Elemente mit sich selbst, erkennt jeder die Gesetze der Natur an und erlangt damit einen wichtigen Schritt, sich selbst als Punkt im Kreis zu sehen. Der Punkt stellt entsprechend die 1 in der 21 dar.

Arkana XX zeigte den Schritt hin zur Vereinigung.

Arkana XXI ist die fleischgewordene Ekstase, ein ewiger Tanz.

Die 4 Elemente sind Wächter, die diesen Prozess unterstützen. So, wie sie vordem uns in Form von Symbolen und abstrakten Vorstellungen - insbesondere in Ark. X - begegneten, scheint es in dieser Karte als würden selbst sie sich in den ekstatischen und kosmischen Tanz einfügen. Das gesamte Universum befindet sich in ständiger Bewegung. Alles dreht sich, die Sonnen, Sterne, Galaxien. Alles bewegt sich um ein imaginäres Zentrum, dass jeder für sich selbst besitzt, denn im Tanz bewegt sich alles um dieses. Tanz besitzt Dynamik und Hingabe zugleich.
In Arkana XXI werden die (Erz-) Engelkräfte herbei gerufen. Sie stehen fortan hilfreich zur Seite. Ein neues Leben in einem neuen Bewusstsein beginnt.

Der Baum, der in der Meditation eine zentrale Rolle spielt, ist das Verbindungsglied zu Arkana XV. 15 ist die Summe der Zahlen 1-5. Arkana XXI ist die Summe der Zahlen 1-6. Die 6, die sich auch aus der Differenz zwischen 21 und 15 ergibt, sind die Liebenden, d.h. die Vereinigung mit seiner fehlenden Anima/Animus, gelingt hier auf tänzerischem Wege.

Während dieses Tanzes bewegt man sich spiralförmig vom Zentrum - dem eigenen vergangenen Zentrum aus - und begibt sich in die Unendlichkeit des Raumes, welches durch den Kreis dargestellt wird. Während dieser Reise erfolgen Zwischenstopps an den jeweiligen Himmelsrichtungen. Die Erzengelkräfte sind ein Teil von Dir geworden, welches die Voraussetzung für den Schritt aus der Erde heraus in den Kosmos hinein ist.

So vereinigen sich Punkt und Kreis in einer Person. Man schreitet weiter über den Punkt der Vergänglichkeit, welches Vergangenheit beinhaltet, hinaus. Ein Prozess ist beendet. Mit diesem Gefühl und Wissen dem Paradies der Vollkommenheit wenigstens einen Schritt näher gekommen zu sein, setze Dich auf den Thron der Erde.

Arkana XXI zeigt die 2 und 1 . Die Hohepriesterin und der Magier sind beides Kräfte, die über das rein irdische Denken und Fühlen hinausgehen und überirdische Ansprüche verwirklichen. Beides sind autarke Formen, Bewusstsein + Unbewusstes. In der Erinnerung kommen uns solche Momente oft wie Tore vor, die durchschritten worden sind, da wir das lebendige Gefühl erhalten, eine Sache abgeschlossen zu haben.

Ein neuer Zyklus steht bevor, der dennoch auf dem vorhergehenden aufbaut. Das Bild der Spirale, drängt sich auf. Der nächste Zyklus ist vergleichbar mit der höher liegenden. Das bedeutet, dass zwar gleiche oder ähnliche Situationen auftreten können, dennoch werden sie von einer veränderten Erlebnis-Warte heraus betrachtet und entsprechend gelöst. In einer Spirale wird man immer wieder mit ähnlichen Situationen konfrontiert sein und kommt dabei dem eigenen Zentrum immer näher. Das Ende (oder der Anfang) der Spirale ist immer die Mitte (siehe das Bild in der Meditation: Die Sanduhr entspricht dieser. Das Nadelöhr ist die Gegenwart und immer gegenwärtig, demnach ist das Hier und Jetzt der Gegenwart immer die Mitte zu der man sich hinbewegt.). Wie sollte demnach ein Verlangen nach Ursprünglichkeit besser gedient sein, als sich ihm tänzerisch zu beugen? Nur wer wahrhaft elastisch ist, bricht nicht. Die Welt oder das Universum ist wie Arkana XV, „Der Teufel" eine aktive Karte. Beide werden von Saturn regiert. Aus diesem Grunde ist es wichtig, sich auf die in der Meditation vorgegebene Handlung einzulassen. Interessanterweise stellt sich ausgerechnet der Trägheitsplanet Saturn, der synonym für Gewicht, Tiefe etc. steht, als aktive dar.

Nachvollziehbar wird diese Sicht dadurch, dass er in der Waage erhöht ist, die ein ausgewogenes Handeln fordert. Saturn ist in der astrologischen Interpretation der Planet der Begrenzung, der Zeit, der seine eigenen Kinder verschlingt. Es ist aus diesem Grunde wichtig, alle äußeren Eindrücke auf sich selbst zu beziehen, sie auf diese Weise zu assimilieren. Alle Ausdrucksformen werden von der Vergangenheit in die Gegenwart integriert, um sie so für die Zukunft neu gestalten und ordnen zu können. Mich beeindruckten von jeher die Bilder Salvador Dali´s. Aus flüssigem Wasser wurde eine feste Oberfläche. Die feststehende Zeit verrinnt als instabile Substanz. Es drückt für mich sehr direkt die verborgene Seite des Universums aus. Wer sich um das Unbewusste kümmert und die Erfahrungen darüber konsolidiert, d.h. feste Standpunkte der Seele erlangt, ist tatsächlich im Besitz des magischen Agens, denn über einem vermeintlich unsicheren Punkt Stabilität zu besitzen, das Gleichgewicht darüber zu beherrschen, kann in alle Richtungen sich fortbewegen, da selbst die Bewegung einem sicheren Podest gleichkommt, d.h. hier findet man selbst in der Bewegung Ruhe.

XXI Das Universum

Mache es Dir bequem und schließe Deine Augen.
Gebe Dir die Erlaubnis Dich zu entspannen.
Entlasse alle Deine Gedanken in die Freiheit.
Alle äußeren Einflüsse sind Dir von nun an vollkommen gleichgültig.
Du konzentrierst Dich nur noch auf diese Meditation.

- kleine Pause -

Stehe real oder in Deiner Vorstellung aufrecht im Raum.
Unterteile diesen in vier Himmelsrichtungen.

Vor Dir befindet sich der Osten.

Hinter Dir der Westen.

Rechts von Dir ist Süden.

Und zu Deiner linken Seite befindet sich Norden.

- kleine Pause -

Lenke Deinen Blick in Richtung Osten und gehe darauf zu.
Spüre wie von dort aus weiter Ferne das Zentrum der Luft zu Dir herüber weht.
Rufe es – gedanklich oder laut – herbei.

- kleine Pause -

Bitte den Geist der Luft, Dich mit klaren Gedanken und Inspirationen zu erfüllen.

- kleine Pause -

Stelle Dir vor wie eine sanfte Brise Dein Gesicht und Dein Haar als Antwort darauf umweht.

- Pause -

Wandere nun weiter nach Süden.

Spüre, wie es auf den Weg dorthin Dir wärmer und wärmer wird, denn dort wohnt das Feuer-Element.

- kleine Pause -

Rufe es – gedanklich oder laut – herbei.
Bitte den Geist des Feuers, Dir seine Stärke und Willenskraft zu spenden.

- kleine Pause -

Siehe wie dort, als Antwort darauf, eine Fackel erscheint, welches Dir die stärkende belebende Kraft des Feuers vermittelt.

- Pause -

Begebe Dich nach Westen.
Spüre wie auf den Weg dorthin Deine Füße mit Wasser umspült werden.
Nehme allmählich wahr, dass Dein Blick über die Ferne des Ozeans schweift.

- kleine Pause -

Rufe hier – gedanklich oder laut – in das Zentrum des Wassers, dass Dir den Zugang zu Deinem Unbewussten verschafft.
Siehe wie Dir ein Kelch dargeboten wird.
Nimm ihn in die Hand und trinke daraus.
Es soll Dich reinigen und erfrischen.

- Pause -

Anschließend wende Dich nach Norden.
Dort angekommen spürst Du bereits die Erde unter Deinen Füßen.
Vor Deinen Augen erscheint das saftige Gras in einem Meer aus Blumen.
Eine Quelle entspringt, die von Bäumen gesäumt ist.
Ein sanfter Lufthauch weht darüber und die Sonne erstrahlt in ihrem schönsten Lachen.
Alle drei vorhergehenden Elemente haben sich hier versammelt und verwirklichen sich nach Deinen Vorstellungen.

- Pause -

Wende Dich nun wieder nach Osten.

Hiermit hast Du einen Kreis beschritten.
Von dort aus kehre in die Mitte Deines Kreises zurück.
Spüre den Kontakt, den Du mit Deinen Füßen zur Erde hast.
Halte mit ihnen einen schulterbreiten Abstand.
Beuge Deine Knie ein wenig.
Deinen Oberkörper bleibt gerade.

Deine Schultern lasse entspannt und locker.
Dein Kopf ruht, ebenfalls entspannt und aufrecht darauf.

Atme bei alledem sanft ein und aus.

- kleine Pause -

Entwickle das Bedürfnis in stehender Haltung mit Deinen Knien abzusinken.

Stelle dabei fest, dass diese nicht über Deine eigenen Zehenspitzen hinausgehen können.
Achte darauf, dass Deine Schultern mit dem Oberkörper eine Einheit bilden.
Beobachte, wie mit jeder Ausatmung Deine Knie mehr und mehr absinken.
Unterstütze diese Bewegung und nehme wahr, wie Du dabei stehend sitzen kannst.
Dein Steißbein bildet dazu den Schwerpunkt.

- kleine Pause -

Gehe nun dazu über Dir vor zu stellen, wie unterhalb Deiner Füße in der Erde liegend sich eine Kraftkugel befindet.
Sie besteht aus einer leuchtenden Kraft, deren Farbe Du selbst bestimmen kannst.
Spüre wie Du von Deinen Füßen zu Deiner Kraftkugel ein Kanal erschaffst.
Beginne damit von Deinen Füßen Kraft auf zu atmen.
Währenddem Du von unten hoch atmest, nehme wahr, wie sich unter Deinen Füßen und von Deiner Kraftkugel ausgehend, Wurzeln bilden.
Du verwurzelst Dich mit der Erde.
Je stärker und tiefer Dir Deine Atmung von unten nach oben gelingt, umso tiefer greifen die Wurzeln in die Erde.

- Pause -

Hebe Deine Arme gen Himmel.
Hebe sie so herauf, als ob Du etwas ersehnen würdest.
Spüre wie Du allmählich Kraft von oben, von der Sonne erhältst.
Rufe sie herab.
Auf Deine Äste und Blätter, die Du der Sonne entgegenstreckst, fallen die Strahlen.
Deine Hände fangen sie auf.
Sie atmen sie ein.
Recke Dein Gesicht ihr entgegen und hebe Deine Brust ihr zu.

- kleine Pause -

Lasse Dich von ihr bescheinen.

- kleine Pause -

Die Sonnenstrahlen und Deine Wurzelkräfte bilden oben und unten.

Beide Enden sind Enden zweier Pole.
Beides Äste.
Das Lichte und das Dunkle
bringen Früchte hervor.
Du selbst bist ein Stab, der von oben nach unten die Energie fließen lässt,
und umgekehrt.
Diese Schwingung durchströmt Deinen gesamten Körper.

- kleine Pause -

Mache in diesem Bewusstsein ein paar Schritte.
Erst vorsichtig, einen Schritt vor den anderen setzend,
beginne Dich von Deiner starren Haltung zu lösen.
- lockere Dich -
Deine Bewegungen sollen allmählich der Form einer Tänzerin oder eines Tänzers
gleichen.
Spüre wie Du dabei Jemanden umwirbst.

- kleine Pause -

Du selbst bist in einem ständigen Fluss. Nie erschöpfend, immer empfangend und
gebend zugleich.
Bewege Dich spiralförmig vom Zentrum ausgehend in eine Richtung und nehme wahr
wie Du mit jedem Schritt mehr und mehr Raum ergreifst.
Unter Deinen Füßen befindet sich stets die gleiche Wurzelkraft.
Es ist die Kraft der Wurzel, die unter Dir ruht.
Entsprechend ist der Raum der Sonnenkraft oberhalb von Dir präsent.
Während Du Deinen Kreis durchläufst, halte für einen Augenblick an jeder der 4
Himmelsrichtungen und nehme das Element, dass von dort ausgeht auf.
Vereinige sie in einer tänzerischen Bewegung.
Durchtanze mit dieser Bewusstheit Dein Universum.
Deinen Kosmos.

- Pause -

Wann immer Du bereit bist und
wann immer Du das Gefühl haben solltest, dass es genug ist, kehre in Dein Zentrum
zurück und setze Dich auf die Erde.
Nehme wahr wie Dein Steißbein Kontakt zu ihr hat.
Spüre zugleich wie Deine Bewegungen sich auch in der Ruhe fortpflanzen.
Während Deines Tanzes hast Du den Weltenraum durchwandert.
Nun sammeln sich Deine Kräfte wieder.
Du sammelst Dich.

- kleine Pause -

Entspanne Dich.

- kleine Pause -

Eine Welt ist vollendet.
Nun ist diese Zeit für sich gesehen, zum Abschluss gekommen.
Eine weitere Tür öffnet sich vor Dir.
Vergangenheit ist ein Gerüst auf dem die Zukunft baut.
Die Pforte ist der Ort der Gegenwart.

- Pause -

Direkt vor Deinem inneren Auge befindet sich ein Tor.
Wenn Du jetzt langsam Deine Augen wieder öffnen solltest, stelle Dir dabei vor, wie sich das Tor, nach außen projiziert.
Siehe wie beim Öffnen Deiner Augen vor Deinem inneren Auge ausgehend, jenes Tor erscheint.
Mache dies nicht zu schnell.
Es soll real werden.
Du bist im vollkommenen Bewusstsein und möchtest, dass etwas aus Deinem inneren Auge heraus nach außen sichtbar geschieht.

- kleine Pause -

Wann immer es vor Dir ist, öffne dieses Tor.
Hinter diesem zeigt sich Dir eine neue Welt.
Schaue nach vorne und beschreite einen neuen Lebensweg.

- kleine Pause -

Als ein neuer Mensch, der sich auf den Thron setzt, um wahres Bewusstsein, dass unerschütterlich ist, zu erfahren, durchschreite die Pforte des Lebens.

Dein bisheriges Leben ist vergleichbar mit dem Sand, welches sich oberhalb einer Sanduhr befunden hatte.
Nach und nach rieselte es durch die enge Öffnung der Gegenwart, bis es an den Grund der Zukunft angelangt ist.
Erst musste alles Vergangene durch das Tor der Gegenwart passieren, um ein vollständiges Bild der Zukunft zu ergeben.
Solange dies nicht geschehen war, blieb immer noch ein Rest Vergangenes, welches in die Zukunft einwirkte.

- kleine Pause -

Nun hat sich die Sanduhr gewendet und ein neuer Zyklus beginnt.

- kleine Pause -

Beende die Meditation mit dem Gefühl von Deinen Engelkräften umgeben und beschützt zu sein.

Sie sollen Dir fortan auf Deinem neuen Lebensweg hilfreich zur Seite stehen.

- Pause -

Wie aus einem Jungbrunnen entsteigst Du dieser Meditation.
Du erwachst zu neuem Leben.

Langsam öffnest Du Deine Augen.
Ebenso langsam reckst Du Dich
und
nimmst allmählich Deine Umgebung wahr.

Lasse Dir ein paar Minuten Zeit, bevor Du Dich erhebst.

ENDE

Tarot und Kabbala

Viele Mythen ranken sich um den Tarot. Einen dieser hatte Court de Gebelin im 18. Jahrhundert in die Welt gebracht. In seinem Buch behauptet er, der Tarot sei ägyptischen Ursprungs. Demzufolge hatte der ibisköpfige Gott Thot, der als Erfinder der Schrift galt, sein Wissen an seine Schüler, welche zu jener Zeit vornehmlich Schreiber und Gelehrte waren, übermittelt. Ihre Visionen bannten sie auf Blätter, trugen sie zusammen und schufen so das Buch Thot. Dieses Buch mitsamt seiner magischen Kräfte, ist uns bis heute erhalten geblieben. Wir kennen es, so Court de Gebelin, unter der Bezeichnung Tarot.

Ein weiterer Mythos, der sich ebenfalls um den Tarot rankt, behauptet, er sei jüdischen Ursprungs. Begründet wird dies durch die Wortumstellung Tarot zu T(h)ora. Einen Hinweis dazu finden wir z.B. im Waite Tarot in Arkana II, „Der Hohepriesterin". Darin hält sie eine Schriftrolle auf der das Wort Thora abgebildet ist. Die beiden Säulen im Hintergrund des Waite Tarots schaffen eine Beziehung zu dem kabbalistischen Lebensbaum, die eine Glyphe der jüdischen Kabbala ist, eine Abbildung, die über Jahrhunderte eine magische Aufladung erfahren hat. Der Lebensbaum gilt als Darstellung des Mikro-, wie auch des Makrokosmos. Der Pfad zu jeder einzelnen Sephira ermöglicht den Zugang zum unbewussten bildorientierten Teil der menschlichen Seele (siehe Abb. 1).

Das Wissen um die magische Bedeutung des Tarot hatten die Juden, so die Interpretation, bereits zu Zeiten Moses erlangt. Als Ziehsohn des Pharao erlernte er dort sämtliche ägyptischen Weisheiten und magischen Praktiken. Wir alle kennen die Geschichte, als er den Stab auf den Boden am Hof des Pharaos warf und daraus eine Schlange wurde. Die Hohepriester machten es ihm gleich. Auch sie warfen ihre Stäbe auf die Erde und sie wurden ebenfalls zu Schlangen. Doch die Moses verschlang die der ägyptischen Hohepriester. Ein Hinweis für die magischen Fähigkeiten, die er sich durch die Ägypter angeeignet hatte.

So brachte Moses sein ägyptisches Wissen nach Israel. Es wird behauptet, dass daraus die jüdische Geheimlehre Kabbala erwuchs, die noch heute als Mutter des Tarot gilt.

Der kabbalistische Lebensbaum bildet den Hintergrund für die einzelnen Tarotkarten. Sie ist der Dreh- und Angelpunkt schlechthin und gliedert sich auf in 10 Sephiroth und 22 Pfade. Sephira ist hebräisch und kann mit Sphäre, Ebene oder auch Emanation übersetzt werden. Desweiteren legt sich um sie ein dreifacher Schleier, der auch als 0, 00 und 000 bezeichnet wird, bzw. Soph, Ain Soph und Ain Soph Aur, was mit Nichts, unendliches Nichts und goldenes unendliches Nichts übersetzt werden kann. Aus diesem Schleier entsteht das göttliche Licht, dass sich in dem weiteren Verlauf des Lebensbaums über die 10 Sephiroth emaniert. Um jenen Weg zu den einzelnen Sephira nehmen zu können, benötigt das Licht Gottes, an anderer Stelle wird er auch Blitzstrahl Gottes genannt, die Pfade. Die ursprüngliche Zuordnung der Pfade geschieht über das hebräische Alphabet. Es gilt als das Mittel, durch das

Gott seinen Weg abwärts zu Malkuth, der zehnten Sephira, der Erde oder auch vollkommenen Materialisation und von dort ausgehend wieder zurück findet.

Es stellte sich heraus, dass die Tarotkarten vollständig kompatibel mit dem Lebensbaum sind. So schuf im Jahre 1854 Eliphas Levi, ein zu seiner Zeit bedeutender Okkultist und Magier, in seinem Werk „le dogme et ritual de la haute magie" eine Verbindung des Tarot mit dem Lebensbaum. Levi besaß nachweislich Kontakt zu führenden Kabbalisten seiner Zeit.

Bereits im 18. Jahrhundert gab es berühmte Esoteriker, die darauf hingewiesen hatten, dass der Tarot, damit waren die Großen Arkana gemeint, neben der divinatorischen Bedeutung auch eine meditative Komponente besitzt. Arkana III, „Die Herrscherin" befindet sich als Beispiel auf dem Pfad, der Chokmah und Binah miteinander verbindet. Der dafür vorgesehenen Achse ist der hebräische Buchstabe Daleth, der mit Tür übersetzt werden kann, zugeordnet. Da die Herrscherin in ihrer divinatorischen Bedeutung als Spenderin des Lebens und der Fruchtbarkeit angesehen wird, repräsentiert die Tür die Pforte, die alles Leben gebiert, aber auch durch sie verschlossen bleibt.

Um hier ein vollständiges Wissen darüber zu erlangen ist die Meditation unerlässlich.

Jede Große Arkana bildet den Zugang von einer Sephira zur nächsten. Es ist mit ihr möglich zur jeweiligen Sephira oder von ihr zu gehen. Darüber hinaus entsprechen die Sephiroth Chakren in unserem Körper. Haben wir den Zugang zu ihnen geschaffen, so haben wir die Chakren, die ihnen zugeordnet werden, geöffnet. Ist es uns gelungen, alle 10 Sephiroth und 22 Pfade zu aktivieren, so entsprechen wir dem Bild des idealen Menschen oder ADAM KADMON wie ihn die Juden nennen.

Der kabbalistische Lebensbaum, wie er allgemein genannt wird, symbolisiert den idealen Menschen in seiner vollkommensten Form. Die Sephiroth stellen die verschiedenen Ebenen des göttlichen Menschen dar.

Wir erkennen anhand des Abbildes den idealtypischen Wert, den der Mensch darstellt bzw. sein könnte.

Planeten stellen Götter dar. In diesem Sinne ist eine göttliche Annäherung auch eine Wahrnehmung darüber, wer der Mensch auch wirklich sein könnte.

Er ist weit mehr!

Abb. 1

Der kabbalistische Lebensbaums

Ich werde nun im weiteren eine kurze Beschreibung des Lebensbaumes liefern. Allerdings möchte ich hierzu anmerken, dass Sie für das tiefere Verständnis zum Thema Kabbala und Lebensbaum in bereits vielen einschlägigen Literaturen ausführlichere Inhalte finden. Dies soll nur ein kurzer Abriss dessen sein, was sich hinter diesem, für meine Sicht beeindruckenden Bereich verbirgt. Um an dieser Stelle Näheres auszuführen, würde es den Rahmen dieses Buches mit Sicherheit sprengen.

Die erste Sephira wird Kether genannt, welche übersetzt Krone bedeutet und in einem hellen weißen Licht erstrahlt. Man kann sie mit dem Sahasrara-Chakra oder auch Kronen-Chakra genannt, vergleichen. Ihr wird der Zahlenwert Eins zugeordnet und hierin finden sich alle Asse der kleinen Arkana wieder. Eins ist die Ursprungszahl und der dazugehörige Planet ist Neptun, der Planet der Transzendenz und Verschmelzung.

Ein König, der ein schlechtes Vorbild für sein Volk ist, wird dem Volk den Virus des Schlechten einimpfen. Kann er ein positives Bild vermitteln, indem er selbst nach Tugenden lebt, wirkt nicht nur seine eigene Zellstruktur für ihn recht positiv, sondern er erscheint auch als leuchtendes Vorbild. Seine Gesellschaft wird durch ihn geheilt und bleibt es.

Die zweite Sephira wird Chokmah oder Weisheit genannt. Während die Eins den Punkt symbolisiert, können durch die Zwei zwei Punkte zu einer Linie verbunden werden. Aus Kether, in dem die Energie enthalten ist, fließt die Energie aus. Dieser Ausfluss selbst ist der Begriff, der Chokmah ausmacht. Denn aus dem allumfassenden Potential strömt jene Weisheit und wird sichtbar. Ihm ist der Planet Uranus zugeordnet, der ständig in Bewegung nach Neuerungen strebt.

Die dritte Sephira, Binah genannt ist die Formgebung für die ausfließende Kraft Chokmahs. Sie nimmt Energie auf. Durch sie als dritten Punkt, verbindet sich die Linie zu einem Dreieck, dem Auge Gottes. Chokmah und Binah sind die zwei Sephiroth, die sich im Baum des Lebens als polar entgegen gesetzte Kräfte manifestieren. Ihm ist der Planet Saturn zugeordnet. Er vermittelt Struktur, Beständigkeit etc. Chokmah ist das gebende und damit männliche Prinzip, während Binah empfangend und somit das weibliche repräsentiert.

Kether, Chokmah und Binah sind die drei Sephiroth, die für sich eine Einheit bilden, sie sind komplett.

Die vierte Sephira wird Chesed genannt. Es ist die Ebene der Gnade und wird astrologisch Jupiter zugeordnet, dem Planeten der Entfaltung.

Wir betreten hier die Welt des Irdischen. Vier ist eine Ordnungszahl. Vier Punkte miteinander verbunden, ergeben einen Körper.

Auf gleicher Höhe befindet sich auf der anderen Seite die fünfte Sephira Geburah. Sie wird Stärke genannt und Mars zugeordnet. Es ist wichtig, dass beide gemeinsam betrachtet werden. Das Zusammenspiel beider Kräfte macht deutlich, dass zuviel Rücksichtnahme als Schwäche ausgelegt werden kann, wohingegen zuviel Härte, Menschlichkeit und Mitgefühl vermissen lässt. Die fünf steht aber auch für die Freiheit des Geistes über die vier Elemente zu verfügen.

Deutlich wird dies über das Pentagramm. Dieses Symbol drückt aus, dass der Geist – durch die obere Spitze repräsentiert – über die vier Elemente, welche die unteren darstellen, regiert. So ist auch hierin der polare Wechsel wichtig. Die vier von Chesed zeigt den Rahmen, die vier Eckpunkte. Die fünf dahingegen den Willen des Geistes, mehr als nur eingebunden zu sein in einem Wechselspiel der Kräfte. Er bedeutet Impulsgeber und Durchsetzer auch für eigene Interessen zu sein.

Seine Entscheidungsfähigkeit bietet die korrigierende Kraft, die das Expansions-streben von Jupiter/Chesed Einhalt zu gebieten vermag. Seine Autonomie macht ebenso deutlich, dass er mit einem zuviel an Einschnitten auch umgekehrt von Chesed aus, aufgefordert ist den Weg der Strenge durch Freude zu ersetzen.

Es gibt, wie wir alle wissen, in der Tierwelt ein ausgesprochenes Gleichgewicht zwischen Fleischfressern, die Geburah zugeordnet und Vegetariern, die man entsprechend Chesed zuweisen kann. Würde nun ein Jäger den Bestand an Raubtieren dezimieren, so käme es zu einer drastischen Zunahme der Population an pflanzenfressendem Wild. Der Waldbestand wäre unweigerlich in Gefahr. Kahlschlag wäre die Folge. Umgekehrt wäre ein überdurchschnittlicher Zuwachs an Raubtieren eine Gefahr für den Erhalt des Bestands an Pflanzenfresser, worunter in weiterer Konsequenz natürlich die Fleischfresser ebenso leiden würden.

Die sechste Sephira wird der Sonne zugeordnet und Tiphareth, welches man mit Schönheit übersetzen kann, genannt. Es symbolisiert das strahlende Bewusstsein, dass sich in dem Zentrum des Lebensbaumes befindet. Die sechs versinnbildlicht sich über das Hexagramm, dass sich aus zwei Dreiecken zusammensetzt. Das aufgerichtete Dreieck symbolisiert das Feuer, deren Spitze der Flamme ebenfalls nach oben zeigt, wohingegen das abwärtsgerichtete Dreieck symbolisch für Wasser steht. Die Spitze des herabhängenden Tropfens weist nach unten.

Beide Elemente sind von ihren Grundwesen unvereinbar. Zuviel Feuer lässt das Wasser verdampfen. Zuviel Wasser dagegen bringt das Feuer zum erlöschen. Hiermit drückt sich ein Ideal aus, welches bereits viele Magier und Okkultisten im frühen Mittelalter herausforderte, dem nach zu gehen.

Können diese Gegensätze tatsächlich miteinander in Harmonie gesetzt werden, so ist der Stein der Weisen gefunden und Schönheit erstrahlt über das wahre Bewusstsein des Suchenden. Dabei gehören alle Kräfte und Informationen berücksichtigt. Um so Zugang nach allen Seiten zu erhalten, befindet sich aus diesem Grund Tiphareth in der Mitte des Lebensbaums. In Tiphareth zu sein bedeutet auch, - und dies ist ein wesentliches Merkmal dieser Sphäre -, zu meditieren, denn dies ist die Methode zentriert, im wahren Bewusstsein sein, und zu erstrahlen.

Netzach oder Sieg ist die siebte Sephira und wird auch die Venus-Sphäre genannt. Venus ist der Planet der Liebe, Harmonie, Schönheit, Kunst, usw.. Die Strahlen der Sonne werden nun in der Sephira gebrochen, sie leuchten in den sieben Farben des Regenbogens. Es ist die Sphäre der Emotionen, die uns die Kraft verleiht Dinge zu tun, die wir ohne sie nicht in der Lage gewesen wären, zu vollbringen. Man denke nur zum Beispiel an den Ritter, der für seine

Maid in die Schlacht zieht. Ihr zu Ehren trägt er ein Tuch, ruft ihren Namen. Venus verleiht uns die Kraft. Alles was in der Natur wächst und gedeiht, unterliegt ihr. Sie ist die geheimnisvolle Kraft, die alles zum wachsen bringt. Aus diesem Grund ist Sie die Siegreiche, denn Sie erschafft alles zu neuem Leben, genauso wie Sie auch über deren Ende verfügt.

Hod ist die achte Sephira und kann mit Ruhm, Pracht oder auch Herrlichkeit übersetzt werden. Ihr wird der Planet Merkur zugeordnet, welcher den Intellekt, das logische Denken, Kommunikation und dergleichen repräsentiert. Während in Netzach emotionale bzw. intuitive Regungen zum Vorschein kommen, so wird in Hod jeder Eindruck gegliedert, geordnet und zusammen gefasst. Er bildet damit die Ergänzung zu der nie versiegenden Kraft des Wachstums. Er beschneidet dort durch seinen scharfen Verstand, wo Wildwuchs einsetzen würde.

8 ist eine Zahl der Unendlichkeit und auch Magie. Ein Achteck besteht aus zwei Quadraten, womit die Quadratur des Kreises zum Ausdruck gebracht wird.

Die Unendlichkeit des Raumes kann nur auf diese Weise für uns Menschen erfasst werden. Stellen Sie sich vor, Sie müssten auf dem Ozean mit einem Hubschrauber nach Vermissten suchen. Um sich herum sehen Sie nichts weiter als das endlose Meer. Sie besitzen keinen Anhaltspunkt. Um nun Ihre Suche beginnen zu können, wählen Sie sich eine Stelle, von der aus Sie planquadratisch alles absuchen werden. Es wird Ihnen nicht einfallen kreisförmig zu suchen, oder das Gebiet in Dreiecken aufzuteilen, oder andere geometrische Flächen wählen. Die Aneinanderreihung von Quadraten wird Ihnen die einzig sinnvolle Möglichkeit erscheinen, Ihre Rettungsaktion mit Erfolg durchführen zu können.

Entsprechend verhält es sich mit der Quadratur des Kreises. Um die Unendlichkeit des Raumes ein stückweit erfassen zu können, benötigen wir eine für unser Verständnis effektive Methode. Mit klar gezogenen Grenzen können wir unseren Verstand am besten nutzen. Ist dieser Raum erschlossen, können jene Grenzen erweitert und so nach und nach der Raum erforscht werden.

Hod ist also ein Prinzip der Ordnung. Es versucht intellektuell zu erfassen und einzuordnen.
Die neunte Sephira wird Jesod genannt und bedeutet übersetzt Fundament. Es ist die Sphäre des Mondes. Auf einem Fundament stehen wir. Sie bildet die Grundlage all' dessen, was errichtet werden soll. Ist das Fundament fehlerhaft geschaffen, besteht die Gefahr, dass das gesamte Gebäude zusammen stürzt.

Betrachtet man den Baum des Lebens, so kann man leicht erkennen, wie in Jesod, neben Tiphareth, die meisten Kräfte zusammen fließen. Die Sphäre des Mondes weist auf die Seelenkräfte und damit den großen Bereich des Unbewussten und Unterbewussten. Um diesen Bereich wahrnehmen zu können, empfiehlt es sich, diesen zu erarbeiten. Den Zugang zu den Seelenkräften erlangt man am ehesten, wenn Geordnetheit über alle vorherigen Sephiroth besteht.

Denn Jesod leistet nichts anderes, wie der Mond. Er spiegelt wieder. Das gleiche gilt für das Unbewusste oder Unterbewusste. Eine Möglichkeit in Berührung damit zu kommen und so bewusst deren Wirkweisen aufzudecken, ist die Meditation. Regelmäßige Meditation ist Arbeit, lohnt sich aber, denn wie bereits erwähnt, Jesod ist das Fundament.

9 ist die letzte der einstelligen Zahlen. Sie ist diejenige Zahl, welche egal wie häufig wir sie multiplizieren in ihrer Quersumme immer auf sich zurückfällt und wieder 9 ergibt. Entsprechend verhält es sich mit unseren Seelenkräften. Egal wie wir uns entscheiden, unsere Einstellung fällt auf uns zurück. Unser Gegenüber bildet die Projektionsfläche unserer eigenen Ansichten und Einstellungen. Er reflektiert es, so wie der Mond die Strahlen der Sonne wieder spiegelt. Da sie die letzte der einstelligen Zahlen ist, bedeutet dies zugleich, dass ein Zyklus zum Abschluss gebracht wird.

Die zehnte und letzte Sephira ist Malkuth und bedeutet übersetzt Königreich. Malkuth entspricht unserer Erde. Auf ihr herrschen alle vier Elemente gleichzeitig. Die Zahlen 1 – 4 miteinander addiert ergeben in ihrer Summe ebenfalls 10. Zehn ist die erste der zweistelligen Zahlen. In ihr sind die Eins und Null enthalten, deren Quersumme Eins ergibt und somit eine Beziehung zu Kether aufbaut. Beide bilden die polaren Gegensätze oben und unten.
In der körperlichen Assoziation würde Kether sich oberhalb des Scheitels befinden, wohingegen Malkuth unterhalb der Erde zugeordnet ist.

Malkuth ist die Verdichtung der geistigen Kräfte, die in Kether begann. Sie ist das materielle Prinzip der ursprünglich frei schwingenden Energieform. Dabei gilt es zu berücksichtigen, dass selbst Materie aus Energie besteht. Sie setzt sich immer aus einer oder mehrerer Elemente zusammen. Malkuth ist die Ebene der Verwirklichung. Hier beweist sich anhand der Realisierung, ob all´ das Wissen, dass im Vorfeld geplant, gedacht usw. ist, auch tatsächlich umgesetzt werden kann.

Jede Realisierung benötigt als erstes eine Idee, die einem Impuls entsprungen ist. Zu dieser Idee gehört auch das passende Gefühl. Wenn beides sich unterstützt, kann die Planung des Vorhabens weiter geführt werden. Steht auch der Plan, sind alle Eventualitäten berücksichtigt, so kann auch an deren Umsetzung gearbeitet werden.

Wenn Sie sich die Achsen Netzach - Hod und Chesed - Geburah genauer betrachten, so können Sie erkennen, dass zwischen beiden Tiphareth liegt. Im Gegensatz dazu scheint die Stelle zwischen den Achsen Chokmah - Binah und Chesed - Geburah leer zu sein.

Ich hatte bereits bezüglich der ersten drei Sephiroth Kether, Chokmah und Binah, darauf hingewiesen, dass diese für sich komplett sind. Sie bilden eine Trinität, die über den irdischen Belangen liegt. Erst mit Chesed beginnt der eigentliche Bereich, der es uns ermöglicht unsere Identität zu bewahren. Diese freie Ebene, die zwischen beiden Achsen besteht, wird der Abyss genannt und kann mit Abgrund oder Großer Graben bezeichnet werden. Hierin befindet sich eine sogenannte elfte unsichtbare Sephira. Sie nennt sich Daath und bildet den Übergang von den unteren Sephiroth zu den drei oberen. Daath kann astrologisch mit dem Planeten Pluto, der sich selbst oftmals seine Tarnkappe aufsetzt, um nicht erkannt zu werden, in Zusammenhang gebracht werden. In ihm vereinigen sich alle Elemente der Macht. Körperlich lässt sich Daath dem Kehlkopf-Chakra zuordnen. Diese Sephira ist mit machtvollen Worten gleich zu setzen, die den Übergang zum Reich Gottes, welches die oberen drei Sephiroth symbolisieren, schafft.

Über die zehn Sephiroth, so heißt es, bewegt sich Gott aus sich selbst heraus und kehrt ebenso zu sich zurück. Jede Sephira weist einen immer konkreteren und damit irdischeren Charakter auf. Nur so ist es der göttlichen Energie möglich sich schließlich auf der Erde zu manifestieren. Es wird der Blitzstrahl Gottes genannt. Die Sephiroth werden durch die 22 Pfade verbunden. Die Großen Arkana entsprechen je einem Pfad auf dem Lebensbaum. Mit dem Pfad ist es möglich sich entsprechend aufwärts oder abwärts zu bewegen. Damit erreichen Sie den Zugang zu der jeweiligen Sephira. Sollten Sie sich auf dem Pfad von Arkana XI, „Der Lust" aufhalten, so berühren sie die zwei Sephiroth Chesed und Geburah, anders formuliert Gnade und Stärke. Hier geht es um ein besonderes Verhältnis, um ein Gleichgewicht, dass Stärke und Gnade ins Lot versetzt. Die einzige Möglichkeit sich auf dieser Ebene aufzuhalten ist Energie. Mit anderen Worten ausgedrückt, gelangen wir auf der Verbindungslinie „Der Lust" zu den Sphären Chesed, die Jupiter regiert ist und Geburah, deren astrologischer Herrscher Mars ist.

Zwischen Jupiter und Mars gibt es unterschiedliche Ansichten in Punkto Energie. Mars z.B. möchte die Energie für sich besitzen. Er möchte diese so einsetzen, dass sie ihm zur freien Verfügung steht, denn nur dann hat er volle Energie und kann so seine Impulse nach Belieben leben.

Jupiter dahingegen besitzt eine gewisse Struktur. 4 ist eine Ordnungszahl, die aus Binah dem saturnischen Prinzip herrührt, aber bereits eine Auflösung des flachen und zweidimensionalen erlebt hat. Er ist ein Körper. Jene 4 repräsentiert aber auch die Grundidee der 4 Elemente. D.h. hier beginnt die Welt des Irdischen. Im Unterschied zu Geburah, der ein Pentagramm darstellt, fehlt in Chesed das Element des Geistes, der sich über die 4 Elemente setzt und sich nicht unterordnen lässt. Geht man ein in die Ordnung, verschwindet das Ein und die Ordnung bleibt bestehen.

Würde ein Einverständnis existieren, dass jeder Individualist sich der Ordnung ergibt, würde die Welt als ewige Pflicht bestehen. Denn der Körper der 4 kehrt unweigerlich zurück zur 3. Der Verstand versagt. Er ist in Daath verschwunden. Dies ist das Prinzip der Zweidimensionalität. Hier existiert kein Intellekt. Die Grundvoraussetzung dafür ist unser räumliches Vorstellungsvermögen. Identität setzt Raum voraus, indem man sich bewegen kann. Jeder Mensch legt Wert darauf sich in einem Raum aufhalten zu können.

Dies wäre eine der vielen Möglichkeiten den Pfad zwischen Chesed und Geburah mittels Arkana XI zu interpretieren. Ebenso können und werden auch alle übrigen Großen Arkana betrachtet. Die Meditationen sind unter diesen Gesichtspunkten berücksichtigt worden.

Es versteht von selbst, dass das eigene Verständnis über die Kabbala, immer Vorrang haben sollte. Was die Kabbala betrifft sind die angeführten Interpretationen immer subjektiv und sollten Sie eher dazu anregen, eigene zu entwickeln.

Kundalini

Die Vereinigung der Pole ist immer auch ein körperlicher, psychischer und spiritueller Akt. Dies lässt sich symbolisch durch die Schlangen darstellen. Im Indischen ist sie am Grund der Wirbelsäule, im Steißbein aufgerollt und wird als Kundalini bezeichnet, welches Sanskrit ist und übersetzt Schlange oder Spirale bedeutet. Kann sie geweckt werden und vom Steißbein durch die Chakren die Wirbelsäule bis zum Kronenchakra hoch wandern, ist das kosmische Bewusstsein verwirklicht. Der Yogi lernt die Kundalini-Energie vom untersten Punkt der Wirbelsäule durch die Chakren nach oben bis zum Scheitelpunkt des Chakren zu leiten. Er hat die Einheit von Körper und Geist erlangt. Die Wahrnehmung von Objekten verliert jeglichen Sinn der Dualität. Er erkennt die höchste Wirklichkeit jenseits aller Begrenzungen durch die Sinne.

Die Chakren sind Lebensräder. Hören sie auf sich zu drehen, so stirbt der Mensch. Sie sind für unsere Gesundheit und unser Wohlbefinden bedeutend. Durch sie kann Einblick in die Situation jedes Einzelnen genommen werden.

Die 7 Hauptchakren bilden in unserem Körper eine gerade Linie, beginnend beim Wurzelchakra und endend über unserem Scheitelpunkt, dem Kronenchakra. Diese Linie verbindet oben mit unten, das Bewusste mit dem Unbewussten.

Sie liegen demnach entlang einer zentralen Achse, die der Wirbelsäule des physischen Körpers entspricht. Sie nehmen die Energie von der Außenwelt auf und durch ein Netzwerk von Kanälen, im Sanskrit „Nadi" genannt, leiten sie sie in den Körper.

Durch diese Kanäle kann die Prana, die Lebenskraft fließen. Die Nadi entsprechen einerseits Adern, Nervenbahnen und Lymphwege, andererseits besitzen sie auch noch viele zigtausend Kanäle, die keinerlei physiologische Entsprechung aufzeigen. Die drei wichtigsten und für das Aufsteigen der Kundalini ausschlaggebenden sind allerdings nur Ida, Pingala und Shushumna. Shushumna ist der einzige Nadi, der alle Chakren miteinander verbindet. Er verläuft genau der Wirbelsäule entlang, endet im Kronen- oder Sahasrara-Chakra und ist der Haupt-Nadi im Yoga. Durch diesen Kanal, steigt die Kundalini auf.

Ida ist der negativ geladene Kanal, der um Shushumna kreist. Pingala ist entsprechend der positiv geladene Strom. Er bildet das Gleichgewicht zu Ida. Beide kreuzen sich jeweils um das nächst höher gelegene Chakra, bevor sie in den Nasenlöchern enden.

Um Ida und Pingala zu aktivieren, bzw. beide Bahnen frei legen zu können, empfiehlt es sich eine einfache Pranayama-Übung durch zu führen, die wie folgt funktioniert. Sitzen Sie dazu in einer einfachen und bequemen Haltung. Konzentrieren Sie sich mit geschlossenen Augen auf den Punkt in der Mitte beider Augenbrauen, dem Stirn-Chakra.

Schließen Sie mit Ihrem rechten Daumen das rechte Nasenloch. Atmen Sie soweit es Ihnen mühelos möglich ist, durch Ihr linkes Nasenloch ein. Anschließend schließen Sie dieses mit Ihrem Ringfinger und kleinen Finger Ihrer rechten Hand. Öffnen Sie das rechte Nasenloch und atmen Sie langsam durch dieses wieder aus. Wichtig ist hierbei, dass Ihre Ausatmung länger andauert, als Ihre Einatmung.

Machen Sie nun das gleiche auf umgekehrtem Wege.
Halten Sie Ihr linkes Nasenloch weiterhin verschlossen und atmen Sie durch Ihr rechtes langsam und ohne Anstrengung ein. Danach verschließen Sie dieses mit Ihrem rechten Daumen, öffnen Ihr linkes Nasenloch, so dass Sie durch dieses ausatmen können. Beachten Sie hierbei wieder, dass die Ausatmung länger als Ihre Einatmung ist.

Dies ist ein Durchgang. Wiederholen Sie es, so oft Sie dies wünschen. Zu empfehlen wäre in diesem Zusammenhang, dass Sie sich von Woche zu Woche steigern, um so Ida und Pingala, oder den Mond- und Sonnennerv, anregen.

Die Aktivierung jedes Chakren ist immer zugleich ein persönliches Erleben und deshalb auch individuell zu betrachten und zu werten.

In der folgenden angeführten Chakra-Meditation beginnen wir mit dem Wurzel-Chakra und enden am Kronen-Chakra. Hierbei wird die Frequenz von einem Zentrum zum anderen erhöht, da die Schwingung des voran gegangenen Chakren für das nächst höhere zu grob ist.
Dies geschieht durch den jeweiligen ihm zugeordneten Ton und der dafür vorgesehenen Farbe, oder Lichtfrequenz.

Allgemein ist hinzuzufügen, dass alle Chakren aktiviert werden sollten. Damit wird verhindert, dass Beschwerden durch Stau entstehen könnten.

Umgekehrt sieht die Sache dagegen leichter aus. Die Energie, die vom Kronen-Chakra zum Wurzelchakra abwärts führt, benötigt keine Aktivierung, da sie in einer höheren Frequenz arbeitet.

Ich möchte hier noch eine Einteilung von Farben und Chakren anführen:

Kronen-Chakra	Sahasrara-Chakra	Weißes Licht	Vibrierendes M
Stirn-Chakra	Anja-Chakra	Dunkles Blau, Violett	I
Kehlkopf-Chakra	Vishuddha-Chakra	Helles Blau	E
Herz-Chakra	Anahata-Chakra	Grün	A
Solar-Plexus-Chakra	Manipura-Chakra	Gold-Gelb	Helles O
Bauchnabel-Chakra	Svadhisthana-Chakra	Orange	Dunkles O
Wurzel-Chakra	Muladhara-Chakra	Rot	Dunkles U

Das Wurzelchakra, welches zwischen Anus und den Genitalien liegt, verbindet das Steißbein und richtet sich nach unten. Ihm wird das rote Licht zugeordnet und als Ton das dunkle U als Vokal. Das Hara- oder Bauchnabelchakra genannt, befindet sich ca. 3 Fingerbreit unterhalb des Bauchnabels. Ihm wird die Farbe Orange zugeordnet und als Vokal das dunkle O. Der Solar Plexus liegt direkt unterhalb des Brustbeins. Solar ist der lateinische Ausdruck für Sonne und wird aus diesem Grund auch das Sonnenchakra genannt. Ihr entspricht das goldene Gelb und das helle O. Das Herzchakra befindet sich in der Mitte des Brustbeins auf Höhe des Herzens. Ihr entspricht die Farbe Grün und das A. Das Kehlkopfchakra befindet sich, welches der Name schon sagt, am Kehlkopf. Ihr wird das helle Blau und das E zugeordnet. Das Anjachakra oder Stirnchakra trägt als Schwingungsfarbe Violett und den Ton I. Man findet es zwischen den Augenbrauen, oberhalb der Nasenwurzel. Als letztes kommen wir zum Kronenchakra. Es richtet sich nach oben und ist direkt über dem Scheitelpunkt, leicht schwebend darüber. Es ist im strahlenden Weiß gehüllt. Ihm wird das vibrierende M zugeordnet.

Zur Aktivierung der Chakren können Sie sich folgende Meditation vergegenwärtigen. Sie soll Ihnen als Unterstützung für Ihre erweiterte Wahrnehmung dienen:

Chakra-Meditation

1. Setze Dich auf die Erde (Schneidersitz, Lotusblütensitz etc.) und zwar so, dass du mit deinem Steißbein Kontakt zur Erde hast.
   Atme ruhig und entspannt.
   Dein Oberkörper ist gerade und aufrecht.
   Stelle Dir nun vor, wie sich zwischen Anus und Genitalien ein rotes drehendes Zentrum befindet.
   Es richtet sich nach unten und pulsiert im gleichen Rhythmus wie Dein Atem.
   Du bist in Kontakt mit der Erde.
   Stelle Dir vor, wie Du mit Deinen Wurzeln in die Erde eindringst
   und
   ihre Kraft als rote wärmende Energie in Deinen Körper einfließt.
   Unterstütze diese Vorstellung, indem Du ein tiefes dunkles U summst. Lasse diesen Ton in Deinem gesamten Körper vibrieren und verbinde Dich gleichzeitig mit dem tiefen Rot der Glut des Feuers, dass in der Erde schlummert.

   - Pause -

2. Während du weiterhin von der Kraft des WurzelChakren erfüllt bist, wende nun deine Aufmerksamkeit dem Hara- oder Bauchnabelchakra zu. Es befindet sich ca. 3 Finger breit unterhalb deines Bauchnabels. Von dort aus strömt es nach vorne aus.
   Das Bauchnabelchakra pulsiert in einem orangem Licht. Es ist die sprudelnde Kraftquelle des Lebens. Aus ihr schöpfen wir jene positive Energie. Ihm wird das dunkle O zugeordnet.
   Lasse diesen Ton in deinem Körper entstehen und visualisiere gleichzeitig, wie sich aus diesem Ton ein oranger Kern entwickelt. Er breitet sich wellenartig aus und erfüllt deinen Körper ganz und gar.
   Nehme nun wahr, wie du eine äußere Schale aus rotem Licht und eine darunter liegende innere Schale aus orangem Licht entwickelt hast.
   Die rote Schale entströmt aus deinem Wurzelchakra, welches sich nach unten öffnet. Die orange Schale öffnet sich nach vorne aus deinem Bauchnabelchakra austretend.
   Dieses Chakra verbindet sich mit den Quellen des Unbewussten und Unterbewussten. Durch das Öffnen dieses Chakren kannst du sämtliche Verdrängungen und Ängste lösen und entlassen.
   Du kannst entspannt loslassen.
   Mit dem orangem Licht erfährst du neue Lebenskraft. Und mit dem tiefen dunklen O löst du alte Verkrustungen, so dass sie aufsteigen und dich verlassen können.

   - Pause -

3. Während du weiterhin die Energie des BauchnabelChakren in dir spüren kannst, wandert dein Bewusstsein zum Solar Plexus. Es befindet sich direkt unterhalb deines Brustbeins.
   Dieses Chakra stelle dir wie eine gold-gelb leuchtende Sonne vor. Von dort aus strahlt es in deinen gesamten Körper hinein und erfüllt dich vollkommen.
   Du bist eine leuchtende Sonne.
   Selbst die dunkelste Ecke in dir wird von ihr erleuchtet.

Das Solar-Plexus-Chakra pulsiert in jener nie versiegenden und ewig spendenden Kraft des Lichtes. Durch sie erfahren wir Kraft und Energie.

Lasse das helle O in deinem Körper entstehen und visualisiere gleichzeitig dazu, wie aus diesem Ton jene leuchtende Kraft der Sonne entsteht. Sie breitet ihre Strahlen wellenartig aus und erfüllt dich ganz und gar.

Durch das Öffnen dieses Chakren erfährst du Licht und Frieden aus deiner Mitte heraus. In Dir ist die leuchtende Kraft der Sonne.

Nehme nun wahr, wie sich zu der roten und orangenen Schale das Licht der Sonne dazu gesellt und deine Aura erfüllt.

- Pause -

4. Während Du weiterhin von der Kraft des Solar-Plexus-Chakren erfüllt bist, wandert Dein Bewusstsein hoch zum Herz-Chakra.
Es befindet sich in der Mitte deiner Brust, in Höhe deines Herzens.
Konzentriere Dich dabei auf die Farbe Grün. Spüre, wie sich zwischen Dir, von Deinem Herz-Chakra ausgehend, und dem Universum ein grünes Band bildet. Spüre auch, wie die Energiebahn von oben herab mit Dir verbunden ist, so das sich Dein Brustkorb hebt und Du Jaaa sagen kannst. Dein gesamter Brustbereich dehnt und öffnet sich zu einem Einzigen A des JA.
Wie die Blüte einer Rose, so öffnet sich Dein Herz.
Es öffnet sich bis in die Unendlichkeit des Raumes hinein.
Alles fließt!
Alles strömt!
Nur für Dich!
Durch das Öffnen des Herz-Chakren erfährst Du wie Liebe das Zentrum und die Mitte allen Lebens ist.
Du selbst bist Liebe und spendest diese allen Wesen dieser Erde.
Nehme nun wahr, wie sich zu der roten, orangenen und gold-gelben Schale das grüne Licht dazu gesellt.

- Pause -

5. Während Du weiterhin die Kraft des Herzens in Dir spürst, lenke Dein Bewusstsein zu Deinem Kehlkopf.
Imaginiere das helle klare Blau des wolkenlosen Himmels. Diese Farbe soll als Schwingung aus Deinem Kehlkopf-Chakra entströmen. Vibriere dazu das helle E, womit Deine Stimmbänder zum schwingen gebracht werden können.
Diese Schwingung, dieser Ton erzeugt das helle blaue Firmament, das Dich umgibt.
Der Hals stellt den Übergang zum Geist dar. Unterhalb dessen befindet sich der körperliche Bereich.
So bildet er den Mittler zwischen Körper und Geist.
So wie die Rose in Deinem Herzen erblüht, benötigt sie auch den Raum um darin wachsen und sich entfalten zu können.
Durch das Öffnen des Kehlkopf-Chakren erfährst Du wie Dein Wort an Kraft und Bedeutung gewinnt.

Jedem ausgedrückten Wort liegt ein Impuls zu Grunde. Das Himmelblau entspricht der Atmosphäre der Erde. So schaffe auch Du Deine eigene Atmosphäre, auf dass die Rose in Dir und Deinem Herzen blühe.

Nehme nun wahr, wie sich zu der roten, orangenen, gelben und grünen Schale das hellblaue Licht dazu gesellt.

- Pause -

6. Während Du weiterhin die Energie Deines Kehlkopf-Chakren wahrnimmst, konzentriere Dich auf Dein drittes Auge.
Es befindet sich zwischen Deinen Augenbrauen.
Dies ist die Stelle, von der aus Du Deine inneren Beobachtungen machen kannst.
Konzentriere Dich auf diesen Punkt, visualisiere dazu das dunkle Blau oder auch Violett.
Vibriere dabei das hohe I.
Du kannst wahr nehmen, wie Dein Wurzel-Chakra, dass in der roten Farbe pulsiert und leuchtet, Dir die Kraft und Energie der Erde verleiht.
Ohne ihr kann Dein Bauchnabel-Chakra nicht die Energie und Kraft der Lebensfreude freisetzen und so die Verarbeitung mit dem Unterbewussten möglich machen.
Du erkennst weiterhin, dass das Strahlen der Sonne, dass aus Deinem Solar-Plexus-Chakra erstrahlt, vom inneren Kern des Feuers gespeist wird.
Diese Lebenskraft des Lichtes lässt die Rose in Deinem Herzen erblühen.
Lege um deine Rose nun noch das helle Blau des Firmamentes, auf dass es den Raum ergreifen kann.
Dies alles kannst Du in tiefer Stille in Dir wahr nehmen.
Durch das Öffnen dieses Chakren erfährst Du tiefe Ein-Sichten.
Setze nun zu all´ den anderen Farben das violette Licht.
Deine Aura erstrahlt jetzt in den leuchtenden Farben des Regenbogens.

- Pause -

7. Während Du in Deiner Vorstellung das dunkle Blau und Violett des Universums noch in Dir trägst, stelle Dir vor, wie Du Deinen eigenen Kosmos verlässt und so zu dem weißen Licht gelangst, dass sich unmittelbar oberhalb Deines Kopfes befindet. Dieses weiße Licht strahlt von oben auf Dich herab.
Gleichzeitig sendest Du ihm Deine Energie und Liebe zu.
Konzentriere Dich darauf und summe zu dem strahlenden Weiß ein M.
Du bist eins mit Dir und dem universellen Licht. Alle Farben, die Du vordem in Dir und an Deinem jeweiligen Chakra visualisiert und aktiviert hattest, sind die Farben des Regenbogens, die vom Licht gebrochen worden sind.
Jede Frequenz findet ihren für ihn vorgesehenen Ort an Deinem Körper.
Bevor Du zu diesem Verständnis erneut zu jeder einzelnen Phase zurück gehst, lasse das weiße Licht in Dir und um Dich herumfließen.
Du bist vollkommen umhüllt und gesegnet von ihm.
Stelle Dir vor, wie Du eine Schale bist, die diese Energie empfängt.
Stelle Dir es vor und spreche dabei:
Ich empfange,

ich empfange,
ich empfange.
Mich durchströmt Licht und Liebe. Vollkommen.

- Pause -

Kehre nun von Deinem kosmischen Bewusstsein zurück zu Deinem Körper.

- Pause -

Als erstes gelangst Du zu Deinem Stirn-Chakra. Du visualisierst wieder das dunkle Blau oder Violett des Kosmos, vibrierst dazu das hohe I.

Danach erreichst Du wieder Dein Kehlkopf-Chakra, visualisierst dabei das helle Blau und konzentrierst Dich auf das helle E.

Gehe nun weiter zu Deinem Herz-Chakra. Lasse Dich von der Farbe Grün erfüllen und verbinde sie mit dem A.

Wandere weiter in Deinem Bewusstsein zu Deinem Solar-Plexus-Chakra. Von dort aus wirkt das leuchtend goldene Gelb der Sonne. Aktiviere hierzu erneut das helle O.

Du gelangst nun an Deinem Bauchnabel-Chakra. Visualisiere dazu die Farbe Orange und das tiefe dunkle O.

Als letztes kommst Du wieder an Dein Wurzel-Chakra. So erreichst Du erneut den Kontakt zur Erde. Konzentriere Dich hierzu auf das Rot und vibriere das dunkle U.

So hast Du nun alle Chakren in Dir aktivieren können und bleibst dennoch geerdet.

Literaturverzeichnis

Akron; Banzhaf, Hajo: Der Crowley-Tarot
Hugendubel Verlag, München 1991

Banzhaf, Hajo: Tarot und die Reise des Helden
Hugendubel Verlag, München 1997

Bardon, Franz: Der Schlüssel zur wahren Kabbala
Rüggeberg Verlag, Wuppertal, 7. Auflage 2002
1. Auflage 1957, Freiburg i. Brsg.

Carnegie, Dale: Rede
Verlag Lebendiges Wort GmbH, Berlin-Augsburg, 1969

Case, Paul Foster: Das Buch der Siegel
B.O.T.A.-Verlag, Bocholt, 1995

Crowley, Aleister: Das Buch Thot
Urania Verlags AG, Neuhausen
Erste Auflage 1981
8. Auflage

Crowley, Aleister; Fuller, J.F.C.: Die Pfadarbeiten
Bohmeier Verlag, Leipzig, 2003

González-Wipper, Migene: Die moderne Kabbala
Verlag Hermann Bauer, Freiburg i. Brsg., 1995

Graf Dürckheim, Karlfried: Hara
by Scherz Verlag, Bern, München, Wien
für Otto Wilhelm Barth Verlag 13. Auflage 1987

Greene, Liz: Neptun
Chiron Verlag, Tübingen 2003

Haich, Elisabeth: Einweihung
Drei Eichen Verlag, München und Engelberg/Schweiz 1972
2. Auflage 1994

Haich, Elisabeth: Tarot
Drei Eichen Verlag, München und Engelberg/Schweiz 1971

Hornung, Erik: Das Totenbuch der Ägypter
    Goldmann-Verlag 1993
    Copyright 1990 by Artemis Verlag, Zürich und München

Lévi, Eliphas: Transzendentale Magie
    Sphinx-Verlag, Basel 1975
    5. Auflage 1992

Matthews, Andrew: So geht's Dir gut
    VAK Verlag, Freiburg 1992

Ouspensky, P.D.: The Symbolism of the Tarot
    Published in 1985 by View Productions Pty. Ltd. G.P.O. Box 1858
    Sydney N.S.W. 2001 Australia

Paulson, Genevieve Lewis: Das Kundalini und Chakra Handbuch
    Windpferd Verlag
    5. Auflage 2004

Papus: Die Kabbala
    Fourier Verlag, Wiesbaden
    17. Auflage 2002

Pollack, Rachel: Tarot
    Droemersche Verlagsanstalt Th. Knaur Nachf., München 1985

Regardie, Israel: Das magische System des Golden Dawn Band 1
    Verlag Hermann Bauer, Freiburg i. Brsg. 1987

Regardie, Israel: Das magische System des Golden Dawn Band 2
    Verlag Hermann Bauer, Freiburg i. Brsg. 1988

Regardie, Israel: Das magische System des Golden Dawn Band 3
    Verlag Hermann Bauer, Freiburg i. Brsg. 1988

Sasportas, Howard: Astrologische Häuser und Aszendenten
    Droemersche Verlagsanstalt Th. Knaur Nachf., München, 1987

Szepes, Mária: Der rote Löwe
    Piper Verlag GmbH, München 2004

Tegtmeier, Ralph: Tarot
    DuMont Buchverlag, Köln 1986

Van Slooten, Erik: Lehrbuch der Stundenastrologie
    Ebertin Verlag, Freiburg i. Brsg. 1994

Van Slooten, Erik: Stundenastrologie in der Praxis
    Ebertin Verlag, Freiburg i. Brsg. 2001

Von Ranke-Graves, Robert: Griechische Mythologie
    Rowohlts Enzyklopädie, Rowohlt Taschenbuch Verlag GmbH,
    Reinbek bei Hamburg, April 1984

Wassermann, James: Kunst und Symbolik im Okkultismus
    Müller und Kiepenheuer Verlag, Hanau, 1994

www.ingramcontent.com/pod-product-compliance
Lightning Source LLC
Chambersburg PA
CBHW081358160426
43193CB00013B/2059